爱上学校

让每一个生命绽放光彩

■ 滕亚杰 著

图书在版编目（CIP）数据

爱上学校：让每一个生命绽放光彩/滕亚杰著.—北京：商务印书馆，2024（2025.4重印）
ISBN 978-7-100-22933-3

Ⅰ.①爱… Ⅱ.①滕… Ⅲ.①教育工作—文集 Ⅳ.①G4-53

中国国家版本馆 CIP 数据核字（2023）第 167539 号

权利保留，侵权必究。

爱上学校
—— 让每一个生命绽放光彩
滕亚杰　著

商 务 印 书 馆 出 版
（北京王府井大街36号　邮政编码100710）
商 务 印 书 馆 发 行
北京新华印刷有限公司印刷
ISBN 978 - 7 - 100 - 22933 - 3

2024年3月第1版　　　开本 880×1230　1/32
2025年4月北京第2次印刷　印张 12¼

定价：68.00元

学生体验中医药文化课程

原创儿童剧《小红军》登上中国儿童艺术剧院的舞台

非遗剪纸技艺进校园

悠扬的小提琴声流淌在校园中

走进孔庙体验开笔礼

班级联欢会充满欢声笑语

博物馆课程充满奇思妙想

小小志愿者走进中国美术馆

"追逐梦想·光彩绽放"书画展

中秋主题综合实践活动课程

"光彩课堂"掠影

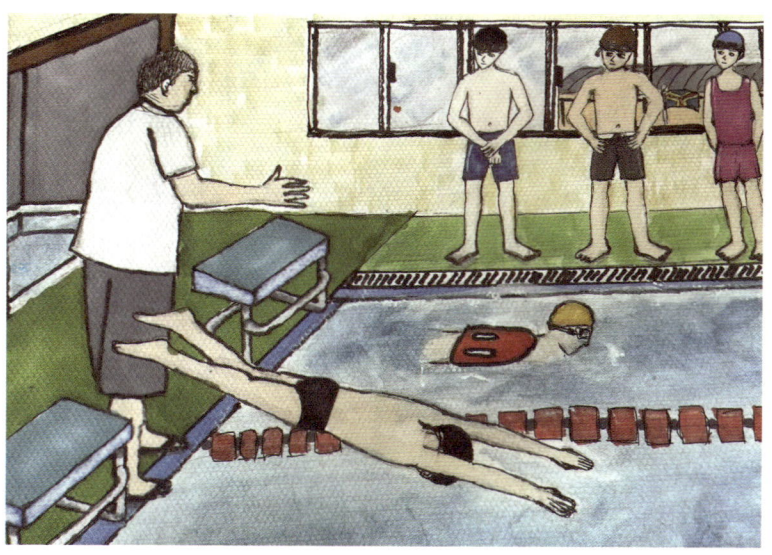

游泳课上的"入水蛟龙"

北京市中小学冬奥知识竞赛上崭露头角

为学生个人书画展揭幕

校长与学生静静畅游中国美术馆

"以废换绿·爱心认养"活动上为树木挂牌

京剧演出时校长慰问候场的小演员

机器人社团中培育科学精神

生本课堂上师生畅谈

"育·英"课程满足学生多元需求

凝和庙里有爱的教师团队

篮球赛季激发学生拼搏精神

一场穿越时空的《雷雨》,一次引领美育的戏剧

目 录

自序 ·· 1

前言　儿童的立场就是教育的立场 ··························· 7

第一章　铺就爱的人生底色 ··· 18
　第一节　我，篮球，妈妈 ······································· 18
　第二节　小家有大爱 ··· 22
　第三节　学贵得师，感恩于怀 ······························· 25
　第四节　仍怜故乡水，万里送行舟 ······················· 31
　第五节　天堂里的妈妈 ··· 38
　第六节　这样做"人大代表" ································· 43

第二章　爱上学校：我的教育理想国 ······················· 48
　第一节　百年树人，因爱启航 ······························· 48
　第二节　听见"灯小的声音" ································· 51
　第三节　让每一个生命绽放光彩 ··························· 62
　第四节　"虽千万人，吾往矣" ····························· 69

i

第三章　转角遇到爱：校园空间美学 ……………………86
第一节　"理想的贮藏室"构建之旅 ………………………88
第二节　让建筑"开口"，把爱说出来 …………………104
第三节　那条让人提心吊胆的回家路 ……………………110
第四节　让每一处空间都是学生乐意去的地方 …………114

第四章　爱上课堂：让每一间教室都释放生命的情愫 …120
第一节　站在风口上，让"车"飞起来 …………………120
第二节　让爱与尊重荡漾在生本课堂 ……………………131

第五章　在"一即多"的场域中：玩转属于自己的世界 …144
第一节　找到属于自己的"马兰花" ……………………145
第二节　"小小金嗓子"放歌国家大剧院 ………………168
第三节　学校是座美术馆 …………………………………178
第四节　操场化身热闹的"小丑镇" ……………………188
第五节　和体育这个"朋友"共度的时光 ………………196
第六节　"我的种植日记" ………………………………202
第七节　"分小萌"在行动 ………………………………208

第六章　文化传承：把每一个孩子深深吸引 ……………213
第一节　星星之火，可以燎原 ……………………………214
第二节　无限相信书籍的力量 ……………………………222
第三节　搭建一场孩子与诗的约会 ………………………232
第四节　"唱念做打"小天地，"生旦净丑"有大戏 ……237

第五节 "非遗"传承在孩子们眼中活起来……………… 248
第六节 "每周一次的中轴课,成了我最期待的课"…… 253

第七章 师者如光:以生命点亮生命……………………… 259
第一节 教师才是学校最宝贵的资源………………… 260
第二节 每位老师都像一座"富矿"………………… 264
第三节 发展教师是第一使命………………………… 274
第四节 从"一个人"到"一群人"………………… 289
第五节 让周安排会"说话"………………………… 292
第六节 宏观调控出效益……………………………… 294
第七节 从"1"到"1+N"…………………………… 296
第八节 灵魂安顿的设计和精神栖居的创生………… 302
第九节 "雷雨"之夜撑好伞………………………… 308
第十节 在我心里就是"认定了"这里……………… 315

第八章 重塑"众教育"生态:家、校、社和合共育 …… 320
第一节 家长要学会对孩子说"三句话"…………… 322
第二节 守护"家门口的幸福"……………………… 331
第三节 这是"全村人"的事儿……………………… 339
第四节 "疫考"难关,"爱心"加倍………………… 343
第五节 以身为"灯小家长"为荣…………………… 358

结语 爱就一个字,承诺一辈子…………………………… 365
第一节 心里是学生,眼里是人生…………………… 365

第二节 "杰"字下面四点也可以是水 ………………… 369
第三节 终于找到了 ………………………………… 375
第四节 学校使命的再思考 ………………………… 379
第五节 人生价值在于被需要 ……………………… 381

后记 …………………………………………………… 385

自 序

从四面八方而来
走进了您温暖的怀抱
静谧 温暖 安详

我的眼睛是您教我睁的
我的信念是您给我建立的
我的探索欲是您给我拨动的
我的好身体是您给我练就的
我的自主意识是您给我启蒙的
我的家国情怀是您给我厚植的
我在您为我搭建的爱的城堡里
散发着温润的气息，绽放着耀眼的光芒

向着美好明天出发
张扬生命的鲜活，领略知识的无限
在您的爱抚下，自由地呼吸，诗意地长大

爱上学校——让每一个生命绽放光彩

> 在这片美丽的沃土上
> 洋溢着我们对梦想的渴求
> 承载着我们对未来的遐想
> 我们定会有那么一天，拍打着矫健的翅膀
> 翱翔于苍穹之上
> ……

读着毕业生写给学校的诗，我的眼睛湿润了。回想这30多年的学校工作生涯，越发感叹，学校之于一个人是如此重要，教育之于国家是如此关键。马丁·路德指出："一个国家的前途，不取决于它的国库之殷实，不取决于它的城堡之坚固，也不取决于它的公共设施之华丽，而在于它的公民的文明素养，即在于人们所受的教育、人们的学识、开明和品格的高下。这才是利害攸关的力量所在。"教育是为了什么？学校因何而存在？什么是好的教育？一所好学校是什么样子？这些问题时刻萦绕在我的脑海。无论时代如何发展，我想"一切为了师生的发展"的核心不会变，"不管是老师还是学生都能在学校这片热土获得内在的生长力量，从而不断地闪光"的使命不会变！

好学校可能没有统一的标准，但一定是师生都热爱的地方。正如梅贻琦[①]所言："学校犹水也，师生犹鱼也，其行动犹游泳也，大鱼前导，小鱼尾随，是从游也。从游既久，其濡染

[①] 梅贻琦（1889—1962），字月涵，最早的"庚子赔款"留美学生之一，著名教育家。曾任清华大学校长。

自 序

观摩之效，自不求而至，不为而成。"好的学校其实就是给师生创设一个卓有意义的理想空间，足以激励、影响人的一生，成为一个人的精神乐土。

有人说"一位好校长就是一所好学校"，这句话给我一种强烈的使命感和紧迫感。我记得，在2005年夏季的一天，教委领导找我谈话，自此我走上了校长岗位。做校长和做一线老师是两个不同的概念。但谁能告诉我，校长该怎么当？面对一所新学校，我该怎么办？有一段时间，我很不安，深知自己就像一个掌舵者，船要开向何方，没有明晰的办学方向与愿景可不行。但那时我就想，既然当了校长，我就要尽全力把校长当好，得用欣赏师生的心态干活。从此，办好一所学校成为我孜孜不倦的追求和深扎内心的愿望。我曾在一篇报道中看到新加坡中小学实行校长委任制度，委任状上写着："在你的手中是许许多多正在成长的生命，每一个都如此不同，每一个都如此重要，全部对未来充满着憧憬和梦想，他们都依赖你的指引、塑造及培育，才能成为最好的个人和有用的公民。"做校长的这些年，我也越来越感受到社会对校长素养的期望值越来越高。至2009年1月，我已有了三年多的校长经历，而就当我逐渐建立起体系和自信的时候，我又接到教委领导调我去史家小学分校的任务。站在新起点，我不由得想起那句唐诗："曲径通幽处，禅房花木深。"我怀着"探幽"的心境继续往前走，拥抱变化，慢慢弥补弱点，去探寻新的风景，正可谓"昨夜西风凋碧树。独上高楼，望尽天涯路"。每到一个新的岗位，都是一个淬炼与成长的过程，每一次卓有意义的实践过程几乎都是艰辛的，可谓身心的磨砺，我愿意把它当作自我生命的重新发现。当时的史家小学分校由三所学校合并而来，各校人员的观念、习惯各不相同，要从抓管理的规范性、挖掘学校特色、构建文化体系，再到教育教学等几个方面一步步探索和前进。这个过程中我逐渐认识到文化的导向、凝聚和规范的重要作用，也逐渐感悟到只有文化才是学校最宝贵的资源。在史家小学分校担任校长、书记期间，我开始了文化创建之路。

2013年7月，我来到了灯市口小学，在这所学校的九年，是我做校长、做学校管理相对驾轻就熟的时期，更是我成长最快的一段经历。伴随着2014年的区域教育深综改，我成为灯市口小学优质教育资源带校长，执掌三所学校，在深综改的洪流中乘风破浪，顺势而为，通过"确立目标—实践反思—不断超越"的模式，坚守对教育理想的积极探索和躬身实践，努力将教育的本质带入当下，带入学校日常生活之中，向着自己心中的教育理想国坚定迈进。

谢谢你翻开这本书，我想你一定是个心中有爱的人。正如题目"爱上学校"所示，"爱"是核心。这么多年来，无论是当老师还是做校长，爱是我心中不变的主题。爱，究其本质而言，就是人与人或者人与物之间的亲密联系，意味着爱是一种亲近的关系。爱是学校教育得以展开的背景，正是在爱的背景之中孕育着个体的自我激励与成长，没有爱就没有教育。作为一名老师，写教育随笔是我一直以来的习惯，密密麻麻的教育教学反思成就了我的教师生涯。成为一名管理者之后，我开始带领我的团队写教育周志、管理月志，但从没尝试出书，总

自 序

觉得我还是一个不断学习的人，一种内心的紧迫感和发展的使命感时刻鞭策着我，自己的实践经验还不足挂齿，但我对教育对生活的思考一直没有停止。从教30余载，在我当校长15年的时候，我萌生了写这样一本书的想法。作为一名数学教师，逻辑思维一直影响着我的思考和行动、工作和生活。我想，看到"爱上学校"这个书名，很多人会有不同的停顿，从而衍生出爱上学、爱学校、爱上了学校、爱托起了学校等丰富的含义，正如这本书记录的思考、故事等。"爱上学校"是我追寻的教育理想国的最高境界，于学生而言，就是教会学生"仁者爱人""爱学习""爱梦想""爱生命"，让爱的种子在学生的心底生根，发芽，开花，结果；于教师而言，就是要让教师们"热爱每一个学生""会爱每一个学生""让每一个学生都感受到爱"。教育的每一天都是新的，来到我们面前的每一个孩子都是特别的。我们要做的就是为来到我们面前的每一个孩子提供优质的教育，助力每一个生命变得更加温润、美好，最终让每个人都激发内驱力、爱上自己，这本身就是一件很幸福的事。

我想把做事经历中的思想、经验、挣扎、矛盾和方略用文字记载其要，包含了我的爱、执着、困惑、挑战、探索、坚守的故事，并把它们一点一滴地记载下来。书中的每一个字或者标点符号，我都是怀着一种敬畏之心来写的，不敢有半点懈怠和敷衍，只为略呈管见，传递教育声音，怀揣对未来更加美好的期盼，见证对心中的教育理想国最执着的追寻。

又踏层峰望眼开。放眼当前世界百年未有之大变局和中华民族伟大复兴战略全局，在党的二十大精神感召和鼓舞下，我对新时期教育事业的发展有了新的整体认知。校长必须明确学校高质量发展这一主线，积极探索加快学校建设高质量教育体系的创新路径，坚守立德树人初心，践行为党育人、为国育才神圣使命，努力办好学校，办好人民满意的教育！

总而言之，我心目中的理想学校应该是教师幸福守望、热切扎根的沃土，释放着自身最强大的教育力量；也应该是学生快乐成长的家园、乐园，充盈着爱与尊重的磁场；更应该是对精神的唤醒、潜能的激发、智慧的点亮、灵魂的引领、心灵的感召……当学生离开校园的时候，带走的不仅是知识，更是内心深处对梦想的追求和对学校这片乐土最深情的眷恋。

行走在教育的路上，我每每遐想、沉思，眼前都会浮现出孩子们的脸庞，时而欢笑，时而严肃，时而忧郁，时而懵懂。在我看来，学校就像一盏明灯，带来的不仅仅是光明与希望，更多的是爱与理想……

我，不过就是一个教书育人的师者，一个帮助师生爱上学校的践行者，一个对于生命教育的探索者，一个对教育理想的追寻者。为什么我的眼里常常饱含泪水？因为对于学校这片沃土，对于每一位师生，我都爱得深沉……

滕亚杰
壬寅夏月写于京华

前言
儿童的立场就是教育的立场

在春去秋来、四季流转中,围绕教育的话题都会持续发酵,人们各抒己见,不断掀起讨论。随着时代不断发展与进步,文明程度的不断提升,学校教育对规模和效率的追求也存在其合理必然性。我们今天的教育发生了根本性的变化,因此我们应保持对当下教育生活的敏感与足够的开放性。

正因为如此,往往这个时候,我们更需要真正静下心来,站在更长的时间尺度,走近身边的每一个儿童个体,分析他们的经历与成长,甚至是体验和迷茫;再回过头来条分缕析,潜心梳理,不断地重温教育的基本范式,激活对"教育本质"这一关键问题的深入思考,保持对教育的核心质素的不懈追寻。

行走在教育之路上,我们要经常抛给自己几个问题:我了解我的学生吗?我们学校和别的学校的学生有什么不一样?他们成长过程中有哪些烦恼和快乐?他们有什么成长愿望和需求?……这些问题促使我们不得不追问教育的立场和本质:教育的核心价值是什么?教育的崇高使命是什么?对此,我们可以毫不犹豫地回答:儿童的立场就是教育的立场!

一、坚守儿童的立场和视角

儿童之为儿童，学生之为学生，乃是一种动态，一种积极向上的生命状态，是儿童从现实的存在向着理想的存在跃升的过程。叶澜教授[①]认为："学校教育是直面人的生命、通过人的生命、为了人的生命质量的提高而进行的社会活动，是以人为本的社会中最体现生命关怀的一种事业。"所以说，教育绝不是随心所欲之所，而是充满生命关怀与责任感的行为和实践，需要我们站在儿童心理发展的高度，站在历史与文化乃至时代的高度。

"何谓儿童？看待儿童其实就是看待可能性，一个正在成长过程中的人。"[②]学生不是被动的盛装知识的容器，而是活生生的向着知识世界自主发展、自我成长的人。我们要过一种幸福完整的教育生活，教学围绕人的自然生命、社会生命和精神生命展开，从而引导学生积极生活，拓展生命的长度、宽度和厚度。教育的主体对象永远是儿童，教育的影响力要通过儿童自己去实现。如果我们的教育游离在学生之外，儿童就不能成为真正的教育主体。学校作为育人的场域，承载着安顿师生、彰显生命、激扬活力的使命，学校应该赋予文化与生命的双重意味；在学校，每一个孩子都是独立的个体，是有价值的人，是应该得到充分理解与尊重的。把人看成人，目中要有人，不

---

① 中国著名教育家，1941年生，华东师范大学教育学终身教授。
② 见马克斯·范梅南（Max van Manen, 1942—　）著《教学机智——教育智慧的意蕴》。

管学生的自身条件如何、基础如何,都能在各自的生命历程之中,焕发对美好事物的欲求,激活积极的生命,这就是好的学校教育的根本所在。我们明确了学生的独立性和独特性,站在儿童的立场看待儿童的教育和发展,才会尊重儿童做出的决定和选择。儿童立场的坚守,不能仅是纸上谈兵,还需要化成教育的具体行为。我们需要恰切地理解儿童发展的内在需要,引导这种需要,成全这种需要,面向儿童发展的可能性,让这种可能性逐步变成现实。客观来讲,不可能让每一个孩子在学业上都达到同样的高度,但我们追求的是通过我们的教育,让每一个孩子经历我们给予孩子的教育过程,让他们都能够在自我的基础上得到发展,被唤起、被激发;不管孩子自身情况如何,资质如何,基础如何,能够显示出积极的生命状态,内心被点燃,梦想被点燃,每天都过得朝气蓬勃,焕发对美好事物的追求,激活最佳的成长状态。如果说教育要面向未来,那我们现在所有的教育行为就是在培植未来,这意味着我们的行动要立足儿童未来发展的需要,不仅向着学生而教,同时也向着未来而教。

对于校园教育氛围的营造,我们也在千方百计地践行"让每一处空间会说话"的教育理念,这样做的初衷绝非为了外在的迎接检查与评估,也不是为了让来学校参观的人们觉得学校"有文化"。我们努力做到站在孩子的角度而非成人的角度考虑一切问题。

我们的教育理念应努力真正实现适应差异,满足发展需求,让每一个学生有所发展;真正从各个层面做到一切为了学生，为了一切学生，为了学生的一切；真正做到能够公平公正地对待每一个生命，为儿童提供适宜的教育，无论其天赋、潜能、气质、性格有何差异，都能够使每个学生得到充分而全面的发展。期待儿童在走向社会之后，都能找到自己的位置，最充分地实现他们作为"大写的人"的价值。

学校教育的理想范型用肉眼是看不到的，一定需要我们打开心灵之眼，以儿童的发展为立场，以时代和社会为背景，以学校为具体实践场域来展现。以教育为信仰，尽力地成全、引导、点亮，尽力地解放儿童、温润儿童，乃今日教育之责任与精神。

二、打开心灵转向的通道

国家的基础在个人，个人的基础在心灵。柏拉图说："教育非他，乃心灵的转向。"而我们的教育要义就是激发个体心灵对美善事物的追求，从而美化心灵。

丰子恺把人的生活分作三层：一是物质生活，二是精神生活，三是灵魂生活。人满足了"物质欲"还不够，满足了"精神欲"还不够，必须探求人生的究竟。他们必须追求灵魂的来源、宇宙的根本，是终极关怀，是心灵的净化和美化。这启示我们要追寻灵魂的教育，学校教育需要超越诸种知识技能的训练，上升到个体精神生长与灵魂化育的高度。《说文解字》对教育如此解释："教，上所施，下所效也""育，养子使作善也"。人的灵魂之中潜藏着美善知识的种子，而教育就是把这种种子引发出来，这里的种子其实就是包蕴在人类文化之中的美好事物的记忆。

随着文明的积累,教育将越来越趋于复杂化。教育的复杂化,在丰富教育内容和形式的同时,也容易使教育迷失自身的内在方向。这意味着教育发展在不断地朝前走,向着更高的文明出发的同时,也需要不断地回归,回到教育的基本问题,以甄别教育的方向与目标,不断地思考学校教育的方向和目标,寻求有灵魂的教育。作为现在的教师和教育工作者,也许我们个人的力量是微薄的,我们不足以改变社会,但我们可以改变人,影响我们身边的人,我们可以让自己成为孕育教育理想的存在,从而让理想通过我们的点滴努力而在当下的现实中显现丝丝缕缕的可能性,以此孕育教育变革的力量。

教育事业就是灵魂事业,教师是塑造灵魂的工程师,我们培养学生也不应该仅仅停留在物质层面,更要提高到精神的层面。而人之为人的根本就在于把人类文化中的美好记忆活化在个体身上,由此而让个体活在人类之中,上升到人类精神的高度。

教育作为个体成人的实践,其基本路径就是激活个体原初性的感受世界、体验美好事物、孕育心灵生活的能力。人活在世界中,需要各种能力,但最重要的又看不见的能力,乃是心灵生活的能力,也就是心灵感受、发现、建构美好事物的能力。比如,为什么我们要发展美育?单纯绘画技能的训练,并不足以让人成为人,唯有在技能的训练中启迪人的灵魂对美善事物的欲求,真正的教育才得以发生。

人总是活在一定的环境之中。学生走进一所学校,最先感受到的是学校的整体环境。对学校来讲，用心设计校园里的一草一木，是对学校生活的每一个生命最大的尊重和引领。给予孩子的应该是一个自适、舒展、愉悦、快乐的空间和氛围，是"花园"般的存在，是一个丰富的想象学习生活的空间，滋润师生共同成长的地方，每一个人伴随着校园一草一木自由地笑出来、唱起来，形成独特的文化气场。我们应努力从精神层面、多元文化角度挖掘环境内在的育人因素，为学生创设具有文化内涵和精神元素的生活环境，引领师生过有品位的生活，努力追求高品质精神，从而成为一个幸福的人。所谓教师生命的本质，其实就是活在师生关系之中。苏联教育家苏霍姆林斯基也认为："教学不是冷冰冰地把知识从一个脑袋装进另一个脑袋，而是师生之间无时不在的情感交流。"所以，未来的教育会更具情感性和互动性，未来的教师也应该增强亲和力，努力成为学生的知心朋友，成为学生的成长伙伴，走进学生的心灵。在具体的教育教学过程之中，也是同样的道理，那就是教知识固然重要，但比教知识更重要的是唤起学生学习的热情，培育学习的兴趣，也就是激励学生的向学性，这比强求学生学知识本身更重要。儿童鲜活的生命中总是涌动着各种自我生长的力量，优良的教育就是充分地激活这种力量，并把这种力量引导到合适的方向。我们强调教师要坚持儿童立场，以生为本，绝不意味着放任儿童，更不是迎合儿童，而是合理引导学生内在发展的要求，并具有合理回应的专业立场与态度。

为何主张生本课堂？其实这就是以学生为本的课堂，即学生是学习的主体，也是学习活动的根本。"生本、自主、开放、创造"课堂文化的提出,不是将孩子束缚在书本上,而是鼓励他们积极投入到开放的学习中。所谓"生本",是滋养一个个待挖掘、待唤醒、待点亮的鲜活生命。强调以生为本,就是要将学生放在学校的最中央,发现学生的价值,挖掘学生的潜能,发展学生的个性,让每一个学生在课堂中生成,发展,创新,尽显人性的完美,让每朵花儿都盛开,让每个孩子都绽放精彩。所谓"自主",苏霍姆林斯基说道:"只有能够激发学生自我教育的教育才是真正的教育。"我们将每一个生命都看成独一无二的存在,赋予他们自由成长的空间,坚持以课堂为载体,激发学生的主动性思维,尊重他们的差异,呵护他们的天性,引导学生人人自觉发奋,人人自主发挥,人人自主发展。所谓"开放",在我看来,教育不是为了今天,而是要为学生们想象不到的未来做准备。开放的课堂,才是未来的课堂。课上不仅仅是学习几门学科、几类活动或是一些知识,它应该是开放且广博的,它是要让学生面向丰富多彩的生活,是提升综合能力的载体,是激发学生生命活力的舞台,是为学生未来发展奠基的基石。开放,是学习时间空间的开放,也是学习资源的开放,还是学习方式的开放,等等。所谓"创造",即创造力的培养,是未来世界对人才要求的必备素质之一,未来只有创造力、协作力、逻辑思维等综合能力出众的人,才能更加适应社会的发展。培养学生的创造力,老师首先要有创造的意识,也要有创造力。没有创造力的老师,怎么能培养出众多有创造力的学生呢?

学校以学生发展为本,以课堂为载体,激发学生的求知欲和好奇心，培养学生敏锐的观察力和丰富的想象力，培养学生的动手实践和创新能力，让他们成为未来世界的创造者；自主开放，挖掘孩子的内需动力，让学生自主学习，自我塑造，做"最好的自己"，让每一个学生都能够绽放光彩。

对学生的尊重，是"生本"教育的本质和基本原则。我们一直倡导爱与尊重，倡导人本与尊严，倡导信任和乐观的期待，反对控制、灌输、模塑、歧视等。我们尊重每一个生命，呵护每一个生命；在我们的课堂，鼓励老师们想方设法调动孩子的学习兴趣和主观能动性，培养孩子自我管理、自我塑造的学习能力，努力彰显民主、开放、宽松的教育境界，打造元气满满的、乐观向上的精神气质。从课堂教学的角度分析，以学生为主体开展教学，让教师勇敢地"退"，学生勇敢地"进"，鼓励学生进行自主学习、自主探究、自我展示，努力使学生成为小小"教授者"，这样的课堂教学，更接近教育的本质。

一所好的学校，应该有卓越的课程和完美的课堂，学校也理应把课堂和课程作为学校发展的战略改进领域。课堂，是真理呈现之处；教学，是知识散发魅力之时。课堂高效了，教育才会高效；课堂优质了，学生才会卓越；课堂改变了，学校才会改变。只有当老师能一切从孩子出发，突出学生的主体地位，成为"学习共同体"内"平等中的首席"，教室才会成为师生互动、心灵对话的舞台，才可能有知识、生活与生命的共鸣，才可以听见生命之花次第开放的声音。

不管社会如何进步，我们依然需要回到苏格拉底，教育就是一起分享"好的东西"；回到《诗经》，"如切如磋，如琢如磨";回到孔子,"三人行,必有我师"。回顾学校生活经历,真正让人留恋的正是师生、生生学校生活中的各种非设计的、充满温情的交往。

在我看来,活动是学校教育重要的育人途径之一,是将学生的道德认知转为道德行为的重要机制。学校活动蕴含着丰富的育人资源,学生在活动中不仅可以受到道德的浸润,还能得到诸多能力和品质的培养。活动,让校园的画面更有活力,让孩子的成长更有动感;为爱所浸润的活动,让我们不负好时光。对于学校教育而言,除了国家统一安排的课程,以及依据学校自身特色开设的校本课程之外,还应该创新地开展一些符合学生发展需求的个性化活动。陶行知先生指出:"全部的课程包括全部的生活,一切课程都是生活,一切生活都是课程。"活动即课程的理念是以学生发展、知识体系及社会需要等因素为依据,开设通过学生的主动活动,以获得直接经验和实践特长的课程,以及培养兴趣、能力和各种品质的课程。

学校是干什么的?学校就是给孩子们提供机会、搭设舞台,培养他们使他们发展,鼓励激励他们使他们成长的。因此我们鼓励学生个性发展,学校有小小数学家、阅读小博士、冰雪健将、乒乓健儿、小小画家、小小歌唱家、跆拳道高手、科学实验小能手、手工制作小巧匠……太多太多了。

因此,无论是课堂还是课程,或者是活动,都可以作为心灵转向的通道,通过构建不同的教育场域,促进学生全面而个性化的成长,打造学校品牌特色,让学校整体教育处于可持续发展的生态之中。

三、最充分地实现儿童作为"大写的人"的价值

教育,最核心的问题,是培养什么样的人。然而,无论时代如何发展,环境如何变化,立德树人的根本任务的初心不会变化,为党育人、为国育才的使命不会更改,培根铸魂、启智润心的目标不会停止。对于我们教育的价值而言,为学生一生的幸福生涯奠基,帮助他们成长为适合他们自己的满意的样子,充满自信、快乐、阳光地走向未来的价值不会转移。

教育的旨向其实最终还是要更好地服务社会,促成社会的不断进步和发展。但不管是服务社会也好,改进社会也好,都是以孩子们此时此刻生命的充实、完满为基础的。古典教育的"君子不器""参赞化育""仁民爱物""经世济民",核心就是道统教育(传道的教育),任务就是培养顶天立地的君子、圣贤。

我国现代著名的教育学家陶行知先生曾说过:"道德是做人的根本。根本一坏,纵然使你有一些学问和本领,也无甚用处。否则,没有道德的人,学问和本领愈大,就能为非作恶愈大,所以……要我们大家'建筑人格长城'。建筑人格长城的基础,就是道德。"《论语·先进》论到孔子的弟子各有所长:"德行:颜渊,闵子骞,冉伯牛,仲弓。言语:宰我,子贡。政事:冉有,季路。文学:子游,子夏。"我们可以看到孔子弟子的不同专长本事,同时也就看到孔子教育的核心重点。排在第一位,也是孔子心目中最重要的,毕竟还是"德行"。这是根本。

我们需要朝着既定的方向步履坚定，我们需要弘大学校文化气象，让我们的课堂成为汇聚伟大事物的中心，让课程成为塑造独特生命的路径。那么，请让我们坚定地相信：

学校真正的标志，是学子脸上洋溢着的幸福与快乐；学校真正的历史，是每一个学校人心中铭刻的故事；学校真正的成就，是在天地间站成"人"字的每一个学校学子。让学校更像学校，让教育回归教育。儿童的立场就是教育的立场！

第一章　铺就爱的人生底色

在我办公室的窗台上,有一幅一直珍藏的书法作品,内容仅有一个字,那就是"爱"!此字用笔潇洒飘逸,笔画精妙,我常常注目凝望陷入深思:什么是"爱"?"爱"有何内涵?此时,我看向窗外,一群孩子在布满阳光的操场上奔跑、游戏,我会心一笑,记忆追溯到很久很久以前,那些有关爱的故事,在我的脑海,一一闪现……

第一节　我,篮球,妈妈

我的父亲是军人,母亲是医务工作者,我家没有从事教育工作的人,所以我也从没想到自己长大后会当老师。我小时候,我的父母就非常信任我。当时因为他们工作很忙,所以对我的教育方式就是"散养",给了我极大的空间和自由去做我想做的事儿。所以我的爱好有很多,但大多没有定性,三天打鱼,两天晒网,一会儿喜欢这个,一会儿喜欢那个。

由于我的身体素质很好,我被老师推荐到北京的一家武术队。那是一个训练基地,来这里后,我的业余时间基本上就被训练填满了。这个基地距离家很远，而且我是武术队年龄最小的，所以也经常是受欺负的那个。去了两次之后，我就跟妈妈说不想去了。妈妈考虑到这个训练基地离家太远，且我还是一个小女孩，她也顾不上送我，就答应了我的请求。不久，学校老师选中我加入篮球队，这一次，我的母亲跟我进行了一次深入的谈话："如果能坚持下来，就参加，如果坚持不下来，就不要参加了，万不能半途而废。"母亲的这次谈话让我入脑入心了，所以我从进篮球队之后，一直坚持到上师范学校，包括中间还去北京市业余体校训练。篮球训练非常苦，非常累，进了篮球队之后，就是各种训练，每天早上六点多就开始，晚上放学之后还要一直训练，每天坚持。在我的少年时期，几乎所有假期都泡在什刹海体校，无论多苦多累，一直能坚持下来的主要原因其实就是妈妈跟我讲的，干什么事情都要坚持到底。所以很多时候，在最艰难的时刻，我也能咬牙坚持。这也为我之后的发展奠定了意志品质基础。

体育锻炼，给予我的不仅是强健体魄，而且更为重要的就是坚韧的品质，就是坚忍、坚韧、坚定、坚持等这些宝贵的精神意志，无论何时不能后退，不能偷懒，不能轻言放弃。我当时的梦想就是当个专业的篮球运动员，而且一直很努力，但是因为不长个儿，我从打前锋变成打后卫，后来打后卫在身高上也没优势了。虽然因为身高的问题没能做一名专业的运动员，但体育带给我的精神力量却影响了我一生。我认为这也是当好一名校长应该具备的特质和素养。

这些东西，对我后来当老师、当校长，其实影响很大，让我能直面办学当中遇到的很多很多困难。提到"校长",有人说这是一种职业,有人说这是老师中的教育家,而我却认为,校长其实就是一所学校的掌舵者,就是一所学校的主心骨,师生的守护者。所以,我必须坚定,这样老师们才会觉得踏实。有的老师说,这几天都没见到您,今天一看到您,就会觉得心里很踏实,就可以安心地做自己该做的事儿。校长多像一根定海神针呀!

记得我小学三年级时,有一次下大雨,家长们都陆续来学校接孩子放学,全班同学陆续被接走了,最后楼门口只剩下一个孤零零的我——爸妈平时不曾接过我放学,但今天大雨下个不停,我认为爸妈应该会来接我。结果等到天都黑了,我也没等到他们,我并没有沮丧,而是蹦蹦跳跳哼着歌冒雨回家了。这就是我童年经历的教育。爸妈的教育方式就是让我学会独立思考问题、解决问题。每当面对挑战和困惑时,我童年的经历就告诉我,要突破,要有韧劲!童年的经历,让我常怀一颗勇敢的心,敢于做自己,靠自己去解决问题,所以许多困难终究可以被我转化为向上攀登的垫脚石,带我问鼎更精彩的世界和人生。我越长大越发现,父母的教育模式是对我爱的另外一种方式,它远离了溺爱,衍变成了深爱。成长是化茧成蝶的蜕变,褪去外衣的那一刻是美丽的,但其过程是艰难的。

正是因为小时候的成长经历,我学会了坚持,并且我也学会了接受失败,接受考验,接受困难,接受重新再来。细数这么多年来带着老师们做的那些事情,包括带领学生排演音乐剧《马兰花》,带领教师排演话剧《雷雨》,登上中国儿童艺术剧院（儿艺）的舞台，走上北京人民艺术剧院（北京人艺）的舞台，甚至走出国门，去往新加坡演出。在那个时候，这些都是不可想象的事情，其中也常常面临很多的困难，但我和老师们没有退缩，没有轻言放弃，这是很重要的一点。当时我给自己定了德、智、勇、创四个字。作为校长就是要以德为先；做事的话，需要讲究智慧，讲究艺术和方法；另外，勇气很重要，办校需要一种创新的意识和胆识，才能让学校紧跟时代步伐；最后一个是"创"，无论你是做老师还是做校长，要走一条创新之路，不能循规蹈矩，这样学校才能够立于不败之地。其实这是一连串的东西。如果小时候爸妈对我百般呵护，也许就没有今天勇敢、坚毅的我，遇到困难的时候估计我也会退缩，也会依赖，学校也就不会发展成更好的样子。我觉得办学跟做人其实是一样的。

有人说，一个好校长就是一所好学校，进入一所学校，就能够感到这所学校的气质。一所学校内部有很多这所学校校长的影子或者痕迹。提到北京大学，我们会想到北大校训，想到北大精神。我想起100多年前，蔡元培就任北京大学校长的演说中结合时代背景提出的三点期望，一曰抱定宗旨，二曰砥砺德行，三曰敬爱师友。蔡元培号召学生去研究高深学问，不要追求做官发财之路，还强调自己的治校方针是："依世界各大学通例，循思想自由原则，取兼容并包的主义。"从此，"思想自由，兼容并包"成为北大的校训，北大也成为新文化运动的策源地，正是因为他的"囊括大典，网罗众家"，北大才汇聚了陈独秀、李大钊、胡适等一批革新派。所以说，一位校长的思想与特质足以影响这所学校的面貌，一位校长所具备的品格和精神，对学校来说是非常重要的。

泰戈尔说："只有经历过地狱般的磨砺，才能练就创造天堂的力量；只有流过血的手指，才能弹出世间的绝响。"如果当初父母没有给我磨砺的机会，恐怕就没有如今坚毅果敢的自己；如果当初父母没有给我磨砺的机会，恐怕就没有如今我勇往直前的拼劲和闯劲。感谢我的父母，给予我爱的磨砺，亦赠予我勇气。

第二节　小家有大爱

月球一直围绕着地球转，为地球挡下一颗又一颗飞来的陨石，用自己的身体保护了地球的周全，正如在我背后默默支持、默默付出的我的爱人。

从师范学校毕业分配到北京市府学胡同小学工作后，我在这里结识了我的同事、美术教师——我未来的那个他。他一直都很支持我。最开始，我和他同为府学的老师，周边的同事总是喜欢拿其他的一些花边新闻来说我们的工作，这并不利于我们双方的发展，所以我们决定只能一人留在府学。府学作为东城区的名校，谁留在府学，预示着谁会有更大的发展。最后，他为了支持我毅然做出让步，去了东城另外一所学校。就我对他的了解而言，他在管理、教学等各个方面都很有自己的想法。我觉得他比我强，后来他确实也逐步走向副校级的管理干部岗位。我也从一位普通老师走向学科负责人，乃至教学主任、副校长、校长等。这时，又面临着一个选择题，因为我们自己这个小家的老人因病需要有人长期照料，所以我们不能两人都做校长。最后，他还是为了支持我的发展，再次做出让步，一直踏踏实实地做着副职。从教学来说，他是当时东城区首批教育新秀（整个东城区，当时仅有十个名额）；从管理来说，他的能力也是非常突出。为了支持我的发展，他一直默默地付出。

我做校长后，一直都处于一种繁忙的状态，工作占据我近乎全部的时间和精力，对于家庭生活，很少能顾及。在照顾父母上，本是女婿角色的他，承担了"儿子"的重任。白天工作，晚上到家陪护病中的父母，成了他每天的生活常态，这得以让我在学校工作上安心前行。

为了减轻我的负担，每天下班，他都会开车到学校附近接我，经常等到很晚。由于学校事情繁杂，"不守时"是我的常态，经常会因为在学校与干部、老师谈事情而忘了时间，忘了他还在学校附近等我，常常是中间都顾不上给他发信息。从傍晚6点多等到夜里10点多是家常便饭，而他毫无怨言，默默等待，日复一日，年复一年，从未更改。除了对我的爱之外，我想大概是一位教育人对另外一个教育人的理解吧！

有一天，他带回家一个蛋糕，我问他怎么买了蛋糕，他说不是买的，今天是他的生日，单位工会准备的。哎呀！当时我非常内疚，作为他的爱人，我都不如他单位的同事那么上心。我常常顾及学校、顾及老师胜过顾家！哪个老师家里有啥事了，哪个老师有些小情绪了，哪个老师的孩子升学遇见什么问题了……我就老想这些问题。对自己的父母、自己的爱人，我忽视的太多太多。然而家人还那么忍让，时间久了，我会觉得那是理所应当的，但我对他们的付出和关心却是那么少。有人可能会觉得我是一个对家庭没有爱的人，甚至觉得我太过理性、太追求理想，父母病重成那样，我还在上班，还在学校指挥，对于自己的爱人，生活上的喜怒哀乐，从未给予过很多的关注。现在想想，一旦所有的热情、时间、精力用于学校的发展上，对于自己的家庭，必然会忽视很多，忽略他们的感受，忽略他们的一切。有时候我也在想，当有一天我也回归家庭生活的时候，这么多年对家人的忽视，会不会让我后悔？说实话，我不知道。但是现在我并不后悔，我觉得我现在做的事情对更多的人，或者对学校是有益的，我希望学校好，当然我也希望我家人能好。但是我真的也没有什么好的办法来分配更多的时间与精力。当初妈妈得了癌症我却没有花多少时间照顾是我心头之憾，想着以后对于爸爸，一定要多加照顾。如今，爸爸也病了之后，我还是选择学校第一。为了让我第二天能正常上班，包括晚上守夜，都是我的爱人在照顾，在打理。即使我去医院守着爸爸，我一定也会想学校的事儿。不得不说，学校已经成为我身体的一部分，割舍不了，也放不下了。

年轻之时，奋斗就已是我生活的主旋律。用朋友的话说，我简直就是太拼了！同样，在收获职业幸福感的同时，我也在失去。由于我高强度的工作，思想压力有时也很大，经常一连几日都是高负荷状态，就在怀孕期间也不例外。我终于支撑不住累倒了，伴随着可怕的出血，胎儿流产……第二次怀孕，又一次流产了……从此，我失去了做母亲的机会，我再也听不到自己的孩子亲口叫自己一声"妈妈"……

有人说，你爱学校，胜过爱你的家人。听到这话，我的心里其实十分难受。为了学校的发展，我似乎忽视家人太久，家人对我的爱的付出，和我对他们的回馈，显然不对等。2022年，父亲病情加重，我却又重新执掌一所新的学校，学校规模庞大，千头万绪，顾上父亲就顾不上学校，顾上学校却又顾不上父亲。父亲说，去好好上班吧！之后他每天从我爱人的嘴里了解我的近况。学校平安顺畅，父亲才会安心。他们就是这样全力在背后默默地支持我，尤其是我的爱人，为了支持我的发展，乃至我的办学，他一直都在让步，都在为我撑起一片天，让我安心地行走在我的教育之路上，成为我后方最温暖、最坚强的后盾，得以让我义无反顾地朝着我的教育理想国坚定迈进。

但是，对于我的家人，我内心永远都是亏欠他们的……

第三节　学贵得师，感恩于怀

此刻，我坐着书桌前，写下这些文字的时候，内心浮现了很多以前陪伴孩子上课的情景。从心底来讲，我是热爱教学的，对于我来说，走上讲台去给孩子们上一节课仍然是我现在最想做也是最乐意做的事情。现在，走进教室，跟老师们一起听课、评课、搞教研，在我看来，都是非常开心、快乐、享受的事情，是创造无限的有趣的事情。起初，正是靠着那份执着和爱，我将自己的几乎所有时间、热情、精力用于家访、与学生谈心、研究课例、反思教学……我的大脑、我的情感、我的空间全部投入到了我最挚爱的教育事业。直到现在我回想起当初自己那份看起来甚至都有些傻的干劲，都让自己有一种难得的踏实和心安。在我现在看来，那真是一个年轻人特有的最宝贵的热情与冲劲。

起初，我可能只是凭着一份单纯的爱，怀着最朴素的想法和不怕苦不怕累的精神从事一线教学，并无多少研究儿童的觉悟，只是一份出于教师本能的爱。再后来，凭借自己的冲劲和内心对教育的热爱，我开始主动向大师们学习。

我刚入职的第一年，金孝文老师成了我的教学师父。她是副校长，当时的中学高级教师，对我要求甚是严格，一听课就一个月一个月地听，每节课都听。当时我是数学、语文包班老师，她来听我上数学课，那时候叫作应用题教学。一年级基本上是图画的应用题，而她听我讲图画应用题，一听就听了一个月。我现在觉得她当时的方法真的历练了我。当时我上课时，她要觉得哪儿不行，就站起来替我讲，讲完她就下去，我再上。我深切感受到了老一代老师们对于青年教师的这种期许，希望青年教师快速成长的这种心愿。这些都让我感佩，也激发了我的内驱力，让我知道不能事事指着别人，而是要让自己强大起来。

在我职业生涯开始的时候，吴正宪、孙维刚两位老师对我影响也很大。当年吴正宪老师来我们学校讲过一次课，就成为了我的第一个职业偶像。她提出："在育人的过程中没有什么比保护学生的自尊心、自信心更重要。在学习的过程中没有什么比激发学习兴趣、保护好奇心更重要。在交往的过程中没有什么比尊重个性、真诚交流更重要。在成长的过程中没有什么比养成良好的习惯更重要。"这些话对我影响至今,给我很多启示,让我明白,教学艺术源于情,情是教学艺术之本。"真教育是心心相印的活动,唯独从心里发出来的,才能达到人心灵深处。"没有真诚的爱就不会有真正的艺术。教师对学生的爱、对学生的情不是一种简单的给予,爱首先是尊重。教师要尊重每一位学生,关注每一位学生,满足并提升每一位学生的发展需要。教育的过程正是爱的过程,爱是激励,是信任,是鞭策。教师要将对教育事业的真情、激情浸润在教育教学的全过程,这样才能使教学艺术之花拥有坚实的根基。孙维刚老师,每个周末会来给我们学校的学生讲数学课,而我也不休息,次次跑来听他讲课。印象最深的是他给学生讲"平均数"。一个貌似简单的问题他可以讲一上午,从厚到薄,讲得那么顺畅,讲得一通百通,思路那样的开阔。他们让我体会到了什么是"心中有学生",什么是"换位思考",在这两位名师的影响下,一个崭新的天地在我的面前徐徐展开。

透过这两位老师的行为,我有时候就会想:"已经快退休的老师为何还保持着如此旺盛的学习力?还能那么用心地培养年轻人呢?"慢慢地我心里有了答案。这源于他们对教育事业、对学生深深的爱,正是这种爱,让他们义无反顾,让他们奋斗不止。

多年前从事一线教学岗位时,我也曾对自己使出过"狠招儿"。我没有过于依赖于师父,而是把"每节课都当作有人听课来上",严格要求自己,敢于摸索、探究。我每次备课都非常认真,不断地修正、完善,寻求更好的讲课方法、课堂设计,思考如何去开拓学生思维,让学生举一反三;每次上课之前,我都把所有教具摆放得齐全且有条理,以免耽误上课的进度;上课的过程中,更是严格对待,按听课的程序进行演练,不准自己有丝毫的倦怠。我会将教材进行重组,在完成课程目标的同时,为学生进行知识的扩充和能力的提升。每次课后,我坚持做小记,以进行自我反思,不解的问题便请领导和老师指导。同时,我争取每个学习机会,争取每次教研机会,"削尖了脑袋"去学习和吸取经验。或许,在别人眼里,我是个执拗的"怪人",一板一眼着实可笑。然而,这"怪"中有秉持的原则,有体悟的乐趣,那是我的梦想所系。凭借着这份爱与热情,基本上已经把全部的身心投入到工作中,对于我来说,当时最开心的事就是跟学生在一起。教学对于我来说是有趣的事儿,不是任务,我对自己要求甚高,尤其是工作细节上,就连上课时教鞭的使用,我都会给自己定"细则",我认为这是对于课堂的尊重。没日没夜地精心备课、制作幻灯片、写教学反思、批改作业,已经成为我的常态。为了提升自己的课堂质量,我经常给自己的课录音,晚上回到家里一遍遍地放录音,听听哪段讲得不好,哪段讲得不错,查找不足,然后书写课后反思,总结经验。每一次授课,我不仅注重传授孩子们数学知识,更注重与他们交流数学思想、方法。看着孩子们围在自己身边认真地讨论着一道数学题的多种解题方式,我真切感受到当老师带来的幸福和满足。好在婆婆家几位亲人是教师,支持我全心全意来研究工作。这种"魔鬼式训练"让我收获巨大，使我向一名优秀青年教师不断前进，也为日后的成长打下了良好基础。

马芯兰教学法也让我受益良多。改革开放后，马芯兰展开了第一轮教学实验。她大胆地突破传统教学的条条框框，探索效率和质量相结合的教学方式。以"开发学生智力，减轻学生负担，提高教学质量"为主要目标的"马芯兰教学法"，开始在国内外引起广泛反响。从中，我学习到要坚持"以学生发展为本"，引导学生跳出分数的约束。注重实践教学，在这样的教学方式引导下，学生才能"玩得痛快，学得踏实"。

做教育这么多年，开始是千头万绪，觉得有很多需要学习的教学规律；经过时间的洗礼、沉淀，才发现核心规律并不繁复。或者说，大道至简，教学表面所呈现的是学科内容，其内核是思想，是规律，是方法论，是哲学观。

那时以学生解决问题为主的"问题驱动"意识已经在萌芽，以生为本的理念，也在那时萌芽。要做到生本课堂，必须时刻关注孩子、尊重孩子，让孩子们主动解决问题，孩子们探索了，学习兴趣就上来了。

想起2000年，我正教五年级数学，恰逢东城区举行区域教学大赛，抽到的内容是"体积和体积单位"。我想把它设计得有意思一些，用实验的方式来讲课，视觉和表象相结合。课程中，我设计了一个应用场景，让孩子们站在教室墙边，一起围成一立方米。当时，这个活动还未做完，课却马上就到结尾了。我心里有些着急——因为赛课拖堂会被扣分。活动开始了，同学们站到墙角，用身体围成近一立方米的空间，体会"体积单位"的大小。这堂课的内容和要点对于我来说已经烂熟于心，没想到竟然出了一个插曲。

原来，当天教室的墙角边上正好有一个窗户，窗台有点大，延伸到了教室里。其中一个学生敏锐发现了这点，大声说："老师，不对！因为有窗台，所以咱们的体积范围已经变小啦！"听到这话，我心里一惊。如果平时没有牢牢树立起尊重学生的观念，这时我可以用技巧性的话语敷衍过去，而这堂课依旧是"完美的、成功的"。然而在那一瞬间，我毫不犹豫地做出决定：遵从我的本心，用我的方式来处理它。

我说："这堂课要结束了，老师心里有些着急，这是老师不对。我们数学追求的就是精益求精，在科学上一丝一毫也马虎不得。是这名同学教育了我，那么，现在我们一起，重新来描述一个更加接近一立方米的空间……"

让我颇为意外的是，赛课结果出来，我竟然获得了一等奖的第一名！专家的点评是："这堂课不仅仅教会了学生知识，还表现出对学生的充分尊重，对科学的探究精神。"得到专家的肯定，我的心里甜甜的，职业生涯中的这件事情，让我重新认识了生本理念。抓住"以学生为本"这个根本前提，打造以爱为底色的生本课堂，就能真正处理好教与学的关系。从那时我就领悟到，课堂教学是一种师生双边参与的动态变化的过程，每一个学生都是生动、独立的个体，是课堂上主动求知、主动探索的主体；而教师是这个变化过程的设计者、组织者、引导者和合作者。课堂是学生的舞台，老师则是付出爱的导演。

这十多年做校长以来，我给自己立了规矩，那就是绝不能脱离一线课堂。每周一早上，我都会和行政干部们深入各科老师的课堂，雷打不动，看看孩子们的学习状态，并和老师们一起探讨。学校举办的各类教学活动，我也都会在场，作为教学的管理者，必须要有深入教学一线的切身体验，必须要有大量鲜活的现场教学实例做支撑，才能更好地把握学校前进的方向，才能更好地做好一个"管理者"和"引领者"。

几砚昔年游，于今成十秋。感恩于我的教育生涯遇见的所有恩师，不求回报给予我教育的智慧和启迪，让我得以在寻找我的教育理想国的路途上行稳致远、惟实励新。

第四节　仍怜故乡水，万里送行舟

人生，总有很多不同的际遇。2004 年，我由中国外交部推荐，参加并通过了日本大使馆的考试，之后便被派往日本做国际交流工作。学无止境，行以致远。这一年对我来说是一次挑战，更是一次转折，在我个人成长路上意义重大，我开始重新审视中国的基础教育，开始慢慢地打开自己的国际视野。

就这样，我怀着一颗向学之心，告别父母，告别爱人，远赴东瀛，开始为期一年的教书生涯。飞机落地的那一刻，我明显感受到自己已然置身于另一个世界。虽然日本方面很热情地接待了我，但终究还是异国他乡，孤独、寂寞时常缠绕。我努力克服困难，下决心适应日本的工作和生活。

我的任务主要是在日本的高中里教汉语，并进行中国文化、历史、风俗、风光名胜、现状及未来发展的介绍。这是日本外务省、文部科学省和自治体国际化协会组织的国际交流活动，当时已经举办了十七年，每年都有来自各个国家的年轻人到日本从事这项工作。

这次，我是被派往福井县立足羽高校。这个学校里和我同时工作的还有四名外国老师：一个美国人、两个加拿大人和一个芬兰人，可谓是一支强大的"多国部队"。我的工作范围很广，每周在学校有十五节课，每节课五十分钟，主要包括中国语基础、文法、会话等。除此之外，还要利用每天晚上、周六和周日在当地的国际交流馆和公民会馆等地，对社会上的人进行中国语和中国现状的公开讲座。

有意思的是，我的学生从四岁到七十多岁的都有。这是我十几年的教师生涯中从来没有过的事情，也是极具挑战的一段经历。我的日语很差劲儿，还好在中国受到了良好的教师职业培训，所以我就尽量用不同的教学方法来弥补语言带来的困难。

我最小的学生只有四岁，叫服部。小服部每次都和哥哥、姐姐一起来学习，刚上课的时候她还行，但过一会儿，她就坐不住了，在教室里跑来跑去，但是在玩的时候，她也忘不了学习，经常在教室的某个角落中就会传来她和我们一起背诗的声音"锄禾日当午……"

我的开放讲座听众中也不乏老爷爷、老奶奶，这就是日本人活到老学到老精神的具体体现。他们虽然年龄大，但学习却很认真，每周都坚持上课，认真记录，还主动写些作文让我批改。

日本的学校，设施都很完备。我去过十来个日本中学（初中）做中国文化的讲座，其中有一个很偏远的学校，叫武生市第二中学分校。这所学校，初中三个年级一共才十五个学生，学校的设备却是一流的。由此看来，日本的义务教育显而易见是普及和均等的。

我所在的足羽高校坐落在福井县的一个山坡上，学校很大，有棒球场、足球场、网球场、射击场、游泳池、两个体育馆、武道馆、图书馆，还有各种专业教室和活动教室、自习室等，各种设施一应俱全，而且风景很美。

在日本的这一年，我深切感受到日本人集体观念极强，注重团队精神的建立。日本的学校社团和选修课都是很丰富的，一般下午两节课后就是很长的社团活动时间，我印象很深的就是网球社团。当时有个孩子给我写了一篇小作文，让我帮她修改，因为她要用中文做一个演讲。在修改的过程中，我才逐渐了解到这个网球社团是怎么一回事。虽然她是网球社团的成员，但她从不打网球，所以当时我觉得挺奇怪的。通过后来跟她沟通，才知道她在社团里面是负责"后勤"工作，平时做一些递毛巾、递水、掐表等事务，但她并没有因为自己负责后勤的活儿就不开心，觉得自己卑微，反而因别的运动员上了"战场"，无论是成功还是失败，都有一种荣辱与共的感觉。他们之间非常友爱，不论是运动员还是"打杂"的，人人平等。

对于孩子的这种团队精神的建立，可以以他们的体育祭、文化祭（体育节、文化节）为例。体育祭、文化祭一开好几天，9月份一开学就是一周的文化祭、体育祭，然后才开始出去上课。比如，体育祭其实就是各种体育竞赛。而他们是如何做的呢？从树立团队精神开始。不是以年级为单位，而是分红黄蓝绿几种颜色来分组，比如红黄蓝三个组。每个组都会把高一、高二、高三的学生按不同年级分进一个颜色。比如说高一（1）班、高二（1）班、高三（1）班这三个班的学生就是红组。这些队就是临时团队，临时团队需要一个机制，要确定谁是表演团体操的、谁是表演舞蹈的，谁是比赛的、谁是做服装的、谁是负责后勤的，等等。学校会把一些相关的资金拨到各个组，由各个组来买东西、筹划，然后表演。日本的高中生，大部分在暑假这个阶段是不休息的，学校老师也不休息。老师是公务员，年假就20天。所以假期里大家组成一个一个临时团队，而且他们不仅有自己的班集体，还有临时团队，临时团队还要很好地运行。这是他们建立团队精神的一种举措，其参与率或覆盖率基本是百分之百。这一举措要求大家每天都要做贡献，不管你是一线的还是所谓的二线的。因此，这种团队精神及意识的建立，是融入学校生活当中的，而非教条。

另外一个让我印象深刻的便是垃圾分类。21世纪初，对于刚到日本的我来说，最大的困难不是语言方面的障碍，而是生活上的，尤其是倒垃圾的问题。"想要在日本生活，你们必须得学会垃圾分类，这是生存的基础"，此话不假。

日本的垃圾有很多种分类，并且分类规则严格。市民一旦违反丢垃圾规则，就有可能被处以罚金。这对于初来乍到的我来说难免会出错，因为它真的很烦琐。这逼迫我不得不学习这方面的知识。比如，矿泉水瓶不能直接扔，要把瓶子上的标签去掉，瓶盖也要拧下来单独分类。在日本，纸张属于非常宝贵的再利用资源。日本随处都能看到再生纸，比如公共厕所放置的厕纸，都是再生纸制作的。虽然作为可回收资源，这类垃圾到最后都是会被分解的，但扔的时候还是很有章法，比如报纸得捆成十字型。另外，每个地方每种垃圾扔的时间也都不同。比如周二周五是扔可燃垃圾，周四周六是扔瓶罐垃圾，周三是资源回收。所以，如果你在日本大街上买了一盒牛奶并在路上喝完了，这时你不要想立马能找到垃圾桶。你只能带着这个盒子，回到你的住所或者办公地点。

伴随着日本垃圾分类一步步推进的，还有潜移默化之中人们环保意识的增强，以及生存环境质量的提高。从那时起，我真切地希望环保也能早日成为我们的一种本能，这也为后面我做环保教育打下了基础。

日本高中生的独立性很强，他们的学习主要是靠自觉性，老师干预得很少，成绩也大都保密，学校只公布统一考试中前十名的名单。当然要想考上国立的著名大学和医学院的话，日本学生要下的功夫与在中国考名牌大学没什么区别，同样非常的辛苦。日本的学校除了学习以外，课外活动非常丰富。学生们在刚入学的时候，都会加入各个俱乐部，俱乐部和学校里的大小活动几乎都是学生们自己组织的，老师绝不包办代替。放学了，各个俱乐部的活动就热火朝天地开展起来了，这时的校园总是非常热闹。而且，日本学校教育重视学生生活技能、社会实践能力、自主探究能力的培养，这也体现了日本学校培养人才的方向，引起了我对我国教育的思索。

日本的学校课程建构非常丰富，这也带动老师们对一专多能的掌握。在日本，教师除了掌握自己主攻的专业之外，还要具备其他一门技能或者特长。这样一定程度上也提高了教师自主开发课程的能力。我当时受到极大启发，在发展迅速的今天，技术发展和知识更新更是一日千里，作为教育人，终究不能置身事外，不可能抱着自己的学科从一而终。实现全面发展，既是适应时代对教师的要求，更是教师自我完善、最大限度地实现自我价值的一种办法。这些思想的种子根植于我的内心，并在之后我的管理中生根、发芽、开花、结果，比如后面我倡导的"1+N 教师培养模式"便来源于此。

日本的高中生中性格内向的很多。我的公寓离学校不太远，所以，我每天用学校给我提供的专车——一辆变速自行车上下班。只有下雨或天气不好的时候，我才坐电车。日本叫电车，其实是火车，只不过坐一两站地就可以了。

有一天，我在电车站等车，有个学生主动与我打招呼，我一看是个一年级的同学，叫桥本。我问她："你也回家吗？你家住在哪儿？远吗？"她用日语加汉语的句子来回答我，还从书包里拿出一封信递给我。我感到很奇怪，心想那是给我的信吗？接过来一看，真是给我的信。信中写道："滕老师，我是桥本佳津，是汉语班的同学，你知道吗？我很喜欢吃中餐。你喜欢吃中餐还是日本料理？我的生日是 1 月 26 日，昨天是我爸爸的生日。你的生日是几月几日？滕老师的课是快乐的，上你的课是乐趣，谢谢。我等你的答应。再见。"

读完她的这封短信，再抬头看看这个漂亮的日本小姑娘，真的好想和她拥抱一下。孩子的信虽然用词还不太准确，语句还不太通顺，但字里行间饱含着对中国、对中国老师的喜爱之情。而且我想，这封信她一定准备了好久了，今天在电车站碰到我，才鼓起勇气给了我。在日本学习和工作期间，像这样的温情小故事，还有很多很多。

常言道，站得高才能看得远。这段经历让我的视野开始扩大，开始用世界的眼光看待我们的教育，因为教育终究是面向未来的。作为教育者，我们理应努力塑造学生自我管理、自我发展的能力。未来社会对人的需求是多层次、多规格的，不是培养一个模子的学生，而是应该注重发展学生的潜能，关注他们的个性，注重培养他们的创新意识。从那时起，我深深感受到我们的教育也应该加强体现以生为本，注重服务于学生的发展与成长。

因为去的是日本，这段经历也会让我不断回想起那段让人泪眼婆娑的历史。在那场战争中，伟大的抗战精神被锤炼和铸就。回望那段历史，我更觉吾辈要自强。虽然现在我们处于和平年代，我们的祖国也越来越强大，但这种精神不能丢，视死如归、宁死不屈的民族气节不能丢，百折不挠、坚忍不拔的必胜信念不能丢。历史是最好的清醒剂，我们依然要有居安思危的意识，世界形势越复杂，我们越需要奋斗到底，为中华民族伟大复兴贡献我们自身的力量。这次经历也让我有了更大的动力去做好自己国家的教育。教育兴，则民族兴。作为一名教育人，我也庆幸自己是个教育人，我可以引领好我的老师，教好我的学生，办好我的学校，通过一己之力，为民族复兴添一把火、助一把力，我愈发觉得自己身上的担子更重了。

我曾于2021年10月份参与了中央广播电视总台少儿频道《少年中国说》栏目的录制，担任成长见证官。这是一档青少年励志节目，少年们讲自己的故事，展现中国当代少年群体积极向上的精神风貌，很多故事深深打动了我。我曾在节目中有过这样一段论述："我们现在的孩子在新中国成立百年的时候正好是四十岁，正好是这个国家建设的中坚力量，他们从少年开始，就心中有民，心中有民生，心中有责任，从小就心怀'国之大者'，未来一定能成为国家建设者和接班人。"百年大计，教育为本。每个人都爱自己的祖国，我也爱，我爱的方式无疑就是用心做好教育，用行动践行教育人的誓言，用行动守护好我们的孩童，用行动教育好每一个孩子，厚植他们的家国情怀，愿他们"让生命闪光，为中华添彩"！

我感谢这段经历，感谢这段心路历程，我愿毕生为国家培育更多人才，虽九死其犹未悔！

第五节　天堂里的妈妈

2017年11月6日，是学校教师戏剧社排演的剧目《雷雨》公演的日子，也是学校"力行"戏剧社的首场演出。当时的儿艺剧场里有很多记者，观演人群浩浩荡荡，现场掌声雷动，到处都是鲜花着锦的盛况。观众或许能看到我驾驭角色的沉着，然而，很多人并不知道，这时的我正经历着一段刻骨铭心的伤痛，我强忍着心中的悲痛艰难地度过了这一天。时至今日，每当我看到当时公演时的照片，作为校长，我为老师们高兴、自豪，但作为女儿，却对我的母亲怀有深深的愧疚——在排练的过程中，我的母亲被查出癌症，而我却抽不出时间照顾她。除了排练，作为校长，每天其他繁重的工作就已让我有些喘不过气来，我实在是太忙了，能陪伴母亲的时间太少太少，联系医院、办理住院都是全权交给我爱人去做。这台戏公演前联排的那几天，母亲病得很重，但我要每天与老师们一起排练到深夜，走台、对灯光，抽不出时间去陪母亲。作为校长的我对工作的责任感和作为女儿的我对母亲的牵挂，两相撕扯，让我焦灼不已。自古忠孝难两全，为人儿女，大义与至亲面前，我还是选择了大义，然而，就是这样一疏忽，便也造成了永远无法弥补的愧疚和遗憾。母亲去世，我却未能身前尽孝，是我此生都无法释怀的伤痛。天堂里的妈妈最终成为了我心底最永久的怀念，现在想起来我仍然泪流满面。

自从 2005 年开始做校长，我的所有主题词就是责任，如果要排序的话，我基本把学校排在了第一，从来没把父母排到过第一，家庭全部靠后。2014 年教育综合改革，资源带刚成立，正是学校蓄力上升期，很多事情需要做。我带着老师们通过活动凝聚人心，需要用很多事情让大家共同承担。这样，凝聚力就产生了。妈妈当时有了一些结肠方面的症状，我却没能带她做肠镜检查。如果当时空出一些时间，带她做个全面检查，或许她就不会那么快离开我了。从检查出肿瘤到去世，也就一年，这让我悲痛不已、悔不当初！随着病情逐渐恶化，市里的肿瘤医院都不收了，说治不了，建议送到肿瘤医院下属的一个医院。由于我抽不开身，我80岁的母亲要倒好几趟公交车才能到医院接受治疗，天黑了才回来，经常如此。母亲知道学校事情繁重，晚上几乎都不让我陪着，怕影响我第二天上班，也不想影响我的工作。有时候我就在想，如果我是一名普通老师，我或许可以多陪护父母，但我是校长，一旦请假，无人可替代。2022年处在疫情期间，我父亲又病了，大家都居家办公，但是我是天天必须得到学校。第一，我也放不下学校的好多事情；另外，教委有要求，所以就得天天以校为家。我爸爸的治疗，都是我爱人全程陪护。父母给我们的太多太多，我做了校长之后，能给父母的却太少太少。父母呢，又觉得孩子很重要，不要太辛苦，所以只需要把工作做好了，其他的少操心。但突然得知家人生病的时候，我就发现自己其实不知道应该怎么面对。我只知道学校要怎么发展，但是也希望父母都健康。这个时候我就觉得，对于父母的回馈真的很少，唯独可以安慰自己的是，从老师的发展到学校文化建设，到课程建设，到活动开展，到学校口碑，到社会认同，学校都处在一个高位发展平台上。

　　妈妈在最后的那段日子里整日高烧，当时的肿瘤标志物已经1万多，到了峰值，都没法儿出报告，最后一个月病床下面垫的全是冰袋（由于降不了温，就只能用冰袋）。现在回想起来，一个老太太成天躺在冰袋上，我就心如刀绞，连呼吸都充满痛感。

妈妈去世那天，医生护士急匆匆地进出我妈妈的病房。我看到他们神情凝重，让我的内心也揪着一般，疼得无法呼吸。这时，我看到妈妈的嘴角动了动，却说不出话，眼睛望了望天花板，似乎寻找着什么。我们再往她跟前凑了凑，她看着爸爸、弟弟和我，似乎想诉说什么。虽然我没听见她说什么，但我明白她对我们的不舍，我的心此刻痛到无法言语，大脑一片空白，浑身僵硬，我多希望这一刻不是真的，慢慢的，就这样，就这样……这一瞬间如同天塌地陷。我呆住了，心如刀绞，满满的遗憾。如果在妈妈生前我能再多抽些时间陪陪她，如果我能挤些时间陪她吃吃饭、聊聊天，如果我能再挽着她的胳膊一起散散步……可惜这世间没有如果。从此，我没有了母亲，没有了这个让我心灵得以靠岸的人，就如浮萍一般，没了根，任风雨飘摇。

妈妈走了，永远地离开了我们。我望着静静地躺在病床上永远不再睁眼的妈妈，悲痛欲绝。直到现在，恍惚中我还是以为妈妈还活着，还陪伴在我身边。有时候我想起妈妈年轻时候的模样，眼泪便会夺眶而出。潜意识很同情我，会在梦中给我补偿，我经常梦到一家人其乐融融聊天、包饺子的场景，梦到夏天的月夜，我们一家人在院子里乘凉，我们姐弟俩依偎在爸爸妈妈身边……醒来，泪水打湿了枕巾。

一路走来，妈妈给我珍贵的爱，使我从容地行走在人生的道路上，妈妈教会我仁者爱人的道理，教会我懂得付出、懂得感恩，教会我要利用自己的能量回报社会。妈妈生前是一名医护工作者，她每日忘我的工作也让我深受感染。她把她的精力、热情、时间都给了她的病人，有时候甚至我都觉得她爱她的病人胜过爱我，她的言传身教也让我明白这种爱的伟大，给了我一种教育生命的新形态。这种爱是世间最具分量的，爱可以使人勇敢，爱可以让人义无反顾，爱甚至可以改变世界。妈妈虽然离我而去，却给我的心底播撒了爱的种子，让它开花，让它结果，然后让我去爱更多的人。

带着妈妈的爱，我行走在我的教育之路上，也给我的教育之路铺就了爱的人生底色。对工作的执着追求是爱，对母亲的牵肠挂肚也是爱。母亲的爱抚平了一切，也支撑我走到现在，乃至更远的将来，爱让我坚持不懈。妈妈给了我生命，我却没有回报给她足够的爱。我的爱给了我的学生、我的学校、我的老师们，但这也让我体会到付出的快乐，为自身价值的实现感到欣慰，也坚定了爱的信念，让一份大写的爱驻扎在心间。

每当遇到困惑或者难题，我都会拿着母亲的照片看上半天，悄声倾诉，这样便能获得勇往直前的力量。每当看到学校师生在舞台绽放的时候，看到洋溢在他们脸上的笑容的时候，我也会在心里念叨母亲，我相信天堂的母亲看到了，会以我为傲。

母亲去世后的很长时间里，我都悲痛到不能自持，那痛千回百转，让我经常沉浸在对母亲的回忆中。2019年11月，教师版《雷雨》在首都剧场再次公演。又站在舞台上，我内心五味杂陈——这个时间是妈妈去世一周年的日子。《雷雨》这部戏与"妈妈"这个词用这样一种方式连接在一起，悲伤萦绕着我的同时，作为教育人的责任，更时刻鞭策着我，激励我继续在教育的道路上发光发热。

时至今日，我都感恩我的父母对我的教育、对我的付出和爱。从做校长而言，我是合格的，但我为人女，却是不及格的。我能够回报他们的太少太少。

有位老师问过我是否后悔。我不知道。我想对母亲说的只有感谢！感谢她赐予我生命，这个生命对别人、对社会是有用的！我相信母亲在"天上"是能知晓的！我依旧在怀念母亲，怀念中带着愧疚。我也依旧行走在我的教育之路上，用生命点亮生命，让更多的生命变得更加美好，我愿做这样的事业，此生不悔！

第六节 这样做"人大代表"

通过读书，我了解到"以天下为己任"的价值观念；我也憧憬"天下归仁"的理想社会；我也晓得孔子的"天下有道，丘不与易也"的人生自觉。

在我当选北京市人大代表，接过火红的市人民代表证书的时候，我的内心更加充盈着对这个角色的使命感和神圣感。深入了解了人大代表的工作之后，我便以极大的热情和积极的态度投入"人民代表"的工作中，不断提升自身参政议政的能力，并虚心向其他代表学习，提高自己发现问题、分析问题和解决问题的能力。不断通过确定选题、调查研究、撰写建议等一系列过程，学习和掌握所需的各种调查、分析、研究等知识和能力，使自身的实用写作能力以及综合实践能力得到全面提升。尽管学校的工作繁忙，但我还是会抽出时间，深入社区，深入群众，倾听民意，对于群众关心的热点问题做深入调查和分析。除此之外，我还身兼东城区政协常委、民进北京市委委员、民进东城区委委员、民进中央教育委员会委员等职务。学校事务本身千头万绪，我平日只能把24小时当成48小时使用，争取利用好零碎时间进行思考，不断地将学校工作和社会兼职以及社会发展有效勾连，进行系统处理，将我从事的岗位和我看到的社会现象，以及想表达的社情民意进行统筹安排，往往都是几件事同时往前推进。为了不落事，我有一个习惯，便是做日、周、月电子计划。平时在管理我的干部团队上，我也要求我的干部们做月、周计划，甚至日计划，这样就能把各个方面的工作有效统筹安排。

在担任人大代表的这几年，我每年都会有三到五个提案，这五年来提了十几个建议案，这当中的一半都是跟教育相关的。比如，关于传染病预防，我2019年就提出要普及推广传染病预防知识。作为政协委员和人大代表不能只关心学校，只关心教育，还应关心广大的社会生活。所以我们会提出其他如非遗传承的问题、中轴线申遗等问题，这些我们都可以转化成与学校相关联的工作以及课程。所以我会将社会生活当中的问题转化成学校的课程以及学校的文化建设，将学校的一些教育问题跟社会的问题相联系来提出议案或提案。

写到此处，我想起2021年7月1日上午庆祝中国共产党成立100周年大会在天安门广场隆重举行的场景。习近平总书记在会上发表了重要讲话，我听后备受鼓舞。听到习近平总书记讲到要保证人民当家作主，更觉得身上的责任重大。回来后，我在笔记本上写下这段话："我将牢记嘱托，始终坚持党的领导，始终坚持以人民为中心，更加密切联系群众、代表人民利益和反映群众诉求，当好党和国家与人民群众联系的桥梁和纽带，依法履职尽责，充分发挥代表作用，不辱使命，为建设国际一流的和谐宜居之都提供民主法治保障。"

在这么多年的人大代表的履职中，我始终坚持将对教育的爱延伸至对人民的爱，向往和谐大同的美好世界。我也愿意为政府决策提出好的建议，愿意为人民发声，这本身就是人大代表的职责所在。2020年1月13日，东城团全体会审议政府工作报告，我就建议为市民发放分类垃圾的表格，讲解垃圾如何分类，并通过二维码链接解释表格上没有的垃圾该如何分类，长时间后可以建立大的数据库，实现自动查询。当时我还希望街道办事处的党组织和社区的志愿者来共同努力，减少垃圾分类给残疾人和独居老人、失能失智没有独立生活能力的人所造成的生活不便。

北京两会举办期间，我接受了《现代教育报》的邀请，就"教师减负"这一热点问题，分享了自己的观点——减负应从提升教师学习培训效率入手。一是教师必须注重自身学习意识的提升，加强自身发展的内动力，把牢专业水平和综合素质提升的方向，加强自学，丰富知识，才能做好学生的"四个引路人"。二是学校应与教研部门有效整合培训内容和时间，这样既能有效节约时间，又能提高效率、提升效果。三是学校内部培训应注重针对性和实效性。教育要因材施教，老师培训也应遵循此原则。要结合学校自身情况，从教师队伍的学历、年龄、职称、经验等各方面做教师队伍的分析，有针对性地开展学校的校本培训，让校本培训接地气，能解渴，才能保障教师能够实现长远发展。同时，学校还要根据教师的实际需要，以需求为本，并将教学实践中遇到的问题进行梳理，根据筛选出的问题寻找与问题相关的理论与实践经验或案例等，就此开展有针对性的校本培训。

我还受邀出席广渠门中学首届"模拟政协"社团线上启动仪式，并进行"建言有我·强国有我"主题讲座。活动上，广渠门中学"模拟政协"社团各组学生提出了关于社区服务、绿色校园、节粮环保等多方面的选题方向。我逐一进行点评，并就"什么是政协""发表提案又是为了什么""如何选题"等与同学们线上互动交流。随后，我从"明确方向，树立大局意识""聚焦问题，紧跟时代脉搏""实践检验，证明问题价值""规范撰写提案，掷地有声""建言有我，发扬青春力量"五个方面与同学们交流，并结合自身多年担任人大代表、政协委员撰写提案、建议案等的经验，引导同学们要树立大局意识，心怀"国之大者"，通过学习、实践提案的过程来开展思想政治实践活动。通过这样的交流，如果同学们能亲身体验中国特色的民主协商政治制度，在对话政策、对话市民等过程中激发社会责任感，让新时代的青少年们都能关注国家、关注社会，我想我做这些也值得了。

做这个讲座，虽要花不少时间、精力，会辛苦一些，但这促使我对人大代表及曾经多年的政协委员的工作，展开了进一步的梳理，有了更深的认识。与年轻的朋友们交流，我很开心，也觉得非常值得！作为一名教育工作者，理应将社会生活与思政课融合开展教育，提高孩子们的社会责任感，落实"强国有我"的铮铮誓言！

我始终将"人民代表为人民"这句话牢记心中，我相信只要心里装着人民，带着爱，大同和谐便在。这是我的使命，也是我坚守的信念。

第二章　爱上学校：我的教育理想国

2013年7月，按照教委工作安排，我来到灯市口小学，成为学校在新中国成立后的第四任校长。从那时起，我与这所百年老校形影相依，结下了不解之缘。在这里，我沐浴着爱，感受着爱，播撒着爱，也传承着爱。我时常在思考，如何办一所好学校？构筑教育理想国最终靠的是什么？是什么能把人心凝聚起来，让学校始终呈现热气腾腾、生龙活虎的大气象？后来我逐渐认识到，一所真正的好学校，最终靠的是它的文化，文化大气象是一所学校经过几十年乃至上百年盛名常在的内力和根本。作为校长，应该站在高处，看向远处，做好这个总设计师和领跑者，让这所学校始终迸发出最响亮的声音和掷地有声的光辉力量。

当理想在心中涌动时，目标就明确了，路就在脚下。

第一节　百年树人，因爱启航

走过车水马龙的王府井大街，不远处就能看见一条幽静的小巷，它就是东城区灯市口北巷。沿小巷前行，很快就能看到一扇朴素的大门，校门旁的石墙上镌刻着冰心先生在1990年的题词——"敬业乐群　自强不息"八个金色大字。如今，这八字题词被珍视为学校精神。冰心曾说，"有了爱就有了一切"，她一生崇尚"爱的哲学"。这些都是其留给我们的弥足珍贵的精神财富，指引着吾等后辈潜心办学，不敢怠慢。

这条小巷深处潜藏着的这所百年学校，在历史上声名卓著。她的前身是"育英学校"的小学部，是中国近代教育史上引进西方科学、开展现代教育最早的学校之一。新中国成立后，这片热土历经了四任校长、一批批教师、一代代学子，建设、发展、谋求进步。这就是北京市东城区灯市口小学。

灯市口小学始建于1864年，最初定名为"男蒙馆"，1900年更名为"私立育英学校"，设小学、初中和高中部。1952年成为公立校后，其小学部更名为灯市口小学。1996年至2007年间，灯市口小学先后合并了东四西大街、王府井、大甜水井、礼士等八所小学。2012年，学校被北京市教委授予"百年老校"的殊荣。

纵观灯市口小学校史，民主、平等、自由、博爱、科学、进步的人文精神洋溢在学生们的学习和生活中。学校在"得天下英才而教育之，一乐也"的思想引领下，秉承着"致知力行"的校训，激励着一代又一代学子"尽心达知　努力实行　知行合一"。特别是在体育、艺术教育中，深深渗透着那种对自由、民主、博爱的憧憬和尊师爱校、拼搏进取的精神召唤，正是在文化的滋养下才有了百年的沉淀。百余年的风雨洗礼铸就了育英致知力行的精神，百余年的砥砺前行锤炼成灯小的独特风韵。

感受着这份沉甸甸的文化积淀，我陷入了沉思，感动于先贤的办学精神，沐浴着灯小的荣光，一种对百年学校的敬畏之心油然而生，一种对灯小的情感共鸣呼之欲出。

老校友这样说：社会上每见育英校友，均表现一种共同之特色，此种特色得自育英之陶冶与训练，盖凡育英同学皆富有十足独特之育英精神。

其一，蓬勃活跃之精神；

其二，沉毅严肃之精神；

其三，博大自由之精神。

这些精神既是育英文化的基础，也是学校未来发展的动力，每位灯小师生无不受其感召而铭记。历经百年，这所学校在历史的发展过程中，积淀了丰富的文化底蕴，这是值得所有人敬畏并且铭记的教育资源。作为灯小人，我非常珍视这份宝贵的精神财富，更希望它在我手上薪火绵延，发扬光大。我对老师们说："我们不能永远躺在功劳簿上，历史的奇迹不是我们的，我们可以骄傲和自豪，但我们是创造现在和未来的人。"提笔至此，内心的责任感在呼唤，事业的神圣感在升腾。如何在百年名校众多的东城区脱颖而出？如何利用已有的历史资源，打造出符合新时代的灯小口碑，既能保留其优秀的文化理念，又与未来的发展相契合？如何更好地把握好继承和发展的关系？如何在传承中去创新？这些都是摆在学校面前的重要现实问题。我始终都认为，只有站在传承和发展的立场上，才能行稳致远，我从未想过推翻历史去重建，从未想过忽视传统，在这一点上，我十分清醒。

2014年是灯市口小学里程碑式的年度。3月，东城区教育综合改革启动。灯小作为龙头校，携手北池子小学和东高房小学成立了灯市口小学优质教育资源带。资源带实行一校四址的一体化管理，以北池子、礼士和东高房校区为低年级部，灯市口校区为高年级部，在皇城脚下形成了"一个中心、多翼发展"的教育布局。

基于这样的时代背景和发展形势，我同老师们一起为构筑教育的理想国奋进着，孩子们在不同的场域中，闪着光、发着热。看到孩子们绽放的样子，我的内心充盈着感动和欣喜。

育英精神，是爱的精神。在新时代，我们把"育英精神"发展成为新时代的灯小精神，在这精神文化的支撑下，将办学理念深深扎根于灯小沃土，构建一种"生本、自主、开放、创新"的教育形态，使灯小每一缕足音都更为响亮，每一个生命都更加生动，让灯小承载着学生的欢歌笑语，充溢着师生的幸福状态，跳跃着、涌动着向前。

教育家夏丏尊先生说："教育之没有情感，没有爱，如同池塘没有水一样。没有水，就不成其池塘，没有爱就没有教育。"因爱启航，以爱育爱，我将努力拼搏，让灯小这艘古老而充满生机的大船再次启航，在教育的碧海蓝天中乘风破浪，再铸辉煌。

第二节 听见"灯小的声音"

在来灯小前，我已经在府学胡同小学、和平里一小、史家小学分校累计从教 25 年，不算是个"新兵"了，但来到这里，我还是被这里厚重的文化底蕴所震撼。有意思的是，这个"文化见面礼"，灯小是以一种特殊的方式给我的。

2013 年 7 月 1 日是一个值得纪念的日子。

这一天，走进灯小，我正式跟师生们见面。第二天，突然接到上级通知："明天故宫博物院院长单霁翔来学校调研传统文化，需要校方陪同并讲解。"我顿时傻了眼，灯小的老师我还没认识几个呢，这怎么讲解？但作为校长必然要承担这份任务，怎么办？我立马找来一本厚厚的《育英年鉴》，挑灯夜读，回望历史，"得天下英才而教育之"几个大字赫然入目。这是何等的气魄！这是何等的胸襟！有了这样的办学格局，就算学校面积小，那也是天底下最大的学校了！

我由此真正走进灯小。

我一开始只是想完成一项工作，而随着泛黄的纸张一页一页翻过，那些人、那些事仿佛从书卷中走出来，一颦一笑，栩栩如生，宛在眼前。不由自主地，我内心逐渐充溢起无限的憧憬与希望，一股无以名状的爱在内心升腾。

也就是从那时起，我开始真正了解这所百年老校，并深深为它的文化所吸引，产生了一种跨越时空的共鸣。在对历史的审读中，我发现这所学校 20 世纪 30 年代前后的办学理念，在某些方面根本不输现代。学校提出的"致知力行"的校训以及"有教无类、因材施教、个性发展、为用而学、东西合璧、文化办学"等办学理念放到今天来审视，仍极具生命力。这也是我提出"让每一个生命绽放光彩"的新时期办学理念的缘起和依据。

两千多年前，孔子创办私学，诗与乐就作为教育的重要内容。一首好的校歌，一般都具有自己鲜明的特色，同时反映着时代精神和历史印记。这样的历史沃土，应该孕育出鲜明、璀璨的学校文化，要让学校成为学生终身追忆的地方，就要让校歌成为他们精神图谱的一部分。学校最早的校歌见于1929年《育英年鉴》，为英文简谱，以校训"致知力行"为歌名，也唱出了学校的办学愿景："读书以致知，致知以力行，学问无止境，力行更光明，虽说知不易，行去也努力。"《美哉壮哉我育英》为第二版校歌，始见于1932年年刊，也是我最喜欢的一版校歌，由当时著名作曲家、合唱指挥、学校音乐教师李抱忱先生选谱制词。校歌中写到学校的时候说："其爱如慈母严如父，对众子女常照护，栽培教育虽数载，其恩万口难传述。"这首歌让人体会到一种浓浓的爱意，也唱出了一种冉冉的正气，都是中华民族文化底子里的东西，让人唱得很有感情。在我看来，这才是灯小人的精神底色。就是在这样一所有爱的学校中，学校注重学生德智体美劳全面发展，早在20世纪30年代，就以"科学、进步、平等、博爱"的育英文化立校办学，除语、数、英、音、体、美这些基础课外，还开设了选修课，以及无线电、汽车研究会、读书会、书法社、合唱团、戏剧团、运动队、农场劳作等社团和活动，课程和社团之丰富让人惊叹！这不就是我们现在的菜单式课程吗？那时的音乐课尚没有很完整系统的教材，老师发动班级同学自制各种简单的拨弦乐器、打击乐器，使每个学生都有参与感，都是演奏小组的一员，所以音乐课很快成为全校学生最喜欢的一门课。让每一个孩子自主参与，以学生为本的理念可见一斑。

作为东城区近现代教育史上历史最长的现代学制小学，灯市口小学在老育英时期的第一任国人校长李如松是著名的运动员，在远东运动会上获得过金牌。学校十分重视体育运动，在当时的北平市以体育的豪侠精神（sportsmanship）闻名，当时就有体育课、运动会，拥有国术团、篮球队、排球队、网球队等体育社团，学校还定期出版体育特刊，提倡全民运动，使每一个学生拥有健全的体魄。当翻阅老照片，看到1930年学校春季运动会的盛大场面时，我这个从小练长跑的体育人也是心潮澎湃。学校当时先进的体育精神也激励影响着我。

150年虽然算不上沧桑，却也是砥砺漫漫。对于灯市口小学的每个人来说，150年很重很重。它承载了灯小的生命历程，定格了学校拼搏奋斗的岁月，印证了学校的蜕变成长。

从建校至今，一届一届的校长和干部用自己的心血经营着这里的一草一木、一点一滴，他们或思想深邃，或管理有法，或锐意创新，或润物无声……无论怎样，他们都用爱和心血奠定了灯小文化，而这种文化的淬炼与凝结，正是未来发展的坚实基座。《育英年鉴》让我与灯小百年历史来了一次跨越时空的对话，从那一刻起，我立志要把这所学校办好，使先进的教育理念继续传承、发展，使百年老校再绽光彩。这是我肩头沉甸甸的责任与使命，也是我不断向前的动力源。

第二天，单院长和东城区相关领导走进校园，学校的今昔从我口中一一道出，感动、鼓舞都在我内心澎湃。我圆满完成了任务。当我对单院长坦承"刚来到学校两天"时，单院长给予了我很大的鼓励，同行的领导也对我说："希望能尽早听到灯小的声音。"这不仅是完成了一次接待任务，更让我深深爱上了这所学校，爱上了它的文化。

"灯小的声音"——它应该是什么声音呢？我曾苦苦思索，后来想明白了。这个声音，应是从灯小这片土地上响起的足音：师生的内驱力被调动起来，发出的"我想成长"的声音；学生综合素养全面提升，五育并举下的素质教育百花齐放的声音；学校的精神、物质建设不断凝练与改造，师生置身其中诗意栖息的声音；每一间教室温润如玉、文质兼美，学校的每一个生命自由、幸福、有尊严地活着的声音；学校不断发展，有着很高的社会美誉度和影响力，在社会上、家长中传递的一声声点赞的声音……这不就是灯小的品牌吗？

我的思想跳跃到现代市场经济。那些如雷贯耳的中国品牌，比如空调业巨头格力、手机品牌华为、通信企业中国移动等，名声响亮总是有些原因的。这个声音应该是以其独特性和高质量给人们留下深刻的印象，给广大消费者带来了极佳的使用或者消费体验，这个品牌已在本领域占据重要地位而不可撼动。其实办学校也是如此。如何打造出北京市优质教育品牌，如何让师生爱上学校，如何给予师生最好的发展，如何构建一个面向全体学生的课程体系，也是学校品牌建设需要考量的内容。

何谓灯小的声音？在前行过程中，这个答案已经逐渐显现，这个声音愈来愈清晰、响亮……

我先从百年名校的品牌不断升级做起。早在1929年，灯小的前身——育英学校就已经建立了自己的校训、校旗、校徽、校歌、校刊等文化体系，且多出自当时的名家。近百年后的今天，社会制度、教育形势、科技文化、中国的国际地位等均已经发生了重大的变化。因此，我沉下心来认真梳理学校的一切，传承历史的优良传统并与时俱进地迭代成长，推动百年名校的品牌升级，再续百年名校的辉煌未来。这是时代赋予当今灯小教育人的重任，也是我带领团队积极探索与推动学校文化升级的初心。

注重教育精神的不断传承。作为一所百年老校，从当年的西式学堂到今天的东城区教育资源带的领头羊，我带领老师们始终将学生的发展放在首位，坚持着"得天下英才而教育之"的育英理念。一代代育英人坚持崇教兴学，开放办学，倡导人人发展，力求张扬学生的个性。致知力行的精神不仅在当时起到了非常重要的作用，也作为学校一个多世纪的传统规范一直延续到现在。

从古代的丝绸之路到今天的"一带一路"，资源的整合成为时代发展的趋势。2014年是北京大力深化教育领域综合改革的一年，在优质资源扩大化这一目标驱动下，优质教育带、深度联盟、九年一贯制成为扩大共享优质资源采取的新举措。灯市口小学作为一所有着深厚历史积淀的百年老校，在东城区提出的优质教育资源带改革举措中成为龙头校，于2014年3月联合北池子小学、东高房小学成立了东城区首个挂牌的优质教育资源带——灯市口小学优质教育资源带。我着力将不同学校的文化融合在统一的理念之下，形成发展合力，助力学校和师生的共同成长，不断加强统一的品牌建设。

几年下来，灯小在艺术、科技、体育等各方面都取得了长远的发展，获得了北京市中小学文化建设示范校、北京市基础教育课程建设先进单位、北京市中小学艺术教育特色学校、北京市体育传统项目学校、东城区素质教育窗口校、东城区中小学科技教育示范学校、东城区中小学戏剧教育特色学校等多项荣誉。灯小的戏剧教育尤为有名，学生和教师都组织了自己的话剧团，举办过多场演出。灯小师生还将话剧深入到社区和家庭，与社区民众和学生家长共演一台戏，将戏剧的教育能量发挥到最大，使之成为修养、娱乐、文化、感情的链接方式，成为区域文化的一张响亮名片。戏剧特色教育赢得了广泛的社会赞誉，使灯小不仅成为一所孕育人才的百年名校，更是真正成为地区的文化中心，起到文化的引领作用。这一切，都来源于灯小人的自我探索和教育热情，源于学校的责任意识和担当精神。

现在的灯小有着非常优秀的教师团队，有一批由特级教师、北京市骨干教师、东城区学科带头人、东城区骨干教师等组成的专业教师队伍。教师整体氛围和谐，教师队伍大部分教学经验丰富、认真负责，老师们深受学生和家长的认可。

"少年强则国强，少年智则国智……"每每6月便是六年级毕业的时刻，在礼堂举办的毕业典礼上，六年级的孩子们落落大方地吟诵、鞠躬、行礼；台下，家长和老师们动情落泪。我管理的学校，只要是举办毕业典礼，有一项雷打不动的仪式，就是校长发毕业证书。这个环节，不用音乐，不用煽情，而由每个班的班主任读孩子的名字，读到名字的孩子依次上台来从我手里接过毕业证书。我会说："××同学，祝贺你小学毕业了！"然后把毕业证书郑重地递到每一个学生手中。每年的这个环节，礼堂里安静极了。我微笑地看着孩子们穿着自己最喜欢的礼服或是校服，迈着轻盈的步子走上台来，双手接过颁发给他们的小学毕业证书。老师的目光，家长的目光都投向孩子，他们是那么自信、阳光，充满青春的力量。你会发现，每个孩子都不一样，每个少年的眼睛却都特别明亮。我从师范学校毕业迈入教育行业，至今已有30余年，期间送走了一批又一批毕业生。他们和她们都发出了"绽放"的声音。

有的同学这样说她眼中的"绽放"：

曾经，我们一起徜徉知识的海洋，诗词歌赋、加减乘除、听说读写，在学知识、长才干的路上，我们一路同行。曾经，我们一起唱红歌、演大戏、做纸车、挂树牌，一次次活动中，我们一起哭，一起笑，一起努力，一起担当……就这样，我们在灯小的校园里，从稚嫩的小豆包渐渐成长为意气风发的少年，绽放光彩！

篮球队的同学这样说他眼中的"绽放"：

曾经，体育老师把我们召唤到训练场。奔跑，奔跑，再奔跑；投篮，投篮，再投篮；对抗，对抗，再对抗……我们的肌肉在一点点地强壮，我们的身高在一分一分地增长，我们的篮球队也渐露锋芒。老师声嘶力竭的场边呼唤，唤出的是我们团结的力量、拼搏的力量、永不服输的力量！从东城区"蓝天杯"，到北京市篮球传统校比赛，我们哭过，欢呼过，无论成绩如何，我们永远斗志昂扬。让我们奋力拼搏，勇往直前，在运动场上、在人生的赛场上绽放！

合唱团的同学这样说她眼中的"绽放"：

曾经，我随着音乐老师走入金帆合唱团。从简单的练声、识谱、分声部练习到合唱，重复再重复，枯燥又繁忙，只有汗水在滴答地流淌。不经意间，我们已经成长。从中国儿艺剧场到国家大剧院，从"一带一路"高峰论坛活动到国庆70周年庆典，我和同学们一起见证了那么多重要的历史时刻，一起创造了最饱满昂扬的少年时代！一起与新时代的祖国同向同行。在美丽的灯小，我们并肩同行，光彩绽放！

还有的同学这样说他眼中的"绽放"：

灯小是求知路上的明灯；灯小是立德树人的殿堂；

灯小是开阔眼界的窗口；灯小是托举梦想的平台。我身上带着灯小的期望，我进取，我阳光，我走到哪里，我就是灯小的形象。不负母校培养，不负大好年华，一定会有一个更好的自己在未来等我！

一位六年级同学的家长这样描述她心中的"绽放"：

尊敬的滕亚杰校长，尊敬的各位老师、各位同学：

非常高兴有这样的机会，在孩子毕业之际来到学校，面对面地表达我作为一名家长对灯小，对各位老师的感激和敬意。

我对灯小的感恩，源于灯小给了我的孩子如我一样温暖而浓厚的爱。灯小把我的孩子视同己出。怕他冷怕他热，冬天暖气夏天空调，连运动场都是带遮雨棚的；怕他吃不好也怕他吃太胖，一边科学配备营养餐，一边监测体重和锻炼；怕他不好学又怕他学习累，一边精心钻研把课程设计得有趣又有料，一边苦心设计课后作业只为给他们减减负；怕他上学路上不安全也怕他放学回家没人管，早起召集了家长护卫队，放学提供了课后"330"。这样的把心操碎，这样的一心为娃，让我怎么能不感恩。

我对灯小的感恩，源于灯小给了我的孩子我再怎么爱也给不了的东西。灯小给孩子探索的环境，有老师的专业引导，有伙伴的相互支持，我眼见着他像一艘好奇心满满的小船在知识的海洋里尽情冲浪；灯小给孩子开阔的视野，校本课程里几十个门类可供选择，蓝天实践中走出校园投身社会，我眼见着他从小小家庭走向广大天地，见识着世界的色彩斑斓；灯小给孩子展示的平台，从儿艺到央视，从京剧专场到英语达人，孩子就在灯小搭起的平台上光彩绽放。这样的呵护成长，这样的用心规划，让我怎么能不感恩。

六年来，我与孩子共同成长，如今我的孩子学有成绩、身心健康、心中有爱、眼里有光、肩有担当！

在毕业这样一个特殊的时刻，我诚挚地表达我作为一个家长的感恩，感恩灯小六年来的陪伴与指引，感恩"敬业乐群，自强不息"的灯小教师，感恩教导，感恩关怀。愿有更多的孩子能够在灯小快乐成长，光彩绽放！

是啊！"学有成绩、身心健康、心中有爱、眼里有光、肩有担当"，不就是我们希望的学生的样子吗？我们做到了！

学校通过几年的摸索和实践，通过整合优质资源，形成了文化氛围和核心亮点，贴近每一个人的心灵，构筑了独具特色的教育世界，学校品牌不断彰显，促进了学校全体师生的共同成长与发展，为整个东城区的教育发展树立了品牌典范。这或许就是"灯小的声音"吧！它响亮又饱满，沉着又有力量！

第三节　让每一个生命绽放光彩

学校的灵魂是什么？这个问题一直萦绕在我脑海。一所学校的灵魂其实就是这所学校的办学理念，办学理念就是对培养什么样的人以及如何培养人的想法。正是对为什么办学、学校要培养怎样的人、以何种方式去培养等问题的不断思考，并融之于实践，使得学校成为卓越教育理念引领、照亮的实践场域。观念先行，踏实行动，学校生活就成了一种基于内在理念的实践。"本立则道生"，本不立，则一切无从谈起。

"找魂"的过程中，我开始思考办学理念的生长点在哪里？我想，这个点首先来自对人的思考，对于儿童的思考，对儿童生命独特性的思考。学校教育的理想范型用肉眼是看不到的，一定需要我们打开心灵之眼，以儿童的发展为立场，以时代和社会为背景，以学校为具体实践场域来展开。置身于这样的时代和社会之中，作为一个校长，应对时代与社会之教育问题有着必要的敏感性与透彻的认识，这是办学理念生长的重要源泉。我首先试着从回望学校文化传统开始。

"育英"一词出自《孟子》中的一句话："得天下英才而教育之，三乐也。"历史上，灯市口小学曾是北平市"私立育英学校"。"育英文化"倡导"民主、平等、自由、博爱、科学、进步"的人文精神，其办学活动具有"不拘一格、全面发展、因材施教、为用而学、东西合璧"等特点，旨在把学生培养成具有健全生活的人，注重对学生自主学习意识的培养和个体差异的培养。百余年来，学校英才辈出。

那时的"育英"是指聚天下英才而育之，现在我们仍然倡导"育英"，只是含义有所不同。在我看来，英才不仅仅是精英、出类拔萃的人。每个人都是英才，每个人都应该得到适合他的教育，每个人都要发展。"天生我材必有用"、因材施教、有教无类始终渗透于育英精神中。在我们学校，每一个孩子都是独立的个体，是高贵且有价值的人，我们力争在我们的教学实践中去体现这一思想。我们试图提供一种十分适合孩子的环境，在这里，孩子受到尊重，得到成长，受到熏陶，所以贯穿我们教育实践的灵魂就是这条核心理念，那就是"让每一个生命绽放光彩"！

育英的历史源远流长，育英的文化可以写成厚厚的大部头。如果用一句话总结，那么其文化的底色是"爱"——老师的爱，学生要懂；学生对老师的爱，老师也要懂。我们要让教育变得更清澈、透明，用自己的内在理念伸展出美好的教育空间，让师生感受到教育的美好，让学校充满着生命的、文化的、理想的气质，洋溢着爱、美、自由。具体来说，灯市口小学"敬业乐群　自强不息"的育英文化是经过长期发展变革积淀下来、延续了150多年的传统规范，具有品牌效应，无疑是值得追求、值得遵循、值得骄傲的精神支柱。而北池子和东高房也各具自身的文化特质：一个地处北池子大街"凝和庙"，以书法为特色，致力于弘扬中华传统文化；一个地处景山东侧，以绿色环保为特色，着力打造可持续发展教育。其实，无论是"凝和"，还是"绿色"，还是"育英文化"，都是以"尊重"为思想内核,以无条件的爱和关注生命成长为本源。因此,我们将"育英文化"作为资源带文化建设的基础,吸收融入各校特点,并在这个关键的历史时期,对"育英"做了新的诠释。"育英"的含义不是片面地指教育人之精英,而是把每个孩子看作是独特的生命个体,把每个孩子都视为英才,使其在自己的基础上有所发展,希望孩子们在不同的领域绽放属于自己的光彩。与此同时,发挥自己的内在动力,懂得自己是自己的主人,能够自主发展,自我塑造,这也是学校最终的育人目标。育英的教育思想因而成为学生能不断绽放生命光彩的不竭动力。

基于对育英文化的思考,加之对学校教育生活的敏感性,怀抱着对孩子、对教育的爱,我到教师中去,到学生中去,到课堂中去,从实际出发,学习、实践、研究融为一体。与此同时,不断地从日常教育生活中抬起头来,超越学校教育第一现场,思考教育的根本目标,反过来渗透到日常教育生活中去,指导教育实践的改造与提升,将日常生活中发现的问题提升为学校教育目标,避免空穴来风,规避教育思考游离于学校日常生活,而是活生生地生长于学校实践中,使其具备生动的土壤。

基于此,我在2013年年底的时候提出了"让每一个生命绽放光彩"的新时期学校办学理念,并且在灯市口小学优质教育资源带成立后,着手全面落实。"让每一个生命绽放光彩"是对学校教育精神的传承,它在传达学校精神的同时,为每一个人的成长建立起独具特色的环境,悉心呵护,全面培育。几年的时间过去了,这个理念已深深扎根到每位师生家长的心中。

"让每一个生命绽放光彩"是灯小人的响亮口号（slogan）。我从两个层面解读这个教育理念。

首先是"每一个生命"。客观来讲，学校不可能让每一个孩子在学业上都达到同样的高度，但我们追求的是通过我们的教育，让每一个孩子在这所学校经历我们给予孩子的教育过程，都能够在自我的基础上得到发展，被唤起、被激发，不管孩子自身情况如何，资质如何，基础如何，都能够显示出积极的生命状态，内心被点燃，梦想被点燃，每天都过得热气腾腾、朝气蓬勃，焕发对美好事物的追求，激活最佳的成长状态。

要使"每一个生命"都绽放，意味着我们要坚定信念，无限期待。我坚定相信每一位教师的爱心、情怀、品格、精神，无比相信大家的专业水平和对孩子无限的付出，相信大家都是独一无二的存在，相信我的每一位老师终将在学校的沃土上绽放最耀眼的师者大爱；作为教师，我也相信我的孩子们，相信每一个孩子身体里蕴含的能量。他们就像是种子，在春风化雨的浸润之下，必将在灯小这片土地上绽放得像花儿一样，最终在时光里实现我们对孩子的承诺。

在我心中，每个生命都不相同，就像世界不存在两片完全相同的叶子，每一个生命也因为这份独特而与众不同，他们都应得到尊重，得到关爱。同样，每一个生命在内心深处都渴望成长，都需要绽放，从而实现自身的价值。因为有了这份渴望和期盼，灯小要不断发现学生的价值，挖掘学生的潜能，发展学生的个性，让每个学生在成长中生成、发展、创新和飞扬，尽显人性的完美，让每朵花儿都盛开，让每个孩子都绽放精彩。教育应该打开一扇扇窗户，让师生发现自己；搭建一个个舞台，让师生展示自己；创造一个个机会，让师生成就自己。

在灯小这片沃土上，每一位教师、每一个学生、每一位家长，都在惬意地成长；在灯小这片沃土上，我们以家人的方式集体站立，我们有共同的愿景、情感、理想；在灯小这片沃土上，我们无论在何时都能勠力同心、并肩作战，只因我们有一样的认同感和归属感；在灯小这片沃土上，我们共同生活、彼此关照、彼此认同、彼此赞赏，我们共同守护这片家园，助力每一个孩子成为最好的自己！正如习近平总书记谈教育时说："让每个人都有人生出彩的机会。"让每一个生命绽放光彩，是对每一个生命的尊重，是对每一个生命的成就，照亮自己，也照亮他人。

其次是"绽放光彩"。让每一个孩子在爱的滋养下光彩绽放，是学校育人要达到的最终目标，也是学校要坚守的质量品质。从个人、团队、学校三个方面，希望师生实现自觉、自主、创造三个方面。"绽放光彩"意味着卓越和优秀，"苔花如米小，也学牡丹开"，这种卓越是基于个体差异之上的进步，更多的是基于生命价值的自主成功和自我实现，是一种自我管理、自我塑造的生命向上的状态。因为"绽放"，我们的孩子才能个性灵动，气质卓然；因为"绽放"，我们的老师才能从容不迫、春风化雨，如温暖的向日葵护佑着孩子，如刚毅的蜡梅影响着孩子，如无所畏惧的蒲公英为孩子播撒全部的爱；因为"绽放"，我们的学校才能在时代浪潮里占据一席之地，光彩照人，引人瞩目。

我希望这个教育理念真正实现"适应差异，满足发展需求，让每一个学生有所发展"；真正从各个层面做到"一切为了学生，为了一切学生，为了学生的一切"；真正做到能够公平公正地对待每一个生命，为他们提供适宜的教育，使每个学生无论天赋、潜能、气质、性格有何差异，都能够得到充分而全面的发展。我期待他们在走向社会之后，都能够找到自己的位置，最充分地实现他们作为大写的人的价值。

在分析研讨的基础上，我们进而提出了系列性文化理念：学校办学理念是"让每一个生命绽放光彩"，这体现了生命之爱；定位是"凝聚在一起、融合成一体、发展创一流"，从而打造优质教育品牌，这体现了共融之爱；学校的发展愿景是"生生绽放、师师发展、校校精彩"，这体现了多元之爱；育人目标是"全面发展、自主发展、个性发展"的三维发展，这体现了发展之爱；课程、课堂文化是"生本、自主、开放、创造"，这体现了课堂之爱。

一方文化孕育了一方教育。学校的文化就像空气，视之不见，嗅之不觉，但它无处不在，无时不有，始终以一种不可抗拒的力量，以一种强烈的磁场效应将灯小的师生吸引到一起，从而不断提升学校的品位。文化带给师生的不仅仅是智慧的生发、思想的启迪，更让师生享受到生命的尊严、成长的幸福，使浸润在其中的所有人收获大爱。

让每一个学生都得到健康快乐的成长，每一个搞教育的人都会说这句话，但是真正要做起来非常难。我在这十几年担任校长的过程中对此就有很深刻的体会。举一件比较日常又非常简单的事情为例——学校举行运动会。我想很多学校哪怕到现在为止，学校的运动会都没有实现全员参与。这是什么意思呢？就是在学校的每一个孩子都是运动员，没有一个是啦啦队。我们放眼全国的学校，可能到现在为止，还有不少学校没有实现，因此自然没有做到说真正让每一个学生都得到健康快乐的成长。我们的教育关注到每一个学生其实并不容易，归根到底还是理念的问题。

2019年资源带成立五周年的时候，我们做过一次规模较大的学校全方面的展示，包括教师风采展示、课程社团展示活动、合唱节、戏剧节、京剧专场、教师戏剧专场、学生戏剧专场演出等，还制作了资源带发展五周年纪念片《致知力行》……现在回想起来，老师们、孩子们绽放的笑容都历历在目，一幕幕的场景在眼前浮现。我记得有个小姑娘叫玥滢，当时六年级了，在我们举办的课程展示活动当小主持人。她站在中国儿童艺术剧院舞台的候场区，在我准备上台颁发奖状的间歇，走到我面前，眼睛亮亮的，跟我说："滕校长，谢谢您，因为您我才有了这么精彩的小学六年，我学了梅花大鼓，还做了主持人，我感到特别幸福。"当时我内心一股暖流涌动，拥抱着孩子给她鼓励的时候，眼神定在了活动的主题："爱，让每一个生命绽放。"那一刻，"爱"字在我心中慢慢放大。

"让每一个生命绽放光彩"这个理念一直传承下去，过一百年后仍被灯小人记着，那就是我所追求的"绽放"。

写到这里，我的内心充盈着幸福和感动，因为我们的办学理念真正转化为了具体的行动，而不是将其仅仅挂在操场的墙上，也不是仅仅停留在理论层面。"让每一个生命绽放光彩"统领着我们的课堂、课程、活动乃至一切大大小小的教育实践，在此理念之下，我们收获了太多成长与绽放的故事。

第四节 "虽千万人，吾往矣"

2014年，东城区大力推进教育综合改革，通过"盟、贯、带、团"等举措，不断深化教育体制改革，加强区域内资源共享，实现了教育优质、均衡发展。2015年4月份，北京16个区县一次性通过了国家义务教育均衡发展的验收评估。这对北京义务教育发展是一个很大的鼓励，也是一个很大的鞭策。在这项任务中，东城每所学校都肩负着责任和使命，灯小人也光荣地承担着多项改革之重任，让每一个孩子在家门口享受优质教育资源，成为学校新时期的发展动力源。接下的教育综合改革中"优质教育资源带"这一改革任务，由我所在的学校作为龙头校，联合周边的两所小学，统一法人，统一招生，联合办学，促教育均衡发展，回应百姓的关切。

教育均衡了，但在均衡的基础上如何保优质、促提质，使我们的教育发挥优势、保持领先的地位，这个课题摆在了我的面前。因此，促进教育质量提升，在学业质量不断提升的同时，提升整体育人质量，如学生思想价值观念、人生观、行为习惯、体育美育发展，以及各学校的特色发展、内涵发展等，都更加值得引起我们的关注。资源带办学是新时期新时代背景下的产物。办好自己的一所学校固然重要，但如何很好地回应百姓的需求，积极推动资源带高品质发展，迫在眉睫。

面对复杂变幻的整体形势，学校教育应该走向何处？学校的前途在哪里？古人讲"天行有常""应之以治则吉"，作为教育人，理应顺应学校要发展、要创新的历史要求和时代潮流，静下心来，我们还要"不畏浮云遮望眼"，善于"拨云见日"，把握办学规律，认清改革大势。

资源带背景下的多校区治理与原来一所学校的管理有相同的地方，但更多的是差异。相对于过去的办学模式，灯小资源带建设面临着学校运行、办学模式、教师队伍、学校文化构建等发展的挑战。我记得最难的就是构建资源带的办学模式。实际上在2013年底，区教委刚提出"深综改"的动向时就找到我们几个即将组成优质教育资源带的校长分别进行了谈话，指出2014年1月就要成立优质教育资源带。当时也不容我想太多，优质教育就是要公平、均衡发展。接着，我带着办公室的老师去当时的北池子小学和东高房小学，先进行实地考察。在学校间来往的路上，我一直在思考到底怎么办。学校都是独立法人，要形成教育"优质资源带"就如同建立一种校际长期发展的战略合作关系，可以共享师资、课程资源、设施设备等优质教育资源，但同时也会带来一些风险。

另一个突出的问题就是地域局限性。由于灯市口小学优质资源带的四个校区相距较远，如果实施大年级组制，需要在各校区师资力量协调上花费大量精力，如果统一招生，也可能会造成家长对"就近上学"的质疑。

还有一个突出的问题就是三校相对独立，学校文化和特色也不同，要拟定共同发展规划的总目标、监督推进工作的情况等，存在不可控性、时间延误等弊端。

道阻且长，行则将至。面对现实带来的挑战，我脑海里闪现《孟子·公孙丑》中的一句话："虽千万人，吾往矣！"道之所在，我相信心之所向，身之所往，终至所归。我的成长经历告诉我，越到这个时候，越要有韧劲，光有冲劲不行，除此之外更要能创新！信仰这个东西可能看不见摸不着，也许中间充满无限阻挠，但这样的"道"值得我们用血、用泪，甚至用生命去追寻，因为这是精神的支点，是作为"人"字不可缺少的一笔。

在一遍又一遍"行走"在学校间的过程中，我脑海里形成了"优质教育资源带"的概念，要构建一个"共性发展与个性发展相结合"的共同体，下设校务委员会，共同议事，协商重大事宜。这就是后来一体化管理的前身。

随后，2014年1月15日正式签约，3月召开资源带成立大会，成立东城区首个揭牌的优质教育资源带。以这样的模式开始运转，陆续举办了资源带联合教研、联合家长课堂、"育英杯"教学大赛、联合运动会、教师篮球赛、首届资源带书画展、首届资源带合唱节，让师生共享优质教育资源带。在这样的改革契机下，2014年7月，资源带还与中国儿童艺术剧院携手"高参小"项目[①]，拉开了戏剧教育蓬勃发展之路。我称

---

① 高校和社会力量参与小学体育、美育发展项目。

这个阶段为资源带"一体化管理的试运行期"。

但只是联合还远远达不到资源带促进优质教育公平、均衡的效果。当时教委领导并没有告诉我该怎么办,就一个要求:要让孩子们的"小屁股坐在一起上学"。真庆幸自己是个数学老师,我带着干部排表格,"闪转腾挪",按照其他三个校区是低年级部,灯市口校区是高年级部,预测未来六年的资源带办学规模。班级教室少、教室空间小是我们作为城中心学校的实情,所以灯市口校区作为高年级部承受的压力是最大的。后来的还算顺畅的一体化运行证明:办法总比困难多,我们通过增班额、专业教室改班级教室等办法,解决了扩大招生范围带来的生源增容问题,最多的时候资源带近60个班,灯市口校区就承载30个班。

我把学校文化看作立校之本,但好的运行机制、组织管理则是推动学校文化真正落地生根的齿轮。在我坚持多年的"民主、精细"的管理文化引领下,为了实现多校区高标准、高效能运行,资源带实施了一体化管理的运行机制。

一体化管理资源带建设这个思路,不是上级领导给的,也不是别人"喂"的,而是需要自创。当时筹建优质教育资源带只是作为东城区深化教育综合改革的方式之一,但对于资源带的概念和具体怎么实施,说实话,我心里没有底。资源带成立后,如何实现三校真正意义上的深度融合?校区增多、规模扩大,管理上如何实现高标准、高效能的一体化运行?共享优质资源的过程中如何创新实践,才能使学生受益,教师成长?如何让每所学校都精彩?改革举措如何赢得社会的满意？这些问题一一摆在了我们的面前。

在我看来，学校的发展需要一个整体的规划和引导。作为学校的管理者，校长要把上层的政策和精神吃透。接着，就得结合学校的现状和实际，以最大可能满足家长、学生和社会的需求，就得从大的角度去思考整体的工作。

自2014年9月开始，资源带统一招生。招生范围从之前的2个街道办事处共40余个街巷胡同，扩大到3个街道办事处100余个街巷胡同，大大拓展了优质教育的覆盖范围。范围扩大了，意味着我们的责任更大了，更意味着我们要把爱均衡播撒贯彻于入学、分班、课程设置等办学的各个环节中。

除此之外，我们实行资源带一体化管理模式。资源带一体化的实质就是课程建设一体化、学生活动一体化、沟通渠道一体化等方式多向促进资源带实施更好的管理，努力营造干部自主引领、教师自主成长的整体向上态势，让每一个灯小人在变化中激活发展，激扬生命！

在课程建设方面，我和干部们一起研究，希望通过课程建设一体化，实现优质资源融合发展。除做好国家和地方课程外，统一开设自主课程，实行"走班制"，打破年级、班级界限，以校区为单位，根据学生的兴趣、潜能、水平自主选课进行系统学习。选修课既有游泳、3D打印、机器人、高尔夫、马林巴、动漫、摄影、京剧、博物博览等课程，也有与中国儿艺、北京人艺联合推出的戏剧表演、台词、形体、英语戏剧等一系列特色课程，还有国际交流类的短期修学课程。一所小学弄出七八十门课程，80%以上可以选修，充分调动社会资源为学生量身打造丰富多元、开阔视野的全新课程，让孩子们在快乐成长中感受资源带的利好。

我一直认同在活动中育人的理念，在实践中注重通过学生活动一体化，实现优质资源共享。在我看来，一些活动不能仅在某个校区开展，而无法惠及所有年级的学生，所以我多次强调要以资源带为纽带，联合其他校区协同开展，比如一些大型综合性运动会。学校的合唱节、科技节、篮球赛季等，也都会强调分层，举办低、中、高三场。我们通过丰富的活动实现资源共享，让学生在活动中提升综合实践能力，实现资源带师生的融合与发展。

为了实现家校理念上的融通，我主张沟通渠道一体化，实现家校更好的合作。为了让家长真正理解资源带的学生培养目标，我督促德育处积极开展资源带家长培训、校区家长开放日等，在教育理念上达成共识，从教育方法上互相沟通，携手助力学生发展，办人民满意的教育。

另外，建立这种共同体，并不是简单复制一所名牌校的模式。在办学过程中，我们要考量的很多，比如校区的规模、地理位置、学校文化等。以文化立校，还要处理好"革故"和"鼎新"的关系。所有的创新都有基础和前提，即先继承，后创新。继承和创新既矛盾又辩证地统一，没有继承就无所谓创新。继承，意味着尊重、理解；创新，则是重新感悟后的教化过程。

因此，在学校文化建设上，要尊重学校的办学传统，做好对学校流传下来的优秀文化的挖掘、总结和梳理工作。对学校优秀文化进行一番梳理后，就要进一步思考：当今时代的发展特点是什么？国家新时期的教育方针是什么？目前学校教育存在的最大问题是什么？如何在新形势下将学校优秀文化发扬光大？在此基础上，提出自己新的办学理念，这样的创新才能既不脱离实际，又具有时代特色。

在资源带的文化建设过程中，我遇到的第一个问题就是面对不同文化的差异如何共融发展的问题。通俗地说，资源带内各学校，能不能"融"？"融"什么？怎么"融"？如何更好地"融"？

四校区统一招生，实行北池子、东高房、礼士三个低年级部轮换招生，入学的学生在各自校区完成一至三年级学业后，升入灯市口校区高年级部完成四至六年级学业。我的想法是，多校区文化的建设不能一刀切，不是一个学校即灯市口大校文化的独统，统一不是"同一"，不能让各校区的文化趋同，失去特色。因此我坚持"各美其美，美美与共"的原则，灯市口校区为高年级部校区，以"中西合璧综合发展"为校区特色办学主旨，在艺术、体育、科技方面始终保持佳绩，在资源带各校区起到示范引领作用，并集各校区所长，培养全面发展、儒雅大气、开放自信、学有特长的学生；打造"生本、自主、开放、创造"的课程和课堂文化，借助丰富的课程和活动，让每个孩子的潜力得到发挥，个性得到彰显。我们拥有金帆合唱团、金帆话剧团、金帆书画院、育星曲艺社团、京剧社团、火焰篮球队、田径队、武术队、星光机器人社团等特色社团，让学生在全面发展的基础上，学有所长。

北池子校区的校址是雍正八年（1730）敕建的祭祀云神之庙——凝和庙。在这样有历史感的氛围中学习，孩子不能只知道"育英传统""教会学校"，他们要以中华传统文化为根基和特色，并对自己身处的故宫外八庙的特色文化有所了解。在这里上过三年学，中华优秀传统文化和庙宇文化应该在孩子的心灵中烙下印记。所以我确立以"凝和润人 兴泽昭彩"为校区特色办学主旨，将中华优秀传统文化融入教育教学活动中，在校本课程、综合实践课以及校区特色活动中加入传统文化元素，如琴棋书画、古诗文以及非物质文化遗产项目等。孩子们在浓厚的中华优秀传统文化氛围中，不断传承和弘扬传统文化。以中华优秀传统文化为特色，开展了国学吟诵、庙宇文化探究以及琴、棋、书、画等教育实施途径，并以传统文化为切入点，开设了像"传统节日"这样的综合课程。过去，中秋节只过一天，而现在一个中秋节可以"过"一个半月，全校语文、数学、科学、美术、书法、音乐等各科老师都要行动起来，陪孩子"过节"。大家把研究中秋节的综合实践活动分成五大板块：知中秋、做中秋、绘中秋、探中秋和吟中秋，每个板块都有侧重的研究方向。比如"探中秋"板块就与科学课结合，让学生观察月相，分析成因，小组分享。在"做中秋"板块，结合烘焙课程，让孩子们通过微课学习做月饼，再邀请家长到学校和学生一起做月饼，做好之后相互品尝，以及吟诗、作画，等等。

北池子校区宽敞的大院、浓郁古朴的庙堂气息，给人一种恬淡自然的感受。学生、家长逐渐爱上了这里，即将升入灯小高年级部的学生，也已舍不得离开。

东高房小学这所与景山对望的读书之地，我一直认为它是个诗情画意的地方，是个浪漫的地方，曾经还出了个"首都榜样环保志愿者"——袁日涉老师！这说明什么？说明它的绿色环保教育很有特色。绿色环保志愿服务教育理念要在资源带上得到传承与发展，因此我确立"绿色家园　美好生活"为校区特色办学主旨，着力打造绿色环保加艺术教育的特色。除资源带统一开设的课程外，校区还自编《生态道德》环保系列校本教材，用于校区的"生态道德"主题式综合实践课，并成立了包括"一张纸小队"等在内的绿色社团，开展绿色环保实践活动。现在的北京市垃圾分类形象代言人"分小萌"就"诞生"于这个校区的学生之手；同时，校区还注重艺术特色发展，拥有马林巴社团、手风琴社团、男子舞蹈团、打击乐社团等，每年都举办校区艺术专场活动。

礼士校区坐落在富有浓郁北京文化气息的胡同保护区内，环境雅致、大方。校区依托胡同文化，我以"博文约礼　京韵传承"为校区确立特色办学主旨，日常注重学生良好习惯的养成，开展"礼文化"教育。同时，探索将胡同文化与礼仪教育相融合，开设"京味文化"主题综合实践课，让孩子们探寻京味文化，培养"博文约礼"的北京娃。

应该说，四所校区虽然办学规模不同，但每个校区都是各有特色的"博物馆"，都是美好事物的集散地，都是很多传奇故事的发生地。我们要对各校区的传统、风格、特色课程、校园建筑等尽量给予保留，这种多元文化正是学校不可多得的、丰厚的教育资源。因此在资源带多校区文化构建中，最终确定的思路是"保留特色传统，寻找共性内容，赋予新的内涵，生成共生文化"。

除此之外，我们还对学校原有教师进行了认真分析，对教师个人特色进行了深入研究，制订不同校区办学背景下的教师培养计划，充分利用不同教师的特点，从教师的年龄结构、骨干层次、个性专长等各个方面进行统筹安排，让每个校区内的教师结构更加均衡。

然而，灯小的优质师资能否真正流动到资源带内的各个校区，不同校区的学生能否实现无差异的教育，才是资源带周边百姓最关心的内容，也是我着重去解决的问题。

2014年，资源带一体化招生第一年，灯小经验丰富的年级组长马老师刚送走一批六年级学生就被派往北池子校区承担一年级的工作。与马老师一同前往该校区的还有一批优秀的灯小教师，他们占到了北池子校区教师总数的85%。尽管校区"派驻"大量灯小老师，我将北池子的校区校长委任给了吕副校长——在北池子小学做了20多年教学管理的教学副校长，让她负责德育、教学、后勤等校区全面工作。经过一段时间磨合，校区干部和老师之间建立了友谊和信任，相互支持，不分彼此，共创"和合之家"，很好地推动了校区的工作。北池子校区借鉴灯小特色，开设了灯小金帆合唱团小苗队、机器人社团、芭蕾舞社团，同时开设中国鼓、葫芦丝、围棋、"非遗"脸谱、相声等传统文化课程及十几门校本选修课程，努力建设中华优秀传统文化的校区特色。同时，学校原有的书法特色并未荒废，书法教育渗透在学生综合实践活动诸多环节，与传统节日、庙堂文化、运动展示等多方面结合，融入教育生活的方方面面。

"对于孩子，这里有宽阔的活动空间；对于老师，在这里有让人平心静气的治学环境。我们愿意在这里'扎根'干下去。"在灯市口小学优质教育资源带各校区，像这样愿意"扎根"的老师还有许多，这些优质的师资真正让资源带内百姓受了益。

除了"扎根"于资源带各校区的"老师们"，资源带还有一类"跑校飞人"，体育老师商老师就是其中一位。老师常见他骑着车"飞来飞去"，刚看他在灯小校区组织完上操，一转眼工夫，他又在东高房校区操场教学生扎马步了。商老师是市级骨干教师，武术是他的专长。为了让资源带学生六年期间系统掌握几项运动技能，学校在每个年级每周的体育课中，专门安排一节"体育专项课"，系统教授武术、篮球、跳绳、田径、击剑、游泳等项目。

商老师负责灯小校区六年级的体育课和一年级的武术课，因此，"跑校"不可避免。"现在学校一校四址，跑校很正常，我们老师辛苦点没关系，不都是为了孩子们的发展吗？"商老师说。这样，资源带整体统筹师资，实行教师轮岗交流制，优秀师资有的扎根校区，有的跑校上课。此举盘活了师资力量，让每一个孩子都能享受优质均衡的教育。就这样，通过师资流动，"跑校飞人"们让孩子们共享师资。

资源带上的师资整合带动了所有校区老师的成长。过去在东高房小学工作的英语科药老师就感受到了前后的变化。她说:"以前,在东高房小学,学校规模小,教研氛围不浓,培训机会少。"成立资源带之后,不同校区的老师每周都有多次跨校教研。教学宋副校长说:"对于北池子和东高房校区的老师而言,同一学科的交流对象大大增加。"学校有语文老师50多位、数学老师30多位、英语老师10余位,而且老中青各年龄段皆有,每月都至少会有两次本学科全体老师参加的纵向教研,还有两次本学科同年级老师参加的横向教研。进入资源带之后,药老师有幸加入了"教育家成长工程"学习。"项目培训中,老师们不再按学科分组,作为英语学科的老师,我也可以了解语文、数学、科学等不同学科老师在教学中的优势。而且在实践中,各学科联动整合得更多了,对学生综合能力培养更加有益。"作为一个喜欢研究多媒体的老师,她也感到资源带的硬件给她更大的施展空间。作为英语老师的她还承担了班主任的工作。

经历了百年波澜壮阔和曲折坎坷之后,这所百年名校并没有停止探索。学校在弘扬育英精神的同时,也将不同的校园文化兼容并包,为我所用,使学校内涵不断充实。灯市口小学优质教育资源带,更像一个大家庭,来自不同校区的老师和学生,每个人都积极承担着一份责任,为把这个家建设得更好而添砖加瓦。而这些微小行动所汇聚的力量,正推动着北京市深化教育领域综合改革不断发展和前进。

"小毕业季",您听说过吗?对,是我发明的一个词、一个招儿!这也是东城区教育"深综改"孕育的结果。灯市口小学作为龙头校,携手北池子小学和东高房小学成立东城区首个挂牌的灯市口小学优质教育资源带，实行"三低一高"的校区一体化运行模式，以北池子、礼士和东高房校区为低年级部，轮流招生，一年级学生在所就读的校区完成三年的学业后，升入灯市口校区高年级部完成四至六年级学业。2014年资源带的第一批新生就在北池子校区招生。荏苒冬春，11个班近350名学生已经从当初入学时的"小豆包"成长为大方大气、文明知礼的少年；每年9月，都有低年级的同学升入灯市口校区继续学习。因此，"小毕业季"既是学生完成三年学习、生活的一次小结，也是资源带在综改推进中的又一项阶段性成果。

"小毕业季展示季"基本涵盖三个篇章，包含习惯养成及课堂教学篇、文化传承篇和健康成长篇。

随着响亮震撼的中国鼓声，孩子们把自己的课程"搬"上了展示的舞台。表演舞蹈《京韵》，孩子们举手投足间都是浓浓的京味儿；朗诵《李白组诗》，童音抑扬顿挫，充满着浪漫主义精神；表演相声《大与小》和《贯口》，小演员利索的嘴皮子，抖出包袱引得大家拊掌大笑；展示高尔夫球，小小运动员们挥杆击球，动作娴熟优雅；葫芦丝《月光下的凤尾竹》柔软的旋律将人们带入云南的美丽世界……此外，还有手风琴、书法、合唱等等。

在"小毕业季"展示现场，剪纸、绒花、脸谱等"非遗"课程，国画、抖空竹、滚铁环等孩子们喜爱的课程与活动，"变身"开放式体验项目，学生、家长以及来宾都可以选择感兴趣的内容"过把瘾"，而学生平日的作品与作业也将进行展

示。参与"小毕业季"的三年级学生玉乔和婧伊的妈妈写下了这样的参与感受:

玉乔妈妈:

> 我一早就开始守候班级聊天群,看到了家长们陆续发来的照片和视频,我如身临其境般地观看到了各式各样的校园实践活动,孩子们有舞蹈、合唱、吟诵等生动表演。最让人震撼的是全校三百多名小同学表演的集体武术、旗语操和八段锦。满满一操场的孩子做着整齐划一的动作,展现着他们的无限活力。这些无不蕴含着老师们平时的辛勤指导和孩子们的努力。
>
> 最后,当我看到班牌、学校角落以及学校大门的照片时,心突然就沉了下来。是啊,孩子们马上就要离别这所古香古色的校园了,他们在这里度过了三年美好的学习时光。何其不舍啊!但是人生就是一场又一场的离别。希望孩子们扬起更高的风帆,驶入学习生活的更广阔海洋!感恩三九班,感恩北池子校区,感恩灯小!

婧伊妈妈:

> 今天孩子们的展示让在场的每一位家长都深深地叹服!更多的是深深的感谢!以及满满的骄傲与自豪!看到每个孩子脸上都浮现着激动、兴奋和自豪的神情,我不自觉地就拿起了相机,不想错过任何一个生动的表

情。诗歌、合唱、葫芦丝、相声、手风琴、舞蹈、高尔夫、啦啦操……我们为学校现在丰富多彩的课程而感到赞叹！展示环节中，书法：孩子们有模有样，书写的文字令大人们都感到自叹不如！绒花：心灵手巧的孩子们把每一个作品都做得那么活灵活现！剪纸，彩编：小大人们"福至心灵"，每件作品都堪称精品！操场上，孩子们滚铁环、踢毽子、解九连环、抖空竹……各个有模有样！丰富多彩！

这几年来，在"让每一个生命绽放光彩"理念的指导下，我们秉承"明德、致知、力行"的校训和"敬业乐群　自强不息"的精神，构建"生本、自主、开放、创造"的课堂和课堂文化，培养"让生命闪光，为中华添彩"的学生，并以体育、艺术、科技特色见长，提出了"以体育德""以美育人""以科技育科学精神""以优秀传统文化为底色"等理念。在"艺术绽放人生"的艺术教育思想指导下，合唱团、"小小马兰"剧社、育英美术社分别被评为"北京市学生金帆艺术团、合唱团、话剧团""北京市金帆书画院"。资源带还建立有东城区星光京剧团、育星曲艺社、育英书法社、火焰篮球队、田径队、武术队、东城区星光机器人社团等共计60余个社团。资源带课程丰富，打造了三个层面涵盖"德·彩""文·彩""健·彩""美·彩""创·彩""劳·彩""综·彩"的"光彩"课程体系；开设了7大类80余门课程，涵盖"非遗"、北京文化、生态道德、冬奥、北京中轴线等综合实践课程。学校的活动也丰富多彩，定期组织"体育节""合唱节""戏剧节""书画展""科技节""读书节""古诗词大赛""京剧展演""曲艺专场"等活动，为学生的全面发展、自主发展、个性发展提供机会与平台。资源带成立以来，在总的办学理念的引领下，各校区办学特色得到彰显：灯市口校区"中西合璧　综合发展"；礼士校区"博文约礼　京韵传承"；北池子校区"凝和润人　兴泽昭彩"；东高房校区"绿色家园　美好生活"。各校区均呈现出蓬勃发展的向好态势。不同年级的学生在不同校区就读，满足了老百姓享受优质、均衡教育的需求，被评为京城最具幸福感领军小学、北京市基础教育课程建设先进单位，成为老百姓家门口的好学校。

就这样，我们着重通过文化建设、一体化管理、机构建设、教育教学资源共享、各校区特色探索等举措，努力打造出北京市优质教育资源带品牌。

一位家长（乔女士，杰雄的妈妈）给学校写了这样一封信，道出了众多家长对资源带建设的认可：

> 每天早晨，迎着第一缕阳光，沿着故宫筒子河，走上不到一公里的路程，牵手将孩子送进学校，是一件多么幸福、惬意的事情！有多少家长都曾为孩子去哪儿上学费尽脑筋，既想让孩子上好的学校，又不想离家太远，这是所有家长的梦想，我们也不例外。2014年夏天，这一切都变成了现实，灯市口小学优质资源带让家长们不再为"择校"而纠结，不再为"学区房"而苦恼。作为

东城区优质资源带学校改革第一批受益者，不论是孩子还是我们家长每天都享受着教育改革带来的切实"福利"，内心充满欣慰与满足。

　　看着懵懂幼儿走出幼儿园，背着崭新的书包来到学校，家长们充满担忧。孩子能不能融入新的集体？能不能适应小学的生活？随着时间的推移，我惊奇地发现，所有的顾虑已经被儿子每天兴高采烈地走进学校的瞬间彻底消除了。通过和孩子聊天，参加学校的家长会、校园开放日、各种主题活动，我发现儿子已经爱上这所历史悠久的学校——灯市口小学！就连我们家长也直呼out了，全新的教育理念、丰富多彩的教学活动、校本课程、蓝天实践课等，作为家长深深地感受到了学校博雅的文化气场。最为担心的学习成绩也被一种叫作"乐考"的全新形式征服了，孩子们在游戏中欢天喜地检验了自己一学期的成果。老师们精心组织的"考试"激发了学生们爱学习、想学习、会学习的潜质。孩子们喜欢的学校才是好学校！

建一所有爱的学校，实现老百姓家门口的幸福。学校的每一分子都在为这个目标而努力。我们打造了学校文化，把爱灌注其中；我们和家庭携手，支持理解孩子，这是爱的传出；我们引入社会资源，让全社会来倾注爱。灯小的爱在路上，我们的故事才刚刚开始。

第三章　转角遇到爱：校园空间美学

古有孟母三迁，今有择校而居。什么是学校？这引起了我深度的思考。一块空地，如果有几个商贩，它便是菜市场。几间房舍，一群孩童在此嬉戏、成长，它便成为学校。可见，学校之为学校，孩子是最重要的元素，教师、学生共同生活、生动交往，以及由此而来的一拨拨生命的成长、绽放……

杜威说："想要改变一个人，必须先改变环境，环境改变了，人也就被改变了。"学校作为育人的场域，承载着安顿师生、彰显生命、激扬青春的使命，学校应该富于文化与生命的双重意味，人和文构成了校园的两大核心主题，它其实是一门隐性课程。文化，亘古绵久；教育，薪火相传。二者相辅相成，互相砥砺，正如顾明远先生所言：

> 教育有如一条大河，而文化就是河的源头和不断注入河中的活水。研究教育，如果不研究文化，就只会知道这条河的表面形态，而摸不着它的本质特征……只有彻底地把握住它的源头和流淌了5000年的活水，才能彻底地认识中国教育的精髓和本质。

我来到灯小后,便将校园文化建设提上日程,也把顾先生的这段话在脑海中反复惦念。有人说,一流的学校靠文化,二流的学校靠管理,三流的学校靠校长。文化当然涵盖很多方面,我就觉得最重要的还是提高学生品位、教师品位。

灯小是百年老校,有着深厚的历史文化底蕴,历史不仅仅是过去的历史,今天也会成为历史。我总会给干部们强调,灯小的校园文化建设必须要从内在品质和外在风貌统一角度上来思考,从传承和发展历史传统的角度上来思考,从整体设计上要突出以生为本,一切从学生的角度上开展文化建设工作,充分体现出为教育教学服务的基本工作思路。从此,我把校园文化建设作为学校工作的重要组成部分,整体顶层设计,分步实施,建设风格反映校区特色,着重体现办学理念,环境布局陶冶人文精神。

美,应该成为学校师生生活的底色,是教育的存在方式;美育,也应是教育的最高境界。当然,爱永远是教育的底色,假如没有爱,再漂亮的居所也无法让人有归属感。

作为教育重要维度的校园环境,立体而形象地承载着学校的办学理念和文化内涵,也在一定程度上展现着学校教育之美。秉承"让每一个生命绽放光彩"的教育理念,我希望建构校园空间美学,将心中的爱凝结在一砖一瓦、一草一木中,让人与物、物与物、人与人互为联动、互为交融,让学生在每一个转角处都能遇见满满的爱的能量,将学生的利益最大化,使每一处空间都是一个审美文化场域,当校园空间美学和一门门课程融为一体,孩子们越来越喜欢上学,越来越喜欢学习,这一切都源于校园美学空间所支持的丰富精彩的教育生活。

第一节 "理想的贮藏室"构建之旅

我曾苦苦思索：学校的生命何所在？对学校发展起着全局性、基础性和决定性的力量是什么？后来，我慢慢认识到，那就是学校文化，弥漫于学校中的"文化空气"。就如《老子》所言："天下莫柔弱于水，而攻坚强者莫之能胜，以其无以易之。弱之胜强，柔之胜刚，天下莫不知，莫能行。"

人们想起北京大学，一定会想起蔡元培先生，提到他那熠熠生辉的办学思想："思想自由，兼容并包"；想起清华大学，"自强不息，厚德载物"的校训首先映入脑海。回望一所好学校，必然少不了对教育理想的诉求，作为校长，最重要的莫过于把教育的本质带入当下，融入日常学校生活之中。只有对教育理想的不断探索与躬亲实践，才是在做真实的教育。

作为校长，我理应担负起学校文化建设的使命。夏日午后读阿兰·德波顿所著的《幸福的建筑》，其文给我最大的启示就是：它能带给我们一个新的视角去看待周边的事物，一栋建筑物，也有它的意义。如果每所建筑能够充当我们理想的贮藏室，那是因为它们能够被清除掉所有腐蚀日常生活的那些拙劣的玩意儿。一栋伟大的建筑作品会在一定程度上向我们讲述从容、力量、平衡以及优雅，而这些美德，不论作为建造者还是观众，均非我们出于本性能够践行的——为此它才能吸引我们、打动我们。德波顿从哲学、美学和心理学的角度为我们审视了一个我们看似熟悉，其实颇为陌生的主题。我也希望把心目中的学校"文化基因"打造成一个"理想的贮藏室"，浸润在学校美学空间之内，追求一种人与物、人与人、人与环境、人与自我的和谐共生氛围，使这种氛围弥散在校园中，影响着每一个师生。

"找魂"的过程中，作为校长，我深感责任重大，要眼观六路，耳听八方，赋予学校以灵魂。这样学校整体才流淌着生命的灵动与求知的乐趣，而非只是装满现代化教学设备的空虚而无灵魂的外壳。对于教育理想的深层思考，对于学校文化架构和精神内核的思考，也由此开始。

资源带成立后的首要工作就是文化建设，我们的目标是构建一种适合多校区发展需要的共识的学校文化。这是立校之本。

对于学校文化在学校发展中的重要作用，我的认知也存在一个发展过程。1988年，从东城师范学院毕业后，我被分配到东城区府学小学当"包班"班主任，之后一直工作在教学一线，满脑子里想的都是如何教好学生。那时，如果有人跟我谈"文化"，可能会收获到我的一个抢白："你告诉我怎么做就行了，谈虚的有啥用？"然而，2005年担任和平里一小校长后，我的观念慢慢发生了变化。记得有一次，《中国教师报》的记者来学校采访，记者问："你认为当好校长应首要抓什么？"我一本正经地回答："提升教学质量是校长最重要的任务。"记者笑了，说了一句"那你就糟糕了"。说者无心，听者有意。当千头万绪的工作一起向校长涌来的时候，我意识到，要当好一个合格的校长，除了教育教学，可能还有其他同样重要的工作。这让我想起学习研究领域的专家——匹兹堡大学管理学教授凯莉·利安娜在她 2011 年的著作中说的：

> 当校长花更多的时间去建立外部社会资本（寻求社区支持，并寻求其他思想来源）时，学校的教学质量就会提高，学生在阅读和数学标准化考试中的分数也会更高。相反，如果校长花很多时间去指导监测教师的话，这对教师的社会资本或者学生成绩就没有任何影响。所谓高效的校长就是把自己定位为教师的催化剂，而不是教学的领导者。他们提供给教师其所需要的建立社会资本的资源，比如时间、空间和员工等，并尽可能为教师建立起非正式和正式的联络。

我想，这些研究结果并不是告诉我们校长应放弃教学，而是说校长应该通过与教师一起以单独或者集体的形式来发展专业资本去实现教学的进步。不断改进教学当然是重中之重，然而还有很多其他方面需要精雕细琢。初当校长，头痛医头，脚痛医脚，我忙得像个陀螺，效果却不尽如人意。所幸，我是一个爱学习的人，积极参加各种各样的学习、培训，看能找到的各种管理书籍。其中，参加教育部"优秀校长高级研修班"的两年学习，对我影响很大，尤其是接触到北师大张东娇教授的学校文化驱动模型。每次学习我都把本子记得满满的，回来还反复地翻看、揣摩，把专家的思想装进自己的脑子，并且在管理中反复实践。这时我才真正认识到了文化建设对一所学校的重要作用。那段时间我一直都在寻找学校的"教育哲学",已经深刻意识到没有文化的引领,我们只能永远忙于事务和技术操作。我们需要清楚地知道自己在秉承什么、信仰什么,知道自己想要用怎样的一种理念去贯彻学校的方方面面,去潜移默化地影响学校的每一个人。

文化,是学校的灵魂和办学的动力之源。文化引领,才是学校成功的法宝。文化孕育的过程是达成共识凝聚人心的过程,文化理解的过程是获取滋养、凝聚合力的过程,文化落地的过程是行之不懈、助推发展的过程。以文化引领学校高质量发展,已经成为基础教育阶段广大办学者的共识。

文化体系,是纲与魂,是学校发展的方向目标和价值定位;制度体系,是根与基,为学校的可持续发展提供保障;课程体系,是着力点,学校所有的顶层设计通过课程得以落地实践。根据文化建设的要素进行文化的体系性构建,我们从三个层面分类:一是价值层面,建构理念;二是执行层面,推进实践;三是外显层面,固化成果。

在意识上,要提升对文化建设的重视。正如电视剧《亮剑》里李云龙讲的那样:"一支具有优良传统的部队,往往具有培养英雄的土壤,英雄或是优秀军人的出现,往往是由集体形式出现,而不是由个体形式出现。"一旦一支军队形成了自己的文化,那么这种文化就会一直传承,不会因领导人的更换而轻易改变。同样地,学校也需要灵魂,或者说需要一种共同的价值取向,一所学校如果形成了优秀的学校文化,也便具有了自身独有的气质和性格,文化形成的巨大惯性也会推动学校沿着健康的轨道发展下去。一所学校一旦形成了独具特色的文化，它就会自然而然地影响和约束全体师生的思想和言行，乃至日常生活中的言谈举止，它会对身处这种文化环境的每一个人产生潜移默化的作用，不管岁月如何更迭，人员如何流动，学校灵魂会一直都在。事实证明，忙于具体事务的管理是低层次的管理，常常使人陷入"打地鼠"的尴尬境地，而文化管理能够入脑、入心，使人产生底层的改变。

文化建设无法一蹴而就，文化理念要反复讲。要知道，学校文化建设不是一朝一夕的事情，而是需要时间的沉淀。校长要不惜成为"婆婆嘴"，天天说，反复说，如果认为说一遍就成，那就是急功近利了。要千方百计将文化落地，形成规范，变成师生的下意识动作。文化不能朝设夕改，定好了，剩下的就是坚持、照做。文化需要校长和全体教职工长期的坚持和捍卫，每一位成员都有责任与违背文化精神的人和事进行斗争。这里体现的是校长的领导力，如果校长随意跟风赶潮，一味"创新"而不知"坚守"，那么，已经构建起来的文化大厦也会成为海市蜃楼，起不到应有作用。

就这样，我和老师们以文化策划为思路，发掘学校文化的发展脉络，深化学校的特色办学思路，通过问卷调查、座谈、专家点评等一系列的研究与策划过程，以爱为核，将爱的理念转化成了学校的精神文化体系。这个过程就是从理论到实践，再由实践回到理论，循环往复，形成生态，良性发展。

基于"让每一个生命绽放光彩"的办学理念与教育实践，我将学校的文化特色锁定为——"点亮行动"。"点亮行动"

这一概念的提炼,都是建立在客观基础及其内涵之上的。对接人们对于"灯市口"这三个字的形象认知,"灯市口"与中国传统的元宵节和赏灯习俗有关,其得名源于明代这一地区繁华的灯市,与"灯"的形象密不可分。灯代表的是光明,也象征着璀璨。灯点亮黑夜,教育点亮生命。"点亮行动"让品牌名称更具教育价值,让品牌故事更一气呵成。在英语中,"教育"(educate/education)一词由拉丁词 educare 演化而来。在拉丁语中,作为前缀的"e"为"出"的意思,"ducare"为"引导"之意,二者合起来就是"引出",意思就是通过适当的方式、方法、途径、媒介,把受教育者身上内在的天资、禀赋、能力、知识、智慧、美德等引导出来。教育的本义,就是一种"点亮"的行动。"点亮"行动既表明了教育的目标,又表明了教育的行动的特征。点亮,是教育根本精神的彰显,具有积极的教育内涵。"点亮"一盏灯,是科技的重大进步,使人远离黑暗,拥抱光明;点亮生命的灯,则是教育的巨大贡献,使人远离蒙昧,拥抱美好,让未来更有方向,让成长更有力量,契合"让每一个生命绽放光彩"的教育理念。

爱尔兰诗人威廉·巴特勒·叶芝曾说:"教育不是注满一桶水,而是点燃一把火。"教育是唤醒,是激发,是点亮,正如一朵云推动另一朵云,一个灵魂唤醒另一个灵魂。每一朵花都有各自的芬芳,每一颗星都有独特的光芒,每一个孩子都蕴藏着巨大的能量。点亮生命的自有光明,激发生命的内在能量,是教育的使命,也是教育的力量。"点亮"不是一句空泛的口号,而是切实的教育行动,需要以博大的心去倾听、去理解;需要以关爱的心去尊重、去呵护;需要以智慧的心去唤醒、去激发。在我看来,未来的教育,不是被动的接受,而是更注重主动的参与。点亮,是美好的教育理念,是科学的教育方法,更是切实的教育实践。

具体而言,灯小的"点亮行动"文化特色符合特色定位五项原则。

首先是内生性原则:基于灯市口小学的品牌名称、教育理念、精神传承等方面元素,重塑学校文化。对学校历史的尊重、对教育传承的坚守、对学校优势特点的深入挖掘,扩充了教育思想内涵,使得办学着眼点不再分散、偏离;把教育资源集中,把优势集中,把视点集中,可以积聚力量,提升教育服务品质。

其次是差异性原则:灯市口小学的"点亮行动",是学校文化建设的总纲领。有别于其他学校的如自然教育、体验式教育等教育态度或观点,"点亮行动"不仅仅是尊重和继承了学校的历史和发展,洞察和传承了学校的优势和人文,更是凝聚和凝练了学校的文化和精神、揭示了教育的真谛,并形成了有别于其他学校的特质。

接着是认知性原则:人们对于"点亮行动",有着普遍熟悉的认识,与灯小彰显出来的气质特点与教育精神高度吻合,因而易于被家长、老师、孩子所接受,易认知,易传播。同时,"点亮行动"特色体系,注重知行合一,形式雅俗共赏,给人一种光辉的视觉形象,让理念拥有画面感,且有行动号召力。

第三章　转角遇到爱：校园空间美学

然后是聚焦性原则：整体聚焦于"点亮行动"，有内涵也有形象，是风格也是风貌。我们在将学校的原办学理念体系进行梳理重塑的基础上，整合优势资源，优化理念体系与学校视觉形象，并与学校的课程、活动、管理等方面进行对接，最终打造出独一无二的学校品牌文化。

最后是系统性原则：以特色方向统筹管理、教育教学等方方面面；围绕"点亮行动"文化体系以及教育教学，树立独特的精神文化，建立严谨的制度文化，打造丰富的物质文化，制定良好的行为文化；无论是顶层设计还是落地执行，"点亮行动"特色兼顾到了师、生、家长等不同人群，内涵丰富，可延展性强。

学校文化特色提炼完成了从共性到个性、从宏观到微观、从抽象到具体的转变，体现了文化传承的可持续性。在学校发展过程中，除了应明确学校文化特色定位、打造品牌经营模式、建立新的评价体系之外，还应与广大家长、教师、学生以及广大公众在教育理念、校训及愿景等核心理念体系上达成共识。这不仅有助于学校教育事业的健康有序发展，更有助于在受众心智中塑造深刻的品牌形象，打造卓越的灯市口小学教育品牌。

比如，对于学校校训的明确上，我就进行了诸多思考。校训是学校办学理念、治校精神的反映，对学校内的教师、学生具有规范引导和激励作用，对外则彰显了学校独特的文化与价值观。它综合体现了学校的历史文化传统、精神面貌和教育特色，赋予每所学校特殊的意义，也赋予校园鲜活的生命力。

灯市口小学的原校训是"致知力行"，最早见于1929年《育英年鉴》。何年确定已不可考，但它一直传承至今，已有近百年的悠久历史。它传播、传承着育英文化与育英精神，激励着一代又一代的学子。

"致知力行"源自《礼记·大学》和儒家传统，深得中国传统治学理念之精髓。知、行为学者之目标，致、力为治学之发端，二者相互联系，密不可分。它强调的是学习与实践的统一，激励的是用心求知，勤奋探究。

然而，无论是致知还是力行，都侧重于向外的认知与实践。而教育除了向外的一面，还有向内的领悟与修养。如果说，向外的一面侧重于养才，向内的一面则侧重于育德。人才培养，向来是追求德才兼备，内与外的合一，才会成就更美好的教育。

2018年5月2日，习近平总书记在北京大学师生座谈会上的讲话中，引用宋代司马光的话指出："才者，德之资也；德者，才之帅也。"人才培养一定是育人和育才相统一的过程，而育人是本。人无德不立，育人的根本在于立德，这是人才培养的辩证法。办学就要尊重这个规律，否则就办不好学。唯有将育德与育才相统一，才能"真正做到以文化人、以德育人，不断提高学生思想水平、政治觉悟、道德品质、文化素养，做到明大德、守公德、严私德"。

实际上，在学校的教育实践和历史传统中，对于"德"一直是十分看重的。1923年，育英就成立了训育科，提出："品德，立身之基，品格稍亏，虽有才智亦不足观也。"

因此，为了使校训更加全面地体现教育的主旨和办学的规律，在"点亮行动"的文化特色下，综合考虑学校的历史传统，我带着干部们在原校训的基础上增加"明德"，将学校校训升级为：明德　致知　力行。

明德，强调的是心性的涵养，是求善。德是教育的基础。人无德不立，育人的根本在于立德。《礼记·大学》开篇云："大学之道，在明明德。"人具有与生俱来的光明倾向，具有内在的美好品质与美好潜能。教育是点亮，即"明德"，使生命中本有的美好品质与美好潜能发扬光大。明德，是心性的涵养，是向内探求生命之善，激发内在的积极力量，点亮自己、照亮他人、明亮世界。

致知，聚焦真理的探究，是求真。在灯小，知，是对未知的认知，是对真理的探索；是智力的培养，也是对好奇心和求知欲的培养。通过各学科的学习，认知自己、认识自己，掌握万物的规律，懂得成长的道理，探秘宇宙的真理。

力行，突出学问的践行，是求实。力行一直是刻在基因里的文化。150多年的历史中，灯小人不仅具有前沿的认知精神，更具有积极的践行能力。从100多年前就办得风生水起的各种社团，到如今的教育资源带，学校在践行着每一种好的教育模式。

明德、致知、力行，在传承学校原有精神与校训的基础上，体现了学校一以贯之的教育精神，在体系上也更为完整。明德是教育的根基，教育要向善向上，要有德之支撑，知和行才有正确的方向。致知、力行是教育的方法，有了方向，还要付诸行动，既要致知，又要力行，做到知行合一。

明德、致知、力行，也在另一个层次呼应了"点亮行动"的文化特色。明德，是涵养自我、照亮他人，是点亮道德感、点亮自驱力。致知，是谈本溯源、追求真理，是点亮好奇心、点亮求知欲。力行，即努力实践、竭力而行，是点亮积极性、点亮行动力。

在学校定位语上，我们也进行了重新梳理。定位语是建立在教育品牌与教育消费者之间的认知桥梁，是学校的教育追求、品牌特色的外在表现，是教育品牌对外传播过程中不可或缺的重要一环。定位语对外肩负着品牌价值传播的重任，对内则可以是学校发展的目标、教育思想的集中展现。对于我们来说，无论是对内还是对外，都需要表现在生命与心灵、情感与智慧的交融之上，表现在教育改革与创新之上。"点亮行动"是一种教育的观念、一种教育的态度、一种教育的实践，目的是为了成就每一个生命，最终让每一个生命绽放光彩。

我们始终都将"以学生为本"作为最高的教育追求。历史上曾出现过"育英教育现象"，学校在百余年的办学历史中，秉承着"育英文化"的传统。正是基于对"育英文化"的思考，我在2013年年底的时候提出将"让每一个生命绽放光彩"作为灯市口小学新时期的学校办学理念。2014年3月，资源带成立后，我就着手进行文化建设，构建一种适合多校区发展需要的共识的学校文化。就三所学校文化的比较而言，"育英文化"具有品牌效应，是经过长期发展变革积淀下来，延续了150多年的传统规范，是值得追求、值得遵循、值得骄傲的精神支柱。

北池子和东高房小学也各具自身的文化特质。进入资源带的北池子小学位于故宫东侧的凝和庙，是市级文物保护单位，始建于1933年，以书法为特色，致力于弘扬中华优秀传统文化。东高房小学成立于1916年，位于景山公园东侧，以环保为特色，着力打造绿色环保教育。其实，无论是"凝和"还是"绿色"或"育英文化"，都是以"尊重"为思想内核，以关注生命成长为本源。因此，我们将"育英文化"作为资源带文化建设的基础，吸收融入各校特点，并在这个关键的历史时期，对"育英"做了新的诠释。"育英"的含义不是片面地指教育人之精英，而是把每一个孩子看作是独特的生命个体，把每个孩子都视为英才，使其在自己的基础上有所发展；希望孩子们在不同领域绽放属于自己的光彩，同时发挥自己的内动力，懂得自己是自己的主人，能够自主发展、自我塑造。这也是学校最终的育人目标。这样，育英的教育思想成为学生能不断绽放生命光彩的不竭动力。因此，我们提出：

定位：凝聚在一起　融合成一体　发展创一流

发展愿景：生生绽放　师师发展　校校精彩

办学理念：让每一个生命绽放光彩

育人目标：全面发展　自主发展　个性发展

课程、课堂文化：生本　自主　开放　创造

与原有育英文化相比，教育理念上有了新的突破，提法更适合当今时代发展的需求，更有利于培养适应社会发展需要的人。在每一个生命的内心深处都渴望成长，都需要绽放，从而实现自身的价值。因为有了这份渴望和期盼,灯小要不断发现学生的价值,挖掘学生的潜能,发展学生的个性,让每个学生在成长中生成、发展、创新和飞扬,尽显人性的完美,让每朵花儿都盛开,让每个孩子都精彩。教育应该这样:打开一扇扇窗户,让师生发现自己;搭建一个个舞台,让师生展示自己;创造一个个机会,让师生成就自己。

"让每一个生命绽放光彩"是对灯小教育精神的传承,更是"点亮"行动的目标所在,它在传达学校精神的同时,为每一个人的成长建立起独具特色的环境,细心呵护,全面培育。

"三风"应体现一所学校的优良传统和办学特色,作为一所有着150多年历史的百年名校,灯小在教育实践中形成了独具特色的学校风貌和教育教学方法。通过对历史的深入挖掘,结合灯小的特色定位方向,我们重新提炼出学校的"三风",即升级后的三风:学校校风——成大器,内外兼修;学校教风——育英才,中西合璧;学校学风——法贤者,上下求索。

在学校层面,成大器是灯小人对理想人格的追求,内外兼修则是达成这一境界的方法。大器,指珍贵的器物,比喻具有很高的才能或能担负重任的人。成大器,是有大格局、大成就、大气度,是"让生命绽放光彩"。"大器"不是少数人的专利,在自己的领域,努力绽放光彩,担负起应有的职责,就是"大器"。内与外,是生命的两个维度。如果说,内是内心的态度,外就是外在的举止;内是内在的品德,外就是卓越的能力。内外兼修,才能成就大器。

在教的层面,灯小一直秉持着育英才的教育初心,传承着中西合璧的教育传统。育英才,是灯小最朴素的情怀,是教学的目标。《孟子·尽心上》"得天下英才而教育之,三乐也"是"育英"之校名来源,也是"育英"最朴素的教育目标。"英才"并非精英,而是指有用之人。每个人都有其独到之处,都是"天生我材必有用"。"有教无类、包容并蓄、因材施教"的教育智慧无不渗透于育英的精神之中。

中西合璧,是育英精神最悠久的传统,是教学的方法。百年前的育英,适逢家国罹难,就已经在践行中西合璧的教育特色,探索教育兴国的道路,走在现代化教育的前列。百年后的灯小,正逢民族复兴,在全球化程度越来越高、中国国力日益上升的历史趋势下,更加注重培养具有全球格局与国际素养的未来人才。如果说,过去的"中西合璧",更多地是为了学习西方、发展自己,摆脱落后的局面,那么,今天的"中西合璧",则是在知己知彼的基础上,为世界的丰富与多元贡献自己的价值,体现的是文化自信和参与精神、全球意识和全球责任。

在学的层面,要掌握正确的方法,师法贤者,也要有坚毅的精神,上下求索。法贤者,是学习标准的确立,取法乎上、以贤者为师,才能走得更远。何为贤者?三人行,必有我师,每一个人都有闪光之处,都可以成为某一方面的"贤者"。

上下求索,是学习精神的培养,是锲而不舍,精益求精。教育需要热情的驱动,还需要上下求索的精神支撑。"路漫漫其修远兮,吾将上下而求索",屈原的求索,宏远、抽象,是哲人的"终极之问";教育人的求索,明确、具象,有的放矢,是不断的改革创新。

学校的三风如此重要，就在于它无时无刻不在熏陶着所有"在场"的人。通过一定情境中的感染力、叙说、情怀的流露，给予学生潜移默化的影响。在春风化雨般的精神之旅中，在人生旅途的探寻中，让心灵更加温润、美好、纯粹。

我们还在学校建立"明言堂"议事、沟通、交流机制，加强沟通的透明度和阳光感，既可以用于老师之间的沟通和对孩子的教育，还可以用于同学之间、家长之间的交流。例如："我和校长一起就餐"活动，学生评选出班级代表，通过与校长一起吃饭、聊天，交流学习和成长情况，可以反映需求和对学校的建议。我们希望通过这样的方式能让孩子找到家的感觉。

我们一起走进某天灯小校园师生生活的场景：

> 操场上、篮球馆是孩子们奔腾、释放的场地，每天下午3：30是他们开展体育锻炼的时间，随处可见孩子们跑啊跳啊，一派欢乐的景象；音乐教室里，从古典音乐、民歌到西洋音乐，师生同频，表达着对音乐的热爱；石凳上，几个孩子吹着陶笛，吹出了对明天的期盼；大槐树下，他们在做操，站姿手势也是训练有素的……

每每看到这样的画面，我的内心都是暖流涌动，感动于这种精神气象，感动于生命的蓬勃，感动于教育的力量，更感动于学校"文化空气"的浓郁。不得不说，文化意蕴就是一个学校的潜生命!

谈到我们的教育和教师,不可否认会有一些这样、那样的小问题,但可以负责任地说,每一位老师都是从心底爱着孩子的,这是确凿无疑的。我想起施泰纳的小诗:

> 怀着崇敬接纳孩子
> 带着爱教育他们
> 护送他们迈上自由之旅

为什么孩子们那么喜欢上学?为什么老师们都那么痴迷于工作?其实,这没什么秘密,就是一个全情投入,把每一位师生守护好,把每一位师生激励好,把每一位师生发展好,教师和孩子都能够切身感受到。我希望我们构建的这个"理想的贮藏室",对于学生而言,能起到春风化雨、润物无声的作用,助力孩子们形成正确的世界观、人生观、价值观,有利于培养孩子们的集体意识和协作意识,有利于培养孩子们的健康个性,促进身心健康。

学校作为家园,不仅在于向师生传递爱和温情,更是以爱为底色而开展的一系列求真求美求善的教育生活。

人是文化的产物,也是文化的创造者,同时还是文化的载体。在学校的每一个人都是学校文化的体现者、创造者和传承者。我希望我们的学校能够成为毕业生的一生所系,让孩子们可以在以后的人生旅途中不时回望,能够从中得到精神的动力或者出发的力量。

第二节　让建筑"开口",把爱说出来

> 如果要找个词来形容爱
> 我会选"空气"
> 出现在我们彼此的生命里
> 无论是并肩还是手牵
> 空气里弥散着的都是爱的讯息
> 是学园,更像是家园
> 一草一木都是爱的诠释和铮铮誓言

忍不住在笔记本上写下的这段话,表达了此时此刻我的心境。人总是活在一定的环境之中,学生走进一所学校,最先感受到的是学校整体环境,也就是学校的物质空间。从学校来讲,用心设计学校里的一草一木,是对学校生活的每一个生命最大的尊重和引领。给予孩子的应该是一个自适、舒展、愉悦、快乐的空间和氛围,是像"花园"般的存在,是一个丰富的想象学习生活的空间,滋润师生共同成长的地方,每个人伴随着一草一木自由地笑出来、唱起来,形成学校独特的文化气场。

马斯洛需求层次理论将人类需求像阶梯一样从低到高按层次分为五种,分别是生理需求、安全需求、爱/归属感需求、尊重需求、自我实现需求。在家庭生活中,父母给予孩子陪伴和爱,孩子也能始终环绕在一种亲密关系中,能够获得各种需求。迁移到学校生活,我认为好的学校也应该具备家的特

点，提供给孩子足够的爱和安全感，时刻关注着他们、守护着他们、包容着他们、激励着他们，这样孩子才能在学校空间里得到最大的发展和最快乐的成长，才能够实现自我管理、自我塑造，才能获得心智和精神的双重成长，一点点地走向独立，走向社会，走向世界。

提到"家"，这是令我们每个人都感到无比温暖和有爱的字眼。家，能让我们的灵魂得以靠岸，能让我们疲惫的身体得到栖息。在我理想的学校概念里，校园作为一个"园"，就是一个富于文化魅力的意义空间，滋润着师生生命的共同成长。学校不仅是学园、乐园，更应该是家园。家，就意味着爱，一个有爱的地方才能称之为家，而学校，我想把它变成家的样子。对于学校来说，一个基本的要素还是爱。爱，究其本质，是一种亲密关系，教师与学生之间的一种亲近关系，因为有爱，人与人之间、人与物之间越发地靠近。爱，还是一种期待，一种激励。爱让师生、生生时刻生活在亲密的关系中，在爱的大背景之下，才会孕育出生生绽放、师师发展、校校精彩的生动图景。爱会让孩子积极地融入，爱会让教师忘我地耕耘，没有爱就没有教育。

有人曾做过研究，发现不好的学校环境难以满足学生身心发展的多元需求，也难以有效满足教师的教学需求，学校建筑缺乏"以人为本"的考虑，就难以良好地促进学校的可持续发展。因此如何遵循教育规律，努力营造适合孩子发展、成长的环境成为我一直思索的问题。在人的发展上，环境有着非常重要的影响力。校园是师生每天学习、生活、工作的重要环境。当我们在师生每天生活的环境中注入人文关怀的因素，渗透文化育人的影响时，教育的价值就在人与环境的交互中产生了。

基于此，我带着老师们把环境建设当作一个系统加以考虑和建构，坚持以生为本的理念，充分考虑师生发展需求，考虑师生身心特征，考虑学校不同校区的发展特色主旨，考虑学校所处的地方性文化，使学校环境具有教育性、美学性、文化性，竭力为师生们提供一个幸福成长的"文化氧吧""美育场域"，让建筑"开口"，将爱向孩子们表达出来！

校长与教师最大的不同就是既要关注上层建筑，又要夯实经济基础。我到灯小的几年，除了抓学校整体发展之外，还改变其赖以生存发展的硬件。

我带着老师们从"点亮行动"中体现出来的光明感、希望感等气质感觉出发，围绕学校区位特征，根据校园建筑主色调，进行局部的装饰和布置，以形成灯市口小学独特的品牌识别和色彩认知。例如，篮球馆在历经全面修缮后，为学生开辟了一个新的体育空间，随处可见篮球元素：电动可推拉式看台、专业篮球比赛地板、比赛专用记分牌、翻转大舞台、可升降篮球架，连卫生间都是篮球主题，博物展陈区，优秀篮球毕业生签名球衣、师生原创壁画、荣誉墙。所有这些都是为师生营造最佳的氛围来开展体育运动。墙面还以纯度较高的米黄色、白色为主，色调明快、富于动感，满足学生心理的舒适性要求。篮球馆就其本质而言，乃是一个活生生的生命场域，所以在设计中注重体现师生活动的轨迹，强化师生生活气息。

2013年来到这所学校后,我认为做得比较好的一件事就是克服了很多困难,把篮球馆收归校有,拓宽了孩子们体育锻炼的空间。刚收回来时,地下篮球馆存在很多安全问题,比如水电线路、墙壁脱落等各种各样需要修缮的地方,我就下决心来改造这个篮球馆。我把这项工作列为学校成员集体工作的一个方向,召开各种会议,多方呼吁,极力争取政府和东城区教委领导的支持,各方沟通,磨破了嘴皮子,说明学校操场的实际情况,争取了费用,几经周折,这才呈现给孩子们这样一个绚丽的篮球馆。

每天,学生从踏入校园的那一刻起,便走进了精心设计的校园生活,无论是学校的建筑设计还是角落细节,每一处空间无不彰显着以生为本的设计理念。漫步于我们学校,随处可嗅到百年老校的文化气息,随处可感知到高雅的育人文化氛围。校门口冰心先生的题字,让学生感受到学校历史的厚重,同时感受到自己作为新时期的主人应该承担的历史责任;走进二层的校史馆,古朴而又厚重,总会让人不自觉地充盈着敬畏之心,像是跟随时光的车轮,步入另一个世界,里面的老照片、纪念物,客观而又全面地呈现了学校的百年历史,也一定程度上反映了学校150余年的奋斗历程和光辉印记。这也让每一个在这里生活、学习、成长的孩子内心油然而生一种身为灯小学子的自豪感,亦让孩子们置身其中,充盈着一种积极向上的动力。

学校的音乐教室、书法教室、美术教室、阅览教室、金帆排练厅、机器人教室、科学教室、信息教室、劳技教室、舞蹈教室、高尔夫教室等各个专业教室在四校区应有尽有，并且在环境布置及装修上注重体现学科特点，营造学科氛围，学生在此上课如临其境、自由栖息。"炫彩美术馆"还定期展示教师和学生的美术、书法作品，让师生始终都能在高雅的艺术氛围下生活、学习、工作。"炫彩美术馆"的主展区位于教学楼四个楼层，分为四种主题色，配以蒲公英、太阳花、茉莉花、月季等花朵，有着自信、阳光、健康、热情等不同的寓意。除主展区外，校园里的每一处空间、每一面墙壁都是展区。未来，"炫彩美术馆"会定期"上新"，在学校营造的开放的美育场域中，在灯小这座"美术馆"里，孩子们将时时处处受到美的熏陶，炫出自己的光彩。东高房校区主打绿色环保教育，校区内有专门的菜园子和专门的栽培室，这是学生最喜爱去的地方。这个菜园子不仅能对学生进行实地的劳动教育，还吸引孩子们热烈地去观察每一棵植物的变化，体验种植的快乐，使他们的心灵得到滋养和丰富。

各校区都建设了书库或阅览室、楼层读书吧、阅览空间、班级图书角等，努力为学生打造随处阅读的"光能量"阅读空间体系。班级内壁报上还设有"书香园地"，营造良好的读书氛围，使全校师生亲近书籍，加强阅读与写作，让每一位师生感受到浓郁的书香气息。每学年向每个校区提供购书经费购买书籍不少于10万元，极大丰富了师生阅读的书目。

庭院深深，学人簇簇。现如今四个校区内花红柳绿、郁郁葱葱，古槐、长廊、花架、刻石、鱼缸、石凳、彩椅、书房、碑帖、菜园……都变成灯小的语言。本部校史馆老物件安静地躺着,向孩子诉说着学校的历史。著名教育家、文学家冰心的题词"敬业乐群　自强不息",成为新时期学校坚守的信念和精神。每个楼层和每间教室的展示墙都是孩子们的舞台,不断更换展示着孩子们不同风格的作品。校园里有时候飞进几只小鸟,叽叽喳喳,和孩子们的欢笑声交融在一起,使学校焕发着生机和活力,充盈着天地人合一的温暖的爱的气息。连厕所里都有孩子们喜欢的卡通形象,饮水机房都是丰子恺的画作,处处都是爱意的表达。这充满温度的校园不仅让人感觉灿烂明亮,更唤醒了师生的归属感和主人翁意识,使学生更加爱学校、爱老师、爱同伴、爱上学。

特别值得一提的是北池子校区。这里曾是故宫的外八庙之一——雍正八年(1730)敕建祭祀云神的凝和庙。立足其独特的地域、历史优势,我们将其定位为中华优秀传统文化特色校,从文化、环境、课程、活动等诸多方面凸显特色,使在这里接受教育的孩子们在传统文化的浸润中,成为谦逊、明理、儒雅的少年。走进这个校区,红墙碧瓦,棠风竹影,安静古朴的气息扑面而来。在如此得天独厚的环境中,校园内的书法教室、中国鼓教室、心理咨询室、转播厅、书库等也依然保留着古建的风貌。阅览室就改建在凝和庙的大殿内,孩子在此阅读会有与历史对话的感觉。

每个校区教学楼旁边的"刻石"内容都根据校区特色进行文意隽永的设计。比如,礼士校区主打"博文约礼　京韵传承",镌刻了由当代著名书法家叶培贵先生专门为学校书写的题字"博文约礼",希望校区的孩子们能够广求学问,又能有礼有节;北池子校区则依据校区书法特色和地理位置,结合校区特色发展主旨"凝和润人 兴泽昭彩",镌刻"凝和"的文化刻石,以此凝聚师生;灯市口校区则刻制余日章先生的题字"含英咀华",使之构成一种特定的教育文化氛围,发挥学校的育人功效。我始终在追求将建筑景观、自然景观和文化活动"三合一",努力营造具有浓郁魅力的、激励学生无限想象的文化场域。在我看来,学校应该是学生成长的精神家园。"它让思绪、灵视、回忆和遐想有了展开的空间,让这般心灵现象赖以生存的深度时间成为可能。"

我们努力从精神层面、多元文化角度挖掘环境内在育人因素,为学生创设具有文化内涵和精神元素的生活环境,引领师生过有品位的生活,努力追求高品质精神,从而成为一个幸福的人。我爱我的老师,我爱我的学生,我希望为这所学校的每一个成员提供最舒适、最优美、最宜人的物质生活环境。这或许就是我爱他们的一种方式。我的师生们每天都置身于校园之中,学校生活成为其重要组成部分,用心设计这校园中的一草一木,借助它们把爱表达出来,或许也是对生命的最大尊重和照顾吧!

第三节 那条让人提心吊胆的回家路

我在校长的岗位上工作了十几年,还是第一次遇到收回失地的任务。在灯小上任之初,有领导善意提醒我,不要触动体育馆。经过一番了解，我发现体育馆老师进不去，学生也进不去，已被外人占用多年。占用者在体育馆内开设培训班，收入颇丰。实际情况远比我想象的糟糕，而且性质恶劣。观察了解情况一年之后，我萌生了将体育馆收回学校的念头，但我没有声张。我向教委领导汇报此事，领导很支持，让我放胆一搏。我专门请了一位律师，重启"强制执行"的法律程序。

由此，各方势力暗潮涌动，相互碰撞，只因我动了某人的蛋糕。那段时间里总有几个人在学校门口堵我，甚至硬闯。多亏学校的总务主任挺身而出，否则后果无法想象。无奈之下，我每天都走后门，时间不定，没有任何规律。即便如此，我还是提心吊胆。回家路上，我总是留意前面是否有人拦道，后面是否有人尾随，一旦感觉不妙立刻往人多的地方走。这样坚持了一年多，我心里很不舒服，在这种担忧与恐惧下终于盼来了执行的日子。

执行前，区里各部门召开了一次协调会。与会人员包括法院执行局、检察院、公安分局、政法委等部门的代表，满满一屋子男人，只有我一个女人。我从没见过如此阵仗，确实吓得不轻。会议结束后，我信心满满地着手准备，结果却等来不予执行的决定。

听说住在体育馆里的有一个残疾孩子，属于弱势群体，最好不采取强制措施，而是缓期执行。这个消息犹如当头一棒，我请律师一年多，各方面已经协调到位，却是这样一个结果，着实让我气馁。某人钻法律的空子，用一个住在体育馆里的孩子做挡箭牌。我和教工委的书记一起去找法院院长，当时院长正在参加两会，我们将院长从分组讨论会上请出来。院长只提了一个问题：明天执行和一个月后执行有什么区别？

没有区别！

我的回答斩钉截铁，院长见我如此坚定，下达了立即执行令。

第二天一大早，法院执行局局长、副局长、法庭庭长、法警、交警、分局干警、派出所民警、辅警，组成了上百人的执行队伍，声势浩大，震慑力极强。即便如此，执行过程依旧困难重重。大队人马从上午九点进入体育馆，直到第二天凌晨三点才将某人带出体育馆。被执行人站在学校操场一个劲儿地看。法庭庭长告诫我，千万不能往前站。之后我们请来搬家公司从体育馆里往外运东西，封闭厢式货车，装满了八十来车。首战告捷，我的心情无比畅快，不承想麻烦又来了。

一个月后，被执行人又带着社会闲散人员来学校闹事，索要经济赔偿，而且是狮子大开口。最终，法院出面调解，认定当事双方没有经济纠纷，更不存在经济赔偿问题。如果某人继续在学校闹事，属地派出所将以寻衅滋事论处。

体育馆收回学校虽然告一段落，但我却翻开了崭新的一页，我要让体育馆真正发挥作用。

此后，每周五都开会，在座的有中国建筑科学研究院的设计师、代理方、代建方、监理方、工程方等相关人员，又是一帮男的，只有我一个女的。我不断声明、多次强调：请你们抛开固有的设计理念和传统的设计方案，你们面对的是学校体育馆，只用于儿童体育运动，从时尚、简约、环保的设计理念出发，杜绝华而不实。经过三年的努力，装饰一新的体育馆终于落成。

从整个事情的发展来看，困难很多，虽然最后圆满解决了，作为一位女校长，置身于这个过程中，我自己也觉得自己很不容易。

2022年1月，这一天雪花纷纷、漫天飞舞，灯市口小学体育馆正式开馆。体育馆回到学校的意义重大，这雪花纷飞的祥瑞景象是对我最高的褒奖！

出于对学校的爱，出于对学生的爱，作为一名弱女子，这次交锋我竟丝毫没有退却，也没有胆怯。只要一想到体育馆回归能让更多家庭的孩子在此强身健体，我便觉义无反顾。我爱我的学校，我的师生，我愿意用我一己之力为师生创设最好的环境和舞台，即使我受什么损失，也会勇往直前。或许是这种看起来非常朴实的爱给了我最大的底气，让我即使在有可能面临人身伤害时，依然临危不惧，全然忘却自己是一个弱女子。

在灯小工作九年，为这个"孩子"——体育馆奋斗了九年。初识"它"在别人手中，历尽千辛万苦拼了命使之于2016年年底回归到学校的怀抱，"它"的归来，老师们说"像香港回归般令人振奋"。之后，按流程申请资金、设计……多少的困难摆在面前，也不知什么样的勇气让我坚定地走了过来。到2020年终于可以施工了，却又来了疫情，一点一点地推进，一点一点地改观，一点一点地加入文化的元素，"它"

的模样逐渐显现。"体育＋文化"是对它的定位与期许。2022年秋季学期,"它"终于亮相了。从初识它的痛苦,到现在一见它的欢喜,一砖一石一椅一角都是一份份情谊,不知为啥对它像对孩子的爱一样无私、延绵不断……一起向未来,希望"它"平安顺遂!

第四节 让每一处空间都是学生乐意去的地方

谈到学校空间,我们学校的空间真不算大。我也因一些机会经常参观其他的学校,见识过很多豪华气派的学校,相比较而言,灯小显得并不那么宽敞,学校的外观其实都是以简单、简洁的风格为主,甚至学校大门也看着不大起眼。王府井区域的寸土寸金是一方面,但另一方面,我并不太追求外观的气派与豪华,而是追求每处空间设施的实用。在整体规划上,依然恪守教学楼、专业教室、办公区、图书馆、体育馆、休闲区等相对传统的布局,一切都讲究实用,一切以孩子所需为重。比如厕所,我们竭力做到明净、通风;教室里,考虑到学生的身体发育,专门为学生定做了书包柜,这样孩子们就有了更宽松的生活空间;教室里也常见一排排充实的书柜,置于距离学生最近的地方,随手可取。

对于校园教育氛围的营造上,我们也在千方百计地践行"让每一处空间会说话"的教育理念,我们做的初衷绝非为了外在的迎接检查与评估,也不是为了让来学校参观的人们觉得学校"有文化"。我们努力做到站在孩子的角度考虑一切问题,而非成人的角度。比如,我们的炫彩美术馆就建在学生平时上课的教室楼道内——离学生最近的地方,展示的也都是孩子们自己的作品,也算是孩子们的一个艺术小天地,孩子们的作品随处可见,随时可览。学生进进出出,时时处处都会看到自己或同伴的美术作品,孩子们会有欣赏、赞叹,也可能会"挑刺儿",但这都是一种"真实的教育",是一种真实的熏陶。我期待未来灯小能够继续沿着这个概念和梦想努力,让孩子们能够在校园"诗意地栖居"。

对于学生来讲,学校首先是一个求知的地方。但孩子不是求知的机器,他们是有血有肉有感情的活生生的人。只要是人,每到一个空间,必然追求一种归属感和幸福感。所以,一所好学校不仅是学园,更是乐园,是让孩子快乐成长、身心愉悦的热土,我想,学校的每一处空间都应是学生乐意去的地方。

我们为孩子们搭设一个个展示的舞台。这些展示活动的举办绝非为了所谓学校的业绩,而是真正从孩子立场出发。在我看来,学生的参与与体验是至关重要的,学生的收获也是最应该考虑的。国家大剧院、中国音乐厅、普渡寺展览馆、中国儿童艺术剧院、老舍茶馆……甚至是专业教室、学校体育馆,都成了学生乐意去的空间。我们举办这些活动,主角永远都是学生,我们老师只是负责引导或者协助。

就像一位哲人所说:"在本质意义上,我感到学校不仅是传承知识的场所,更是培养学生精神气质的圣地。走进校园不是为了走进一条课本知识的胡同,而是走向一个真、善、美的广阔原野。"[1]因此，如何让学校的每一处空间都是学生乐意去的地方，使学生在此生命得到舒展，心灵得到整体的孕育，是摆在我们教育人面前的课题。

2021年北京两会上，一份来自共青团北京市委的集体提案指出："随着社会的发展，博物馆的教育功能日趋凸显。"提案强调，博物馆作为"第二课堂"，对学生学习兴趣的激发、实践能力的提高和创新思维的培养都具有重要意义。"双减"之后，孩子们和学校对于多元化的优质教育资源的需求加大。在对这个问题的践行中，九年来，我带领老师们重塑学校空间，打造了一个美术馆和九个博物馆。美术馆即炫彩美术馆，九个博物馆即校史博物馆、教师博物馆、绿色生态博物馆、南海贝壳博物馆、书法文化博物馆、奥运博物馆、篮球主题博物馆、京味文化博物馆、安全教育体验馆。

在我们看来，空间是课程的载体，是课堂的延伸，也是学习的场域，具有浸润美育的作用。比如，篮球主题博物馆不仅陈列着中国篮球发展史资料、学校篮球发展老物件，也收集了师生设计的篮球主题吉祥物和海报；京味文化博物馆汇集了学生们在美术、综合实践、劳技等课程中捏门墩儿、做门钹、画兔儿爷的诸多作品……再如，炫彩美术馆建在楼道，这也是离学生最近的地方，它与学校各个空间共同构成一个大美育场域，聚合承载学校文化、展示学生作品、学习校本课程等多元功能，引导学生认识美、体验美、感受美、欣赏美和创造美。

---

[1] 语出著名学者傅国涌先生。

炫彩美术馆首展也是学校第六届书画作品展,展现了众多名家作品、学生作品和新时代人物塑像等。以此为契机,学校举办了"向美而生 以美育心——'学校是座美术馆'"美育实践研讨会,围绕美育教学和美育课堂进行了深入研讨。直观、感性的"艺术馆式"教育,将学校这座"美术馆"变成学生与美相遇的生动空间。

我们追求一种"真实的教育""真实的熏陶"。由此,在师生的共同创设下,班级电子屏变成"班级画展区",测温棚被装饰成"花房",窗外的普通墙壁和体育馆楼梯间的墙壁被转化为一幅幅"绿色的森林"壁画、"篮球的四季"长幅壁画,就连卫生间都被彩绘成了海洋、沙漠、蒲公英主题的空间。这些美好的元素点缀着学校美的生活。

空间场域的变化,既让学生感受美、理解美、实践美的方式发生变化,也让教师传播美的方式发生变化。让美在学校里像空气一样重要,人人参与、时时可见、处处可感,让美成为儿童生命中的底色,让师生在美的浸润中"诗意地栖居",这正是我们的初衷与期待。

回首校园文化建设的历程,我陷入深深的思考,越发感受到作为一名校长,作为一个教育的实践者,作为一个教育的探索者,无论是教育教学的实践理念,还是践行办学理念,或者是校园文化建设理念,都应该是契合一致的、相互映衬的。在校园文化建设过程中,我始终尽自己最大的努力实现办学理念与文化建设理念的高度契合。

  金秋九月，一个秋日的上午，一群孩童张开双臂，空中闪过一个标准的投篮，蓝天、阳光、大殿、篮筐、口哨、微笑，我突然被这情境和笑声感染了，人与环境、人与人之间在此刻是如此和谐地交融在一起。这人、这景、这情，我此刻的心是如此的感动，内心充盈着满满的幸福感。

  这是我在听完一节体育课后，在朋友圈发的一段话。我之所以感动，是感动于孩子们自由地释放，感动于师生充满生命气息的教育现场。一颦一笑，尽显着阳光自在的浪漫气息，教育就这样真实地发生在学校生活之中。学校教育努力给予学生足够的闲暇与自由，如果他们内心不快乐，是很难有此时此刻自在的投篮的。这其中所蕴含的，应该是师生平等吧，孩童可以在操场不分彼此、率意地拍打着篮球，而老师也始终保持着开放的心态，欣赏学生、爱着学生。

  对于孩童来说，学校应该是一切以学生为中心的场所，所有的设施、所有的布置、所有的搭设都应该处处散发着人性的温度，也应该处处弥漫着文化的芬芳，更应该闪耀着人文精神的光辉。学校不仅仅是一砖一瓦堆砌起来的建筑物，更是学校场域中的人与事，由很多很多个故事串联而成，多年积淀下衍生出了一种叫"文化的东西"。在我看来，学校是学生求取知识的学园，是沐浴爱和希望的乐园，更是安放灵魂的家园。

  从单位返家后，我在笔记本上记下这样一段话：

只有在真正的教育情境中，健康的成长、和谐的发展才有可能；而唯有良好的教育，能够为每一位公民铺设一条由狭隘走向广阔的大道，引领他获致足够的鉴赏力，去享受整个人类千百年来所创造出来的那些最富有价值的精神财富和文化精品，使他有机会去创造属于他自己的美好人生。德国诗人荷尔德林有一句诗："人，诗意地栖居在大地上。"诗意地生存，就是那种在生活里到处都能感觉到趣味和美的存在的生存。内在于教育情境的教师和学生都应是诗意的存在者。他们之间的诘难问疑，他们之间的对话交流，唤醒着彼此心中的眷念与期待，带着理想，带着憧憬，带着对于生活的热爱与柔情，走出课堂，走出校门，走向更为宽广、丰富和多样的生活世界。

第四章　爱上课堂：让每一间教室都释放生命的情愫

一所好学校的教育不仅是理智的，而且是有生命的。

对于一个活生生的孩子来说，一所好学校不仅仅是勤勉求知的校园，还是快乐成长的乐土，更是温暖如家、培育生命的沃土。孩子们经常去的"教室"，应该是散发着生命的气息，释放着生命的情愫。教室，应该有师生共同的使命、愿景和价值观，是师生共同生活的生命场域、共同追求的美好空间。

第一节　站在风口上，让"车"飞起来

面对这样一个极具变革的时代，我们要给孩子怎样的教育和课程，让每个孩子自信从容地迎接高速发展的社会和人工智能时代的到来，这是我们无时无刻不在思考的问题。世界在改变，我们的观念、我们的课程也应做出改变，就像现实世界中的生态环境问题、能源问题、高科技问题等都是教育不可绕过的，而且是应该直面的，只有这样才能让我们的孩子在未来

的世界行稳致远，拥有俯瞰世界乃至改变世界的力量。

资源带成立前，课程表上都是一些国家要求开设的课程，没有校本和综合实践课程，而且各校区课程建设做法不一，质量也参差不齐，也不太关注孩子们的学习需求，课程目标和育人目标也存在不对应的问题。最重要的是，因为缺乏顶层设计，课程无体系、无逻辑，从一定程度上说，难以发挥课程的整体育人效果。有人曾打了个比方：如果把学校比作一家饭店，教师则好比大厨，而课程就是这家店区别于其他店的"招牌菜"。这家店有什么与众不同之处？用什么吸引家长、招待学生？答案就是课程。如果把课程比作菜单，那么菜单越是丰富越能满足大众的需求，大众可选择的就比较多，受众就会比较广。对于学校的课程而言，丰富的课程就有利于学生人性的丰满。但课程种类要避免大杂烩，还要追求课程之间的系统性、逻辑性、结构性，绝不能是杂乱无序的、随意设置的。每个学校都应致力于建构自己的"课程菜单"，横向纵向上进行逻辑性的分门别类，构成一个科学、系统、严密的学校课程体系，让学习真实发生。面对课程这辆"车"，绝非只是修修补补，也不是机械地加点儿内容，而是应该重新系统设计、科学规划，建造一辆全新的"车"，让"车"在新时代的风口飞起来。

如果把课程比作这个世界，孩子们就会拥有驾驭世界的力量。课程其实就是世界的图景，学校的老师可以直观看到自己教授的课程在学校"课程菜单"中的位置，我们的学生也能看到自己学习的课程在整个世界中处于什么领域，我们的家长朋友也能清楚地知道自己孩子在学校学习什么，未来成为一个什么样的人，学校将要把孩子培养成什么样的人。

在我看来，课程建设之前首先需要对学校使命进行梳理和思考——集全校之力，聚全校之智慧，立足学校实际，瞄准时代发展，传承学校文化，为孩子的现实需求、终身发展和人生幸福做长远打算和总体规划。这样一来，学校的教学和管理就会跨入一个新的境界。课程建设是我管理工作中核心的工作。我在探索一体化管理、校园文化建设、丰富活动、课程建设等方面着力较多，但其中让我最为上心、也是最不敢怠慢的便是课程了。课程一定程度上体现国家意志、承载着立德树人的根本目的，是教育教学的重要内容，担负着培养人的任务，作为一所东城区基础教育优质学校，我丝毫不敢放松。

苏联著名教育家苏霍姆林斯基说："每一个儿童身上都蕴藏着某些尚未萌芽的素质。这些素质就像火花，要点燃它，就需要火星……教育最重要的任务之一，就是不要让任何一颗心灵里的火花未被点燃，而要使一切天赋和才能都最充分地发挥出来。"[1] 我们基于"让每一个生命绽放光彩"的办学理念，认识到每一个孩子对世界的认识都存在差异，每个孩子的秉性、天赋也不同，甚至每一个孩子都有自己的发展高度。我们的课程就要努力满足每一个孩子的发展，认可每一个孩子的生命体

---

[1] B. A. 苏霍姆林斯基：《给教师的建议》，周蕖等译，申强校，武汉：长江文艺出版社，2018。

验，为每一个孩子打开看向世界的窗口，真正开发适合每一个孩子的"生命图景"，让课程真正以儿童为立场，真正给予儿童俯瞰世界的力量。因此，作为学校，我们开展了对于"秉承什么样的核心理念""培养什么样的人"等问题的深入认知，并将其贯彻至办学的全过程。资源带成立后，实现了课程资源共享。除国家课程外，资源带统一开设了丰富性课程（即校本自主课程），每周拿出一至两个半天时间，实行"走班制"，打破年级、班级界限，以校区为单位，各校区学生可以根据自己的兴趣和潜能，自主选择课程进行系统学习。这样做的目的是增强学生对课程的选择权，以满足学生的发展需求和个性化学习需求，为学生打造立体化的学习空间。

从2013年9月至今，课程发展经历了四个阶段。

1.0阶段（2013.9—2014.7），学校的校本课程从无到有开始设置。

2.0阶段（2014.9—2015.7），灯小资源带统一招生，统筹师资，课程建设逐渐走向可选化和多样化。

3.0阶段（2015.9—2022.7），课程体系过渡到分层面、分类别阶段，课程形成了3个层面，6大板块。

我们按照一定逻辑，理顺学校课程纵向与横向的关系，借"双减"将文化体系和课程体系进行了升级，通过融合当下和未来需求，我们以"让生命闪光，为中华添彩"为育人目标，围绕"生本、自主、开放、创造"的课堂文化，积极进行课程建设。课程依据生命成长的需要、学校办学主张的落地、未来人才发展的需要，希望通过课程的构建，促进育人目标的达成，实现学生可持续发展，加强核心素养的落地。从2022年9月开始，课程建设正经历4.0的变革，逐渐形成了"光彩"课程体系。课程分为以国家课程为主的基础性课程、由各类兴趣选修课组成的丰富性课程，以及强调培养学生综合实践能力的综合性课程，从而让学生在学校得到全面适宜的发展。我们建构了这样一套多元、立体、呈阶梯状的"光彩"课程结构，描绘了一幅灵动的课程图景，使课程成为学校与学生人生的纽带和桥梁，实现综合素养的达成，以综合素养书写精彩人生，真正做到"让生命闪光，为中华添彩"。课程体系由七个板块组成，分别是：

"德·彩"课程，即道德礼仪＋社会成长，包括道德与法治、品德与社会、礼仪等课程，以及风信子爱心中队、新竹中队等社团活动、生态道德教育综合实践活动，涵养美德、培养公民意识。

"文·彩"课程，即语言能力＋人文素养，包括语文、英语、阅读、朗诵、快板、相声等课程，以及小主持人、相声社、英语戏剧社、古诗词朗诵等社团和"行走北京传承文化"等综合实践活动，发展学生中英文语言能力，增强人文素养。

"创·彩"课程，即数理思维＋信息技术，包括数学、科学、信息技术、综合实践、STEAM、机器人、三维创意等课程，以及创意作品社团、绿色生活先锋队、机器人社团、无人机社团等社团活动，培养学生的科学思维、信息技能、激发创造力。

"美·彩"课程，即艺术修养＋审美情趣，包括音乐、美术、书法、合唱、舞蹈、戏剧表演、摄影等课程，以及金帆合唱团、金帆话剧团等社团活动，走近国粹——我是小戏迷等综合性实践活动，有助于全面提升学生的艺术素养和审美。

"健·彩"课程，即体育技能+健康与心理，包括体育、围棋、心理游戏、篮球、武术、田径、游泳、健美操等课程，以及火焰篮球队、田径队、体舞队、围棋队等社团活动，中医文化等综合实践活动，培养学生健康的身体素质和阳光向上的精神面貌。

"劳·彩"课程，即劳动教育+生活技能，包括劳动与技术、自主日、彩陶、中国结、"非遗"彩蛋、"非遗"脸谱、"非遗"剪纸、绳艺、茶艺等课程，培养学生正确的劳动价值观和良好的劳动品质。

"综·彩"课程，即主题式综合实践活动类课程。在前六个板块课程中都有综合实践内容贯穿其中。

总体来看，七大板块的课程，又可以分为基础性课程、丰富性课程、发展性课程三个层面。

第一个层面的课程是基础性课程，即国家课程及对其完善的课程，如在国家课程基础上增加书法、阅读、武术、游泳等课程。注重开展学科实践课程，让综合实践进学科、进课堂。

例如，语文倡导一篇课文+一本书带这位作家的"1+N"阅读理念，倡导"整本书阅读"，带领学生开展"一张纸做一本书"活动，学生还通过梳理逻辑脉络、人物关系，制作"绘本故事书、故事地图、阅读笔记"等。

第二个层面是丰富性课程，即校本自主课程，意在满足学生的发展需求，为学生打造立体化的学习空间。资源带每周半天时间实行"走班制"，以校区为单位，学生自主选择课程进行系统学习。这类课程有必修、选修，有单课时选、双课时选。很多课程都是沿着研究性学习、动手操作、参与社会实践等综合实践活动课程的思路与方式进行的。

例如，在媒介素养课程中，学生学习拍摄照片、视频等提升技术及审美素养，并通过小组合作拍摄校园生活，体验小编剧、小导演、小记者、小剪辑师等不同角色制作的成品，并实际运用到学校大活动及微信宣传中。在参与实践中，学生得以提升媒介素养，弘扬正能量，彰显小学生积极的价值体认，增强"校园主人翁"的责任担当。

再如人工智能课程。在老师的引领下，学生通过学习物理、数学、语文、信息技术等多学科知识，开展小组合作，进行编程，利用红外传感器和数学统计原理制作"智能存钱罐"，并主动将知识与实际相联系，衍生出"学校在校人数统计器、安检人员统计器"等创意模型，充分体现了综合实践课程的自主性、实践性和开放性。

第三个层面的课程是发展性课程，包括主题式综合实践课程、戏剧实践课程等，同样用半天来实施。学生在自主探究、实践的过程中不仅能增强对社会、对生活的理解，还能提升合作创新、解决问题等能力，大大提升综合素养。

一套优质课程体系的设置，应该是能满足不同学生发展需求的套餐式课程。它既应该包括国家、地方课程的校本化、生本化的实施，也应该包括学校课程的自主开发与规划。我校就在课程设置上坚持以多元化、多维度、可选择性为根本，呈现开放、自主、中西合璧、兼容并包的课程精神。

"实践出真知"。课程实施是教师与学生之间互动调适和共同建构的探究之旅，是让课程真正落地、与学生对接的唯一途径。我校在课程实施中对实施内容进行整合与优化，采用长短课和动态走班的实施形式，在具体课堂教学中打造"生本、自主、开放、创造"的课堂文化。

课程建设是一个从设计到实施再到结果的循环反复、不断上升的过程，而课程评价作为一种具有导向和监控的系统，并不是静止的、终结性的，而是应该贯穿从设计到结果反馈的所有过程。因此，我校结合"光彩"课程体系和"点亮"行动，完善学校的评价体系，丰富评价方式，从课程准备过程到课程实施再到课程实施效果三大方面进行评价。

六年级可欣同学说：

> 刚学相声的时候，只有我一个女生，还是一个比较腼腆的小姑娘，在全班同学的注视下表演，眼睛总不敢直视大家。在老师和同学的鼓励与帮助下，我开始自信了，说话的声音大了，眼神也不再游离了。在学校的校本展示、升旗仪式、开学典礼等各种活动上不断锻炼，我的幽默感也大大提升了，经常逗得大家哄堂大笑。
>
> 当老师通知我进入北京市少儿曲艺大赛复赛时，我欣喜若狂，更加勤奋地练习，没事的时候我就会说上几段。老师也专门对我们几个参赛的同学进行指导：这句

话应该怎么说？这个动作该怎么做？经过我们的不懈努力，终于取得了"新苗奖"的好成绩。学习相声让我变得幽默和自信了，我觉得女生也一样能把相声说好。

学生炎培的妈妈谈到学校课程给孩子带来的改变时，这样写道：

"妈妈，告诉您一个好消息，我通过深水测验了！"看着面前自信满满、一脸骄傲的儿子，真难与几个月前听说学校要开游泳课而一脸愁容的孩子联系在一起。儿子从小就很怕水，我一直希望他学游泳，可做了好几年的工作，他总是一口回绝，坚决不学。

这学期，学校开了游泳课，我是既高兴又担心。高兴的是他终于可以学游泳了，担心的是他能否克服恐惧心理。第一次上游泳课回来他告诉我，他在C班，张教练让他们在泳池边先练基本动作，没下水。儿子看起来心情不错，教练有办法，这次看来有门儿！连续上了几次课后，突然有一天，儿子对我说："妈妈，我可以不带背漂了，而且学会蛙泳了！""真的吗？""是的，我现在体会到了老师对我说的话了。""老师说什么了？""老师说，游泳是锻炼，既锻炼身体，更锻炼意志品质。遇到困难不要退缩，要战胜恐惧首先要战胜自己！妈妈，现在我很喜欢上游泳课。"

是啊，通过这学期的游泳课，我看到了一个努力战

第四章 爱上课堂：让每一间教室都释放生命的情愫

胜自己、不轻言放弃的儿子，谢谢老师、谢谢教练，更谢谢秉承"让每一个生命绽放光彩"教育理念的灯小。

一位五年级学生的家长陶女士是这样说的：

> 这个学期刚开始，孩子拿了一张密密麻麻的课表回来说，都是学校新开的校本课程，让大家自选。这不是当初自己上大学时才有的选修课吗？感叹之余，母子一起认真选了机器人等几门感兴趣的课程。

陶女士还表示：以前儿子不太自信，还有一些小小的自卑。但自从上了感兴趣的机器人课后，儿子越来越快乐和自信了。有天晚上，儿子跟从事IT工作的父亲探讨起编程的问题，"时值多少？参数怎么设置？这些术语从儿子嘴里说出来，让我听得目瞪口呆。"作为母亲，我相信他可能不是最闪亮的那颗星星，但至少应该是颗懂得接受和欣赏自己、快乐阳光自信的星星。自主课程的开展让我看见了希望，因为他寻找到兴趣并为之努力，通过努力并发掘生命的内在潜力。我喜欢学校墙上的那句"让每一个生命绽放光彩"。学校用课程和活动告诉孩子、告诉家长、告诉世界：生命是如此的与众不同。

家长提到的"生命是如此的与众不同"，正是生命化课堂的教育内涵之一。这种教学模式以学生的发展为基础，关注学生的生长状态，丰富学生的精神生活，赋予教学以生活意义和生命价值。

2019年6月,在资源带成立五周年时,我们举办了"爱,让每一个生命绽放"教育教学成果展示系列活动。一位学生家长参加活动后写下这样一段话:

> 今天我非常荣幸观看了灯市口小学优质教育带成立五周年课程展示活动,真是"不看不知道,水平竟如此高"。一首首动听的曲子,余音缭绕的合唱不经意间醉了耳朵;一板一眼、韵味十足的戏曲赏心悦目;欢快的相声、快板展示了扎实的语言功底;动感酷炫、活力十足的舞蹈将展示活动推上了高潮……
>
> 作为观众、家长的双重身份,整场演出我看得心潮澎湃。多元课程体系下的灯小学生能吹拉弹唱,能挥毫泼墨,能文能武多才多艺,这次展示让观众大饱眼福,同时也充分印证了灯小资源带五年来真正地让"每一个生命绽放光彩"!

五年来,懵懂顽皮的小豆包变成了多才多艺的小小少年,不仅因为老师们有着高超的教学本领,更是因为他们有一颗深爱学生的心。少年强则国强,少年进步则国进步,灯小正在为更加强大的祖国培养一批又一批优秀的少年。

从孩子们的表现看,课程菜单确实转变了孩子们对于人生的态度。我们始终怀着尊重孩子的理念,通过我们爱的付出,孩子们的想象力、意志力、思考力都得到了培养。

有时,我也在沉思,我们的课程最后给了孩子什么?我想应该是这些吧：

第一，健康的身心；

第二，开阔的视野；

第三，学习的兴趣；

第四，自我管理的能力；

第五，创新和质疑的能力。

对于一所学校来说，课程建设探寻之旅一旦开启，变革与创新便不可懈怠，改变与喜悦便不约而来……学生的成长、家长的认可、同事和领导的赞美，让我收获不少快乐，尤其是孩子们的兴趣、探索的欲望，给了我无限的幸福感。随着时间勾画新的年轮，必定会有无数的惊喜等待着我们。

第二节　让爱与尊重荡漾在生本课堂

在我心中，理想教育的出发点是爱，也就是爱的情感态度。所谓"知之者不如好之者，好之者不如乐之者"，好的教育离不开个人情感的投入。

在我心目中，我是这样认识"生本"的：每个生命都不相同，就像世界不存在两片完全相同的叶子，每个学生也因为这份独特而与众不同，他们都应得到尊重，得到关爱。同样，每一个生命在内心深处都渴望成长，都需要绽放，从而实现自身的价值。因为有了这份渴望和期盼，我们要不断发现学生的价值，挖掘学生的潜能，发展学生的个性，让每一个学生在成长中生长、发展、创新，尽显人性的完美，让每朵花儿都盛开，让每个孩子都精彩绽放。

在"让每一个生命绽放光彩"的办学理念指引下，我们必然也将生命看得高过一切，并将理念落实到我们平时的课堂教学中。我们以爱与尊重为前提，提出"生本"理念，让课堂充满关注生命的气息，让生命的活力充分地涌流，让智慧之花尽情地绽放，让师生之间和生生之间充满爱与真诚的关怀，让每一个孩子体验到被人关注、被人尊重的幸福感，更多地体验到自主探索的快乐，让每一个孩子都能感受到人性的博爱和光明，感受到师者的仁慈和宽容。我们尽一切可能为每一个生命的成长、进步和发展提供一切机会，让爱的讯息和尊重的氛围荡漾在我们的生本课堂。

教育生涯几十年，我最深切的感受便是：爱是最好的教育。爱是自然流淌的奉献，尊重是教育的真谛，尊重是创造的源泉，每个学生都是一个鲜活的生命，自由幸福地发展是他们成长的需要，学校如果对他们的兴趣爱好给予尊重，为他们的个性发展搭建平台，孩子们在学校的学习、生活就不再是枯燥的、痛苦的，而是充实的、快乐的。

我们以生本的理念为指导，以"双减"提质为契机，整合校内外资源，不断开发、丰富课程资源，以满足学生个性化的学习需求；根据学生发展核心素养以及关键能力的培养，不断完善课程体系；依托学校"质量"和"品牌"建设，梳理课程文化，加强课程体系建设；结合"双减"政策，要安排好、统筹好、管理好，不断挖掘课程特色并尝试完善课程体系；加强线上线下相结合的课程资源、课堂教学的研究；加强人工智

第四章 爱上课堂：让每一间教室都释放生命的情愫

能教育课程、课堂等体系建设，制订预案，保障教学工作的有序、稳定推进。

生本课堂，是以学生为本的课堂，即学生是学习的主体，也是学习活动的根本。

提出"生本、自主、开放、创造"的课堂文化，不将孩子束缚在书本上，而是鼓励他们积极投入开放的学习中。所谓"生本"，是滋养一个个待挖掘、待唤醒、待点亮的鲜活生命。我们强调以生为本，要将学生放在学校的最中央，发现学生的价值，挖掘学生的潜能，发展学生的个性，让每一个学生在课堂中生成、发展、创新，尽显人性的完美，让每朵花儿都盛开，让每个孩子都绽放精彩。所谓"自主"，教育家苏霍姆林斯基说道："只有能够激发学生自我教育的教育才是真正的教育。"我们将每一个生命都看成独一无二的存在，赋予他们自由成长的空间，坚持以课堂为载体，激发学生的主动性思维，尊重他们的差异，呵护他们的天性，引导学生人人自觉发奋，人人自主发挥，人人自主发展。所谓"开放"，在我看来，教育不是为了今天，而是要为学生们想象不到的未来做准备。开放的课堂，才是未来的课堂。在我们看来，课上不仅仅是学习几门学科、几类活动或是一些知识，它应该是开放且广博的，它是要让学生面向丰富多彩的生活，是提升综合能力的载体，是激活学生生命活力的舞台，是为学生未来发展奠基的基石。所谓"创造"，即创造力的培养，是未来世界对人才要求的必备素质之一，未来只有创造力、协作力、逻辑思维等综合能力出众的人，才能更加适应社会的发展。作为学校，我们以学生发展为本，以课堂为载体，激发学生的求知欲和好奇心，培养学生敏锐的观察力和丰富的想象力，培养学生的动手实践和创新能力，让他们成为未来世界的创造者。这一课堂文化的提出，体现出学校对于生命成长、对于课堂的理解：自主开放，挖掘孩子的内需动力，让学生自主学习，自我塑造，做"最好的自己"，让每一个学生都能够绽放光彩。

对学生的尊重，是生本教育的本质和基本原则。我们一直倡导爱与尊重，倡导人本与尊严，倡导信任和乐观的期待，反对控制、灌输、模塑、歧视等。我们尊重每一个生命，呵护每一个生命，在我们的课堂，我积极鼓励老师们想方设法调动孩子们的学习兴趣和主观能动性，培养孩子自我管理、自我塑造的学习能力，努力彰显民主、开放、宽松的教育境界，打造元气满满的乐观向上的精神气质。我在评课的时候经常说："讲课的时候，学生没质疑、没问题、没笑声、没幽默，这样的课堂一定有问题。"

从课堂教学的角度分析，我们以学生为主体开展教学，让教师勇敢地"退"，学生勇敢地"进"，鼓励学生进行自主学习、自主探究、自我展示，努力使学生成为小小"教授者"。我们认为这样的课堂教学，更接近教育的本质。

实践证明，我们的课堂理念和实践，获得了成功。北京教科院原院长时龙在一次观摩课后给出了这样的评价：

> 这是一次临时提出的听课，北京灯市口小学的音乐课，应该是五年级的学生，课程为编排音乐剧《东郭先

生和狼》。学生分为编剧导演演员组、歌唱组、音效组、道具组，每一个学生都有自己的任务，教师则引导和指导学生排练。教师要求每一组学生提出有创意的想法并在剧中呈现，这些孩子的想法可真不少。经过磨合、排练，进入带妆彩排，虽然有些稚嫩，但对孩子来说，就是成功！老师带领大家总结，启发同学们从艺术、团队合作、剧本理解等角度，做出自己的总结。编剧和饰演东郭先生的演员是一个文静小女孩，是一个才艺女生，她的台词真的不错，有些专业的范儿，令人印象深刻。

戏剧课最具综合性，这堂课体现了课程教育的综合性。给学生、教师和学校点赞！启示一，没有艺术的教育是苍白的教育。启示二，学生是用身体来学习的，教育首先要调动学习者的感官感受。启示三，全面发展需要综合的教育，需要学科的融合。启示四，每一个学生在课程中都有自己的角色，这就是关注每一个学生。启示五，学校的教育理念，不是看怎么说，而是看是否在课堂上体现。启示六，活动也是课程，说得好做得也好。

我们的课堂上，老师注重过程、延伸、运用。我们打造"光彩"课程体系，用心为孩子们规划好每一堂课的风景，着力打造高素质教师团队，让我们的教师在每一个课堂上用情感去感染学生，用美德去引导学生，用智慧去启迪学生，用文化去丰富学生；时时创设民主、和谐、开放的学习氛围，最终给予学生适应未来发展的必备知识与关键能力。我们还编制

"绽放"成长手册，以每个人的名字和编号命名，让学生、家长、教师以绘画、文字或者贴纸的方式共同记录学生的成长轨迹和生活体验，离校时把手册交回给学生，留下美好的记忆。我们还建构"光彩秀"环节，可以从学科的角度出发，创新教学方式，比如语文的讲故事环节，数学的趣味数字游戏环节，英语的角色扮演环节。部分学科与教师采用"我来做教师"的形式，给学生提供主动参与、充分展示的机会，使课堂充满激情、充满活力，把学生真正引入到主动学习之中；真正把课堂交给学生，使学生积极主动参与课堂学习，让学生在良好的教学方法和张弛有度的课堂氛围中快乐学习，更使学生体会到成功的喜悦。围绕"点亮行动"特色，我们以"光彩"课程体系为连接，形成自身独特的评价体系。"光谱评价"细化每个人每个行为，并以相关的"光谱"对每个行为进行评价。评价不是为了奖惩，而是为了发现优点与强项、弱点与不足。这一过程，可以是学校、老师、孩子之间相互评价。设置"光明榜"和"光明奖章"，对接"光谱"环节，对每一天、每一月、每一年的成长进行评价或者自我评价，并对成长进行量化，与"亮彩秀"配套使用，见证每一个人从优秀走向卓越的过程。比如，我们设置"语言光明榜""快乐光明榜""礼貌光明榜"等，学生做到哪一条就收获哪一个榜单及奖章；评选"启明星"教师，通过多维度评价教师的教学结果，其中可以置入学生评、自评、同事评、领导评、专家评等维度及具体评价点，提升学校的教学质量，彰显"点亮"行动的价值。

以语文教学为例，老师会从课本中的一篇文章开始，扩展至对多篇文章、一本书乃至一个作家多个作品的整体阅读。

以《西游记》的整本书阅读为例。在阅读分享课上，学生以人物为主题进行分组——唐僧组、悟空组、八戒组、沙僧组、神仙组、妖怪组，便于学生更专注于自己研究的人物。每组学生都要做到整本书的阅读，然后做人物分析，设计相关问题，最后在课上按组进行分享，并通过趣味问答、小组辩论等做拓展。这里面还有小故事呢。沙僧组的同学说："沙僧的戏份少，做的事又普通，找不出来特点啊。"老师就鼓励学生要努力从细节之处发现人物的特点，要把书读细，反复咀嚼文字。最后，这组孩子的分享很精彩，他们懂得了沙僧不是可有可无的角色，明白一个勤劳、朴实、善良的人无论在哪儿都会得到认可和欢迎。这样，学生在提出质疑、自主解决问题的过程中，对知识的理解更深更广，自主学习能力也不断提高。清华大学老校长梅贻琦曾这样说："学校犹水也，师生犹鱼也，其行动犹游泳也，大鱼前导，小鱼尾随，是从游也，从游既见，其濡染观摩之效，自不求而至，不为而成。"多么美好的师生氛围呀！"大鱼前导，小鱼尾随"，小鱼在大鱼的守护下学习、体验、探究，氛围轻松、自由，给予小鱼充分的信任和自主探索的空间。我认为这是一种理想的教与学的方式。

"只有能够激发学生进行自我教育的教育，才是真正的教育。"课程是要靠课堂去实现的。我们不断优化课堂，使课堂变得更加生本、自主、开放，无论课前、课中还是课后，始终沿一条"问题链"进行，注重培养学生的问题意识，推动深度学习发生，促使核心素养落地。我们的老师也在努力追寻第斯多惠所说的那种教学的艺术境界："教学的艺术不在于传授本领，而在善于激励、唤醒和鼓舞。"比如在课前布置前置性作业，让学生带着问题进课堂，引发学生在课堂上的问题意识，也是我们提倡的"创设情境，提出问题"；因此课堂上会有质疑声，会有生生、师生的思想碰撞，就是我们提倡的"鼓励思辨，亮出观点"；在解决问题的过程中，通过互动式、启发式、探究式、体验式教学过程，师生的课堂角色也自然发生了转变，学生学得饶有兴趣，老师适度点拨引导，课堂充满民主和谐的氛围，也是我们鼓励的"兼容并蓄，绽出笑脸"；课堂评价可分为组织评价和成效评价，在组织评价中，有集体评价、生生互评、分组评价、师生点评，在成效评价中，则将知识性的作业融进去，起到调控课堂的作用，这也体现了我们鼓励的"评价多元，响起掌声"。总之，课堂上我们关注"提出问题、亮出观点、绽出笑脸、响起掌声"。

我们的出发点不是考试和分数，但开放式的教学模式一经形成，学生的整体学业成绩是不会差的。学生的见识、格局、知识素养，都受到了各个中学的赞誉。这也印证了以学生为本的开放课堂的价值意义，使学生在轻松自由的环境中成长，因而让学生爱上了知识。我们构建的生本课堂，调动学生的主体发挥最大的作用，实现学生的自主学习、自主管理、自我成长。如果用一个字来概括生本课堂，我觉得依然是"爱"——放手时真心放权，让学生在知识的海洋中徜徉；该收手时也要果断，使学生的学习成果得到总结和确认。随着课堂边界和学科边界的打开，学校在戏剧教育、音乐教育、书画教育、科技创新教育、体育教育等方面结出了累累硕果。学生在爱中成长，教师在爱中进步，学校在爱中发展，家长在爱中满意，最后，社会在爱中认可了学校。

另外，随着国家出台"双减"政策，在我看来，构建育人体系，是为了培养更好、更多的人才，而不是学得越简单、越少越好。"双减"政策的推出是让孩子们学得更有兴趣，是在轻松活泼的学习氛围中学得更好、学得更多，最终是为了提高育人质量，培养国家的建设者，多出人才，出好人才。所以应该让学生学得更加有体系，学得更加有兴趣。而培养学生的兴趣，对学科的内涵提出了更高的要求。我们在中高年级教学中，提高了问题意识，老师带着问题进课堂，大家就亮出的观点进行交流碰撞，学生和学生之间能够互动起来。例如，基于一个话题，老师会提前列出任务清单，学生提前预习后在课堂上讨论，同时课后学生基于讨论所产生的新问题再进行探究，从而形成课前课中课后问题链延伸的教学方式。老师采用启发式、体验式的教学，课堂上有质疑声和辩论的声音，有孩子们绽放的笑脸，也有评价、有掌声。在作业设计上，我们做到了三个突破：一是突破作业的管理，二是突破课后服务的管理，三是实现家校共育的突破。在突破作业管理上，学校严格按照"双减"政策要求，在课堂上解决一部分作业后，一、二年级就没有课后书面作业，高年级的作业形式更趋向于综合性的作业。

例如，高年级数学课时作业包括"基础练习""综合运用""拓展探究"三个层面，老师会根据学生的学情给出建议,也适时引导,鼓励孩子挑战更高层面的作业。

再如,科学课作业尝试"生活中的科技"主题作业,各年级学生根据所学知识,围绕"科技与健康""科技与安全""科技与环保""科技与植物""科技与天气"等主题进行探究式作业。以班级为单位,以小组活动为形式,通过老师课上讲解、查阅网络和图书馆中的资料、咨询专业人员等方式,学生自选小的主题再进行深度的探究,利用画一画、做一做、说一说、写一写、拍一拍等方式将探究作业成果呈现出来,进行交流展示。

植物栽培主题的综合实践作业,覆盖一至六年级。学生在教师的指导下种植花卉和蔬菜,从播种开始,用图文的方式科学记录植物的生长过程。不是所有孩子都有成功的经验,六年级的小苏同学在作业分享时,就说这次种植经历对他来说太难忘了。他精心呵护着小苗的成长,但是有一天下大雨,结果小苗都被雨水砸坏了。他非常懊恼,懂得了每个小生命的成长都不容易,要更细心留意每个细节,要更用心。这对于学生而言不仅是一次劳动作业,也是一次生命教育。

再如,学生参与中国美术馆"为新时代人物塑像"作品巡展的讲解员活动,也是美术实践作业的一部分。学生需要做大量的准备,包括前期调研、资料搜集、文本撰写,这不仅是对孩子的爱国主义教育、榜样教育,也锻炼了孩子的语言表达、人际交往等综合实践能力。有学生成为"中国美术馆小志愿者""优秀小志愿者"荣誉证书获得者,31名学生被聘为2022年"中国美术馆在册小志愿者"。这也激励着学生们继续开展实践类作业,在实践中学习和收获。

我们将每周二定为学生自主日,学校和家长在这天都不留作业,而是由学生自己制订计划,自主安排。孩子们的积极性高涨,有自己给自己留作业的,有练琴的、跳绳的,有阅读的、写日记的,还有为家人做家务、做顿饭的。孩子们有的做银耳羹,有的做打卤面、炒饭,家长回到家后吃上孩子做的现成饭都特别感动。自主日的灵活性,给孩子们留了空间,充分调动学生的学习积极性和创造力。

分层、融合性作业越来越多,对于基础性、综合性、拓展性作业,学生可以基于自己的水平进行自主选择,同时老师也会根据不同学生的情况加以引导激励,并根据学生的整体选择进行作业难度的调整。

"双减"实施一学期以来,得到了很多家长的反馈。有的家长说:"这学期'双减'之后,孩子基本在学校完成作业,对家长来讲真的是一件幸事。尤其是分层作业的设计,让孩子写作业的压力减轻了,兴趣提高了。"还有的家长说:"'双减'是一份'时代的礼物',学校的老师们就是这份礼物的'派送员',借助'双减'政策的东风,家校携手帮助孩子养成良好的学习习惯和自我管理的能力,孩子必将走得更高、更远。"

"在教育过程中,一旦你忘记了你的学生是有血有肉的,那么你就会遭遇悲惨的失败。"[1] 苏霍姆林斯基也认为,教学不是冷冰冰地把知识从一个脑袋装进另一个脑袋,而是师生之间

---

[1] 见怀特海(Alfred North Whitehead,1861—1947)著《教育的目的》。

无时不在的情感交流。所以，未来的教育会更具情感性和互动性，未来的教师也应该增强自己的亲和力，努力成为学生的知心朋友，成为学生的成长伙伴，走进学生的心灵。在具体的教育教学过程之中，也是同样的道理，那就是教知识固然重要，但比教知识更重要的是唤起学生学习的热情，培育学习的兴趣，也就是激励学生的向学性，比强求学生学知识本身更重要。儿童鲜活的生命中总是涌动着各种自我生长的力量，优良的教育就是充分地激活这种力量，并把这种力量引导到合适的方向上。

爱因斯坦说："当在学校所学的一切全都忘记之后，还剩下来的才是教育。"我希望我们学校的课堂除了教授知识和技能，还要教给孩子们更多的比如素质的东西。那一定是汇集在学生身上的优良品质、高雅气质、良好心态和感恩的心，一定是追求真理的韧劲、克服困难的刚劲和待人接物的柔劲。

有这样一句话，常常在我耳边回响："教育之没有情感，没有爱，如同池塘没有水一样。没有水，就不成其池塘，没有爱就没有教育。"教师的爱不同于一般的爱，那是理智的科学的爱，是积极主动的爱，是包含了崇高使命感和责任感的爱。

所以，爱孩子的"正确姿势"应该是：信任、走心、真诚、平等、利他、包容、支持，为了让孩子好，可以心甘情愿付出自己的一切。

陶行知说："教育家之所谓真实，必然专注教育的动静，深爱教育事业，深谙教育情事。什么才是爱教育？就是梦魂牵绕、休戚与共、心心相随。"每年教师节，我们都会举行朴素

第四章 爱上课堂：让每一间教室都释放生命的情愫

的教师节活动。孩子们用一句祝福、一首诗歌、一个拥抱表达他们的心意。虽然秋天透着丝丝凉意，但当孩子们紧紧地拥抱我们的时候，我们心里总是热乎乎的，有的老师特别激动，还把孩子们抱了起来，举了起来。我们感受孩子们向我们传递的温暖、传递的祝福、传递的爱！与此同时，我们感受到的不仅仅是拥抱我们的孩子，他们欢呼雀跃，他们高兴鼓掌，他们开怀大笑，有的踮着脚，有的蹦来蹦去，有的挥着手……他们在关注着自己心目中的老师是不是得到了拥抱，关注着老师们是不是开心。这是孩子们隔空传递给我们的满满的爱啊！这些关爱仿佛让我们置身于爱的海洋中。每年另一个令我感到特别幸福的时刻，就是在举行毕业典礼时，我郑重地将毕业证书发到每个孩子手中，叫出每一个孩子的名字。我看到的是一个个绽放不同光彩的少年，他们那自信的脸庞、明亮的眼睛让我着迷，那一刻我感到自己是世界上最幸福的人儿！

第五章 在"一即多"的场域中：玩转属于自己的世界

我经常反思我们的教育。有些老师比较喜欢用最直接、最快速、最简单的方法告诉学生结果，以此提高教学效率，但关注受教育对象的主体性少了些。我们的教育往往更重视结果，我们也更偏重于成绩，而忽视成绩背后所掩盖的各种问题和使人成长的机会。

在我这几年的办学实践中，我很重视让学生有真实的实践和体验的经历，所以我注重平台的搭建，注重场域的建设，就是希望孩子们在这些平台上收获自己最真实的感受，收获属于自己那份独一无二的人生体验。

有一句古老的格言：一即多，多即一。在我看来，在"一即多"的教育场域中，玩转属于自己的世界，每个生命都能获得不止一个方面而是多方面素养的提升。

活动是学校教育重要的育人途径之一，是将学生的道德认知转化为道德行为的重要机制。学校活动蕴含着丰富的育人资源，学生在活动中不仅可以受到道德的浸润，还能得到诸多能力和品质的培养。活动，让校园的画面更有活力，让孩子的成长更有动感。学校的活动是以爱为统领的活动。在我看来，对于学校教育而言，除了国家统一安排的课程，以及依据自身学校特色开设的校本课程之外，还应该创新地开展一些符合学生发展需求的个性化活动。伟大的教育家陶行知提出"生活即教育"，主张"教、学、做合一"，而这些思想的实施主要依赖活动的开展。开展什么样的活动？以何种方式开展？以何出发点开展？这些都是测评一所学校教育质量的标准。

我带着老师们就朝着一所好学校之路迈进，牢牢把握住学生立场，以学生的利益最大化为标准，开展了许多系统并且符合学生成长规律的特色教育实践活动。

第一节 找到属于自己的"马兰花"

艺术是一种独特而美妙的表达方式，是人与人心灵沟通的桥梁。我不是什么艺术家，但作为一个普通人，我也追求艺术、欣赏美。正如蔡元培先生所言："美感者，合美丽与尊严而言之，介乎现象世界与实体世界之间，而为之津梁。"[1] 我也希望像蔡先生那样，做一个虔诚的美育倡导者。作为一个未来社会的公民，我们不能只会学习和工作，还要懂生活、会审美、有情趣、有品位。

这些年，我们学校得到了社会和家长的认可，关键在于

---

[1] 见蔡元培《对于新教育之意见》，刊于《民立报》1912年2月10日。

抓学校特色，其中一个便是艺术教育，比如戏剧教育、美术教育、音乐合唱教育、京剧、曲艺、舞蹈等。众所周知，艺术教育在整个素质教育中占据重要位置，对于提高儿童审美修养、丰富精神世界、培养创新意识和促进全面发展具有其他教育学科所不可替代的作用。在我看来，小时候培养的想象力或者艺术思维极其重要，思维得到健全发展，成人之后才能有更多奇思妙想的创造力。

最初，做艺术教育的阻力还是有的。有时候是艺术教育挤压了文化课的学习时间，活动搞起来，有些孩子给予主科的学习时间便没有那么充裕了。这个时候，一些教师是有意见的，有些干部有时候也不理解。这就是人才观的问题，所以我就跟大家解释学校办学理念"让每一个生命绽放光彩"的真正含义。

一件事，不是说校长有权就能做好，而是让大家感觉确实是这么一回事，事实比说什么都管用。孩子们置身于艺术教育中，不光专业技能提升了，更重要的是综合素养也提升了，文化课更没落下，反而越来越好了。家长认可了，老师认可了，教委领导也看到了，所以都支持我们做艺术教育。

2018年9月召开的全国教育大会上，习近平总书记提出要培养"德、智、体、美、劳"全面发展的社会主义建设者和接班人。美育无疑是学校教育的重点内容。2015年，国务院办公厅发布《关于全面加强和改进学校美育工作的意见》，提出要开齐开足美育课程，其中戏剧作为单列的课程内容第一次被国务院正式提出来。

第五章 在"一即多"的场域中：玩转属于自己的世界

"戏剧"何以有这般魅力？戏剧教育被视为一种"全人教育"，学界普遍认为，戏剧表演可以让孩子成为一个更全面、更完整的人。

1934年，曹禺先生发表了震动中国文坛的剧作《雷雨》。第二年，老育英学校的新剧社成员就把《雷雨》搬上了舞台。据校史记载，当时此剧除在家长会上演出外，还在校外售票演出，在东四社交堂就接连公演了三天。

育英、剧社、戏剧、生本……当这些概念进入我的脑海，一个灵感突然涌现出来：既然戏剧课程对学生综合能力的培养能起到意想不到的重要作用，为什么不用戏剧这种形式来培养我们的学生呢？我们把戏剧课程作为培养学生全面能力提升的切入点之一，不也是对学校历史的传承和发展吗？我开始沿着这些思路，寻找适合孩子们演出的剧目，开始将目光投向我们学校的邻居——中国儿童艺术剧院。

在美丽的马兰山，生活着一千五百岁的树公公和一群可爱的小动物。它们最喜爱的人是马兰花的花神马郎。在一个马兰花开的日子，勇敢的马郎搭救了上山打柴坠入山崖的王老爹，并托他把一朵神奇的马兰花带给他的女儿。懒惰的姐姐大兰看不起这朵野花，妹妹小兰接受了它并与马郎成亲。大兰十分嫉妒，恶毒的老猫唆使大兰带它潜入山林，杀害了小兰，夺走了马兰花。马郎在山林中朋友的帮助下把老猫推下悬崖，救活了小兰，马兰花重新回到善良的人们手中，小兰和山林中的动物小伙伴又过起幸福安宁的生活……

这就是著名儿童戏剧家任德耀先生写下的马兰花的故事。话剧《马兰花》在原作基础上进行了改编，1956年6月由中国儿童艺术剧院公演，至今有60多年的历史，是中国儿艺的保留剧目。

故事的主人公马郎、小兰以及马兰山上的小动物们勤劳勇敢，依靠自己的双手去劳动，创造幸福的生活。故事包含了社会主义核心价值观中所提倡的诚信、友善、和谐、文明等核心价值。因此，我们希望孩子们不仅能享受戏剧表演的快乐，更能在参演及观演的过程中学习到勤劳勇敢、诚实友善的优秀品质，践行并弘扬社会主义核心价值观。这部儿童音乐剧在我看来并不仅仅是一部剧，我认为它更像是一部蕴含"真、善、美"的教育片，更像是一种文化现象。"马兰花，马兰花，风吹雨打都不怕，勤劳的人儿在说话"，坚韧、勤劳等优秀的品质自古就在中国人视域中并且著称于世，历经岁月沧桑，依然经久不衰，依然焕发着时代的生命力，这也是经典的魅力所在。

我不由得想起国际21世纪教育委员会在向联合国教科文组织提交的报告中指出："教育是社会的核心……教育在社会发展和个人发展中起基础性作用。"儿童是祖国的未来、民族的希望，如果通过我们的教育、我们的舞台在孩子们心中播下真、善、美的种子，不是更能让这朵"马兰花"常开不败吗？不是更加可以让我们的社会始终闪耀着真善美吗？想到这

第五章 在"一即多"的场域中：玩转属于自己的世界

里，我更加坚定了为孩子们排演《马兰花》的决心。

春节前，我带领四个德育干部来到中国儿童艺术剧院，面对院长、副院长，还有演出部的主任，直接说明来意：让戏剧教育进入学校，让美育蓬勃发展，让真正的艺术之花在学校扎根，我们要学演经典剧目《马兰花》。

众人听罢都瞪大了眼睛，面面相觑，沉默了许久。这可是一个系统工程啊，剧本、舞美、服装、道具，要花大量的时间和资金，艺术上的要求也很高。对院方而言，他们心中只有一个衡量标准，那就是"专业"。一个传统的经典剧目不会轻易交给他人，更何况是一群孩子。院长提出两个问题：第一，《马兰花》是音乐剧，你们能做到吗？

我不敢说能做到，但可以试试，学校有合唱团，是北京市金帆合唱团。但在当时合唱团处于低谷，好在基础扎实。我决定录唱，事先由合唱团录好唱段，配合台上的表演。无论是现场演唱还是录唱都是表演形式，只要不影响舞台演出效果即可。我极力请求儿艺的专家们帮助我们排演。现在想起来，那个时候自己认准的事情，九头牛也拉不回来。

院长感觉到我有很多想法，而且态度坚决，于是提出第二个问题：你们有钱吗？一台音乐剧从舞美、服装、排练到正式演出，至少要近百万元经费。

院方看到学校的真诚想起文化部有一个"深扎"项目，就是文化单位要深入扎根基层，扶持基层单位或是民间团体投入到文化事业当中。中国儿童艺术剧院可以将学校作为深扎对象进行一对一帮扶。副院长和演出部主任看着院长，用目光征求他的意见。院长沉思片刻，同意以 50 万元来排演此戏。

我一拍桌子："50 万，我们出了！"

可是，我没有 50 万，却要做 100 万的事情，这如同一场革命。我的初衷根本就不是钱的事，戏剧教育引入校园就是为了体现它的价值，是一种无形的文化价值，这种价值无法用金钱衡量。2014 年 7 月，我校成为北京市"高参小"（高等学校、社会力量参与小学体育美育发展）项目校。我们与中国儿艺终于得以合作，共同打造一出戏剧，我一下就想到了小时候耳熟能详的《马兰花》。

事情并不像我想象的那样顺理成章，各种艰难迎面而来，虽然有一些思想准备，但还是有些猝不及防。要想成功排演音乐剧《马兰花》，首先要解决音调问题。现有的音调是成年人的，孩子唱不了，于是就请专业的编曲老师修改，调整为童声。台词以简约为主，符合孩子的说话习惯。剧院提供的服装都是成人版，儿童版服装由学校定制，并负责导演的费用。由于剧院把舞美和灯光都包了，费用自然降低了不少。

最大的难题是小演员。孩子有学业上的任务，经常是只能利用放学后或者周末进行排练，内容包含背台词、练形体、舞蹈动作。一台音乐剧时长 100 分钟，一个孩子体力跟不上，就无法完成。如此高强度、辛苦的训练，对孩子来说是体力和精力上的巨大挑战。所以，剧中人物都选用两位演员上台，一个演上半场，另一个演下半场。这样一来，也可以让更多的孩子参与到活动中来，亲自体验，亲身感受，共同成长。2015 年 1 月，我们开始筹备学演《马兰花》活动，各校区报名参演

第五章 在"一即多"的场域中：玩转属于自己的世界

的学生累计200余人。经过几轮筛选，最终确定了120余人参与演出和配唱。这部经典音乐剧，让孩子们演整本剧难度很大，但中国儿童艺术剧院非常给力，他们将剧本尤其是其中的音乐进行了改编，使音域和旋律更适合学生演唱和发挥。从3月中旬开始，我们正式投入训练。在排演中，学生们的感受最有说服力。"乖猫"演员绍博说：

> 我被学校经典童话音乐剧《马兰花》剧组选中，饰演剧中有着大量武术翻滚动作的乖猫一角。我虽然有着不错的武术功底，但表演却是"零基础"。一开始，我的吐字不清晰，总是"吞字"，也没有情感，怎么也达不到要求，我非常着急。老师告诉我："不要急躁，要放松，多练习。"在场上我用心学习体会，没有我的台词时，我也不懈怠，在场下观摩，暗暗记下要领，反复练习。就这样我在台词表达上渐渐找到了感觉，得到了大家的认可。在剧中，我饰演乖猫的角色有大段大段的舞蹈，其中翻、滚、跳的动作特别多，每天排练下来要翻滚十几甚至几十次，有一天下了排练场，妈妈无意中碰了一下我的腰，我霎时感到一阵剧烈的酸痛，眼泪扑簌簌地落下来。妈妈查看过后，发现我腰椎突起处因为反复翻滚动作，被压迫出三块瘀青，心疼地对我说："儿子，这两天跟老师请假别练了，休养一下，若是继续的话，伤势会加重的。"我坚定地说："不行，我不能因为自己耽误排练，影响集体。教练说过，要想成功就一定要坚持，我

不怕受伤和受苦。您放心,我以后会注意保护自己的,您给我每天喷些药就好。"每次我遇到困难、难以突破自己的时候,脑海里总有一个声音在提醒着我:不能轻言放弃,只有坚持才能成功!

"小熊"演员晓美说:

这部剧展现了什么是"真、善、美",歌颂了善良、勤劳、勇敢等美好品质。就像老师所说的一样,学演戏剧,就是在学做人,大兰的懒惰和自私,小兰的勤劳善良,形成鲜明的对比,值得我们去深思……我们从刚开始的模仿到现在能融入其中,中间经历了多少?一次次的排练,一次次的努力,一次次挥洒汗水……才成就了现在的《马兰花》,精彩绽放的背后有多少心酸和汗水,真是台上一分钟,台下十年功啊!我坚信,一分耕耘,一分收获!

"小礼物"演员小博雅说:

在参加《马兰花》的彩排过程中,我被分配在礼物舞组进行表演,我学会了一些新的舞蹈动作。在排练的过程中,我觉得集体配合很重要,同学们都要按照老师的要求,在指定的位置做出规定的动作。我还看到高年级的哥哥姐姐能那么熟练地背出大段大段的台词,真不

第五章 在"一即多"的场域中:玩转属于自己的世界

容易啊。我想他们肯定是重复练习了无数次,才能表演得那么出色。通过参加《马兰花》排练,我体会到了做任何事情都得付出努力,否则什么事情都做不好。

学生们经过参与而获得的成长弥足珍贵,这些真挚的话语充分说明,活动中的教育资源是异常丰富的,打造《马兰花》实现了我们"活动中育人"的初心。

2015年6月5日,学校各校区小演员携大型经典童话音乐剧《马兰花》登上中国儿艺的舞台,轰动一时,并随后多次公演,在北京市成为"现象级"的学校活动。演出时,我就站在侧幕,手心里捏了一把汗,感觉100分钟的演出如同一百年一样漫长。演出刚一结束,全场就掌声雷动。我依旧站在侧幕,看着台下的观众、领导、媒体记者,内心久久不能平静。经过媒体的争相报道,仿佛一夜之间,戏剧教育就成了学校的特色课程与硬核项目。这背后不知师生付出了多少辛勤的汗水呀!

时任中国儿艺院长尹晓东评价孩子们的演出时说:"专业的人员排演这部戏也要七个月的时间,真想不到,我们的孩子仅用了三个多月就表现得这么好!孩子身上蕴藏着巨大的潜能。"

嘉宾赵平在演出后评价:

> 为今天的演出成功点赞!我周围的人也在真诚地赞许。我激动地流下了眼泪,为团队点赞!《马兰花》起

到了这个作用,润物无声地将诚信、友善、和谐的理念传到了孩子的心田,同时也传递给家长。

钢琴即兴演奏家陈一新在《马兰花》演出后也不由感叹:"由衷地祝贺!学生得到全面开放的成果,这也是我一直呼吁、追求、实践的目标!在我擅长的领域,我愿意无私地帮助你们!"

看着这一幕幕感人的瞬间,听着这一段段赞扬的话语,我的眼睛湿润了,又回想起当初请求专家指导、排演《马兰花》到演出成功的艰辛。这一切的付出和努力,在看到孩子们绽放的笑脸时,我觉得都值了。

这次我们学演的少儿版《马兰花》也受到了社会各界的热切关注。其实我们的初衷并没想追求专业性,而更多的是体验与成长,但通过大家的共同努力,我们呈现了一台非常专业的音乐剧演出,中央电视台、北京电视台、北京日报、北京晚报、新华网、人民网、中国教育网等多家媒体进行了跟踪报道。

从2015年起,《马兰花》五年五度公演,不仅成为北京国际儿童戏剧节闭幕式的剧目,还是北京市校园剧优秀展演季剧目,并远赴新加坡,在新加坡中国文化交流中心公演,同学们不仅作为文化小使者参与多元文化交流,更重要的是为讲好中国故事,传播中国文化做出了贡献。

学演《马兰花》让孩子收获的不仅仅是一台戏剧的表演经验,更是在亲身经历中受到教育的洗礼。戏剧节促进了孩子们的自主管理、自主发展,在提升学生艺术修养的同时,提高了学生的综合实践能力，也在一定程度上扩大了戏剧教育的覆盖面，发挥了普及作用。这也是我们学演《马兰花》的目的。在排练过程中，为了台上的一句台词、一套动作、一个站位，孩子们清晨排演，课间练习，晚上还坚持训练到六点多钟。虽然只是孩子，但他们牢牢记住了那句"马兰花，马兰花，风吹雨打都不怕"，展现出了坚韧的意志品质。

在排演少儿版《马兰花》的过程中，孩子们增强了自信，变得更加乐观向上，更加懂得感恩，懂得先付出才会有收获：每一个孩子都通过《马兰花》绽放出了属于自己的光彩。

苏格拉底所期待的理想教育，就是要让普通人的爱好，或者说日常生活中的爱转向"好的事情""好的东西"。在这个意义上，好的教育，其实就是充分地激发人对"好的事情""好的东西"的爱，不断去寻求"好的事情""好的东西"，发现"好的东西"。从苏格拉底到柏拉图，一直到夸美纽斯，其中传递下来的基本教育信条就是，人的灵魂之中潜藏着美善的种子，教育就是把这粒种子引发出来。在我看来，我们做教育，要以爱为底色，以多种多样的形式开展，以美好的姿态呈现，最终实现立德树人，达到德行的发展与人格发展的统一，使教师与学生彼此成长与收获。

这，就是价值！

一部音乐剧远远超越了100万的金钱价值！

文化自信又远远超越了一部音乐剧本身的价值！

2018年，我校"小小马兰"剧社通过评审被授予"北京市金帆艺术团"称号，被认定为金帆话剧团。

"小小马兰花"的成功,得益于北京市"高参小"项目搭建的平台,得益于东城区相关领导和老师的帮助,也得益于中国儿艺的领导及专家老师的鼎力支持,是家、校、社共同的关爱促成了活动的成功,是戏剧教育给了孩子们一个平台。孩子们有机会追求心中的艺术梦想,让他们在艺术的舞台上光彩绽放,用我们老师的话说,就是"给个平台,我们就光彩绽放"!

　　活动成功了,大家沉浸在胜利的喜悦中。这时,不论参与者还是未参与者,内心都有了继续创作的冲动。此时的我,在高兴之余,还在思考一个问题:能够将一个品牌活动"一炮打响",固然可喜。然而,如何避免形成表面繁荣却基础不牢的"泡沫",如何既积极又稳妥地将品牌活动推向深入、推向未来,这些都需要静下心来,仔细研究,做好复盘,总结规律,形成文化。

　　"成功的花,人们只惊艳她现时的明艳。然而当初她的芽儿,浸透了奋斗的泪泉,洒遍了牺牲的血雨。"[1]这是冰心先生的话。细细想来,灯小"马兰花"一路坎坷,成功并不容易。在它成长的路上,经费不足有之,演员缺乏有之,冷言冷语也有之,所幸,我们克服了。它的成功,包含着上级文件精神的指引,包含着对美育教育的理解,包含着对学校深厚历史的敬畏,包含着学校发展的顶层设计,同时也包含着敢为天下先的勇气。

---

[1] 见冰心著《繁星·春水》。

第五章 在"一即多"的场域中：玩转属于自己的世界

什么最能够影响他人？是行动。当一个人有了百折不挠的决心，并且义无反顾地付出努力的时候，上天也会帮助他。统一了思想，共谋、共识、共创、共享才成其为可能。通过人影响人，达到人教育人，最终实现人爱人。

来不及喘口气，我们趁热打铁，携手中国儿童艺术剧院，大力开发戏剧课程，相继开设了"形体舞蹈、表演基础、剧本赏析、英文戏剧、即兴表演"等课程，分为必修和选修两种形式，还有相关社团课程，同时开设了"走进剧院观剧"和"在剧院内跟剧组"的跟岗课程。五年下来，我们开设的戏剧课已达一万多节/次。

在课程研发的基础上，学校还定期开展"校园戏剧节"活动，倡导"班班有剧社、人人都参与"。学生全员参与，舞台上演出的是小演员，台下的是小剧作家、小导演，是策划、剧务、海报设计师、戏剧节标志设计师等。渐渐地，我们的戏剧课程就是排演的过程，课堂就是剧场的舞台，学校形成了浓厚的戏剧文化氛围。

学演《马兰花》，我们还采用了学科联动的方式，使《马兰花》在灯小处处绽放。结合学校开展的排演儿童剧《马兰花》的中心工作，多学科围绕《马兰花》开展学科的联动活动。语文学科以阅读《马兰花》为主题，"马兰花，马兰花，风吹雨打都不怕，勤劳的人儿在说话，请你马上就开花"的经典台词在孩子们中广为传诵。各班还利用语文阅读课和升旗仪式等形式请孩子们讲《马兰花》的故事。中、高年级利用阅读课程进行《马兰花》剧本的阅读分享，中年级学生学习童话创作,《手机辩论赛》《争吵》《苹果与鸭梨》等童话故事跃然纸上。高年级学生选择自己喜欢的《马兰花》中的人物,学习写人物评价,美与丑、善与恶、真诚与谎言在孩子们的笔下和心里越发清晰。

音乐学科以"传唱《马兰花》之歌"为主题,每个班级利用音乐课学唱《马兰花》主题曲,在表演现场,学生们与台上的小演员们齐声歌唱,互动相融。美术学科则围绕"我心中神奇的马兰花"为主题,低年级的孩子们结合《马兰花》中自己喜欢的人物、喜欢的情节进行绘画创作,一幅幅鲜活的儿童画,虽显稚嫩,但表达了孩子们对美的欣赏与赞美,中、高年级学生绘制《马兰花》儿童剧演出海报,一经展出,便吸引众多学生驻足欣赏。

我们找到了"戏剧"这个切入点,以戏剧为抓手,让"艺术绽放人生"的理念深入学校每一名学生的心里。通过海报展、学生感想作文等学科联动的方式,扩大戏剧教育的影响力,让每一名学生参与进来,这也是学校办学理念"让每一个生命绽放光彩"的有力践行。孩子们的身上潜藏着巨大的能量,学校就是给他们一个平台,让他们享受优质、均衡的教育,助他们绽放。

随着特色戏剧教育的开展,我们还将课堂不断延伸到更多、更大的舞台上。戏剧教育的影响力不仅仅在校园里,更延伸到了孩子们的社会实践活动中去。丰富多彩的戏剧课程的研发,不仅有利于学生的成长,还在于学校搭建了舞台、创造了机会,让孩子们到舞台上去讲中国故事,让世界听见中国少年

第五章 在"一即多"的场域中：玩转属于自己的世界

的声音。

继《马兰花》在儿艺成功上演后，2015年8月，由我校11名学生参演的中美合作全英文儿童音乐剧《公主与豌豆》也在儿艺上演，成为第五届中国儿童戏剧节重要剧目之一。此次活动是中美人文交流和艺术合作的硕果，更得到了中美两国政府的大力支持，还列入"2015年第六轮中美人文交流高层磋商联合成果清单"。

我校参与这次演出的小演员中有10名学生也是少儿版《马兰花》的小演员，他们有着《马兰花》的舞台经验，又经过中美双方导演的精心指导，把充满童真、童趣的表演发挥得淋漓尽致，给观众们带来了意想不到的惊喜。

灯小的孩子们全英文参与演出，用音乐和表演配合的艺术形式为大家演绎了精美的童话故事。时任美国驻华大使马克斯·博卡斯先生称赞我们的孩子：

> 演出非常精彩，孩子们的英文台词讲得真好，超乎想象。这次演出促进了中美两国的文化交流，非常有意义。孩子们就像一个个文化使者，传递着中美两国的友谊！

此后，我们的小演员又远渡重洋，去美国蒙大拿州开展为期12天的戏剧文化交流表演。这出经典童话剧在孩子们的演绎下精彩纷呈，流利的英文、丰富的表情，灯小的孩子们仿佛化身成童话里一个个古灵精怪的角色。子苏同学表演的假公主，每一个眼神、每一个动作都能瞬间把观众带到情境中，引得大家哈哈大笑。遥遥、岳霖扮演的小精灵真如精灵一般，他们一出场就掌声不断。

中国儿艺杨成导演评价说：

> 小演员太厉害了，学校都是怎么教她们表演的？你看子苏同学，她简直是个影后，永远能沉浸在自己的角色中。

同行的其他老师也激动地说："遥遥、岳霖这两个小精灵演得太棒了！""这三个孩子带给了舞台与观众很多欢乐！""孩子们真的用心研读剧本，努力揣摩人物性格，在舞台上展现了自我！"美国团队的指导老师汉娜说："岳霖（Blue）……他精神总是很集中，每当我在台上和他对视他都会和我眼神交流，是个很好的舞台伙伴。遥遥（Anne）……她很欢闹，很有趣，也很有能量，能把人物演活。子苏（Suzi）表演得非常到位，夸张但不过分，人物表演很丰富……"

2016年起，我们开始尝试创编剧目。最初，师生合力创编了音乐剧《爱的烦恼》。这个题材来源于学生真实的生活。调查发现，我校的二孩家庭比例约占25%。当今社会独生子女多，一个孩子集万千宠爱于一身，存在性格较孤僻、团队意识较差之类的问题。生育政策放开后，原本对老大的关爱被老二"剥夺"。怎样在关爱老二的同时不让老大受伤，是当代家庭共同面对的话题。每个小家庭发展好了，来自每个小家庭的孩子能够身心健康地成长，这个社会才会更稳定，这个国家人才发展才更有后劲。围绕社会热点"二孩"的话题,师生参与创作并排演。孩子们在参与创作、排演和观演的过程中完成了自我教育,学习分享爱和付出爱。

这部原创剧不仅在北京公演,我们还送戏到天津,演给当地的小朋友、家长、老师们观看,不少观众看了这部戏后感动得落泪。有位嘉宾说:

> 本想看一会儿就走,结果一直看到结尾,我已经热泪盈眶,泪流满面。什么是素质?善良!什么是素质教育?引导学生向善。这是素质教育的核心,这部剧充分表达了这一点。表演形式这么现代,对演员的要求也更高,但孩子们竟然完成得这么好!

还有的说:

> 此剧不是高大峻冷的题材,选择"二孩"现实,展示了小同学的心路历程,爱有烦恼,也有幸福,用身边事培育孩子心灵,这是真实的教育。

这部原创剧,不仅提升了孩子们的综合实践能力,更充分体现了少年儿童的社会责任。

值得一提的是,学生参演的过程就是成长的过程,也是自我教育的过程,排演剧目背后的感人故事数不胜数。

记得 2015 年 6 月,在《马兰花》首演之后,我们召开阶段总结会,以"漫谈《马兰花》"为主题。会议首先播放了北京电视台对少儿版童话音乐剧《马兰花》的报道,老师们再次了解了"高参小"项目的背景以及我校携手儿艺上演少儿版《马兰花》的盛况。家长代表聊起了生活中的《马兰花》小演员们。会上分享了一个一年级小同学的日记,他因为年龄小,在《马兰花》中就扮演和合二仙之一,整台戏戴着大头娃娃的头套,不能露脸;40分钟的戏,出场也不足2分钟,但每次大联排都必须全程参与,常常跟着哥哥姐姐们排练到深夜。他在日记中写道:"今天我又参与联排了,回到家已经10点多,爷爷看着我说:'你别太认真了,其实你就是个跑龙套的。'我对爷爷说:'不,爷爷,我很重要,这个角色只有我一个,没有B角,没有我,这台剧就演不了了。'"家长们说:作为家长,我们真的深深被《马兰花》这部剧感动,为学校和老师们的努力付出和教育而感动、感谢,孩子身上的责任感也引导着我们学做人学做事。

《马兰花》第一版的小演员马郎分为AB角。A角其实是个小女孩,叫小欧,留着一头乌黑的长发。在排演的时候没什么,等到了要带妆彩排的时候,剧中的马郎是要戴上头套和头饰的,但小欧头发太长太多,根本戴不上。导演说,没办法,必须剪短发。小欧听到时哭了,虽然很舍不得,但到了带妆联排的当天晚上,她带着一头利落的短发出现在剧场。老师问她:"哟!剪短发啦!"小欧眼眶红红的,却笑着说:"为了大家,为了集体,我没什么。"

剧中王老爹的扮演者是三年级的小同学,他说:"我没有

第五章 在"一即多"的场域中:玩转属于自己的世界

舞蹈基础,发音也不是很准确,但老师没有放弃我,依旧对我信心十足,一遍又一遍地耐心辅导我,让我增强了自信!"

遥遥是几个主角中年龄最小的孩子,是小鸟的扮演者,为了赶上哥哥姐姐,她自己在家里训练,用她自己的话说:"不仅要动作标准,表演准确,更是要演活这只活泼灵动的小鸟。"通过刻苦训练,她真的演活了这只小鸟。尤其是剧中有一段情节是小鸟被老猫害死,变成了苹果树,不能说话,只能用眼神与马郎交流。这一段让台下无数观众动容,每当演到这里,都有观众在默默抹眼泪。《北京日报》的记者看完了整场演出后,激动地对我说,只有心灵纯净的孩子才能演绎纯洁的"小鸟",要做"小鸟"的专访!

为什么孩子们对《马兰花》如此痴迷与热爱?这就是教育的力量。在戏剧活动中,学生耳濡目染,会将剧中人物的性格特点内化为自己人格、性格上的优势。这有助于学习方式及感知世界方式的提升,也有助于理解他人的同情心的培养。综合来看,戏剧有助于学生综合能力的提高,是全人的成长。孩子们通过戏剧教育收获了太多,行内人说"没有小角色,只有小演员",孩子们未来可能没有几个人会成为演员,但他们的这段独特经历,将伴随着他们一生。这正是活动教育的力量,让孩子们在活动中成长、收获、绽放。

这世界上存在着多种多样的力,其中最容易被人忽视的,便是知识的力量。"人有知学,则有力矣"[1],"萧何入秦,收拾

---

[1] 见东汉王充著《论衡》一书。

文书，汉所以能制九州者，文书之力也。"①有些事本身好像不产生任何效益，但它是那些直接产生效益的事业赖以存在和发展的基础。"故事或无益，而益者须之；无效，而效者待之。"②教育便是这样一种事业。"夫道无成效于人，成效者须道而成。"③在我看来，有时候，教育对于改造社会的作用是巨大的。

有一件事，让我记忆犹新。有位我校的学生，已经上高中了。那天放学路上，他扶起了一位摔倒的老人，立刻送到医院，还垫付了1000多元的医药费。男同学在医院等候老人家属时，电视台的记者却先一步赶来。他面对摄像机镜头没有显得手足无措，尽管记者的提问明显很刁钻，他的回答却是铿锵有力："不是敢不敢扶，是应该扶！"他救助老人时没拍照、没录像、没打电话报警，围观者担心他被老人讹上，因为事发当时正值"扶不扶"的社会话题热议之时。然而，他毫不犹豫地这样做了。消息传到小学，那一刻，我很自豪！这位男同学名叫新阳。

我记得那是2014年3月，那时灯市口小学优质教育资源带刚刚成立，新阳同学成为灯市口小学东高房校区的一名学生，并因此与戏剧结缘，放飞艺术梦想。2015年我校首届大型童话音乐剧《马兰花》在中国儿童艺术剧院上演，他成为剧中"马郎"的扮演者。"马兰花，马兰花，风吹雨打都不怕，

---

① 见东汉王充著《论衡》一书。
② 同上。
③ 同上。

勤劳的人儿在说话……"当时还是少年的他在学演过程中体悟着"马兰花"精神，让团结、友善、勤劳、勇敢等价值观深深扎根在心中，并不断引领着他自我成长、自我发展。饰演马郎一角，勤劳勇敢、正直善良是这部音乐剧的主题，也是中国的传统美德，加之"明德、致知、力行"的校训时刻伴随左右，使得孩子铭记于心。他从学校毕业已经好几年了，没有人在他耳边天天念叨，他为什么能做到？我想，应该是这些正能量的教育养分已潜移默化地融入他的身体里、血液中，才会有今天的果敢与大爱。

新阳同学当时不仅是戏剧社的一员，还是学校打击乐团马林巴演奏的"实力担当"。在小学阶段奠定的扎实基础上，凭着他对艺术执着的追求和刻苦的训练，升入中学后，他仍然坚持练习马林巴，并成为中学金帆管乐团的一名马林巴手，在艺术殿堂里绽放光彩！

我不禁感慨，当年舞台上的小小"马郎"已成长为一个善良仁爱、乐于助人的新时代好少年，让"马兰花"绽放出了时代光彩，让中华传统美德播撒到了每一个人的心中，让整座城市更加温暖。

教育是点亮，教育是唤醒。在"让每一个生命绽放光彩"的办学理念引领下，我们坚持"立德树人"的教育初心，一代代教育人承担着"传播知识、传播思想、传播真理，塑造灵魂、塑造生命、塑造新人"的时代重任，不断"点亮"每一个生命。新阳同学是一个缩影，在他的背后，我们看到了秉承着"明德、致知、力行"校训的少年们！榜样带来的力量是强大的，更具有无穷的激励性。愿少年们都能从这位优秀的学长身上，学会做人的道理，收获追逐梦想的勇气，在未来的人生道路中，都能谱写出属于自己的成长之歌！

在现代社会中，教育已经成为一个处于先导性、全局性和基础性地位的领域。我们应该关注并强调教育的社会责任，早在1896年梁启超先生就指出："亡而存之，废而举之，愚而智之，弱而强之，条理万端，皆归本于学校。"[1] 教育功能发挥得如何，取决于我们对教育所肩负社会责任的自觉意识的程度，取决于我们主观努力的程度。我们的教育理应成为推动社会进步的前进力量和思想先导。我们的教育如果培养出千千万万个"新阳"，那么我们的社会必定皆是美好。只有一个好的社会，一个公正、和谐、民主、文明的社会，才可保证我们个人的幸福。

我作为一名教育工作者，不见得要培养多少高分的学生，而是要培养更多在品行方面有担当、有责任感和使命感，对社会有用的人。每次开家长会，我都会主动跟家长沟通，你们要培养什么样的人，我们要培养什么样的学生，学校和家庭要达成共识。所以，我觉得一个学生对社会是否有用很重要。培养孩子有一颗爱心是学校应该为他们涂上的底色。

我现在都还为孩子们的表现而感动。有人说，身体不能到的地方，灵魂可以触及。舞台上的他们，像一个个小精灵，怀揣着自己视若珍宝的小心思，轻轻悄悄来到旷野，来到溪水

---

[1] 见梁启超著《变法通议》。

第五章 在"一即多"的场域中：玩转属于自己的世界

边，来到草地上，放飞一地的鲜花烂漫，在自己的世界里，肆意而为，可以癫狂，可以娇嗔，欢喜的种子长了翅膀，你与我一同喜悦。天地玄黄，宇宙洪荒，在世人眼中平凡的我们，依然可以用自己小小的心脏承载挚情挚爱，也可以用一双眼看尽大千世界。

我们常说，每一个孩子都是独一无二的天使，这句话听着像诗，却直达教育的真谛。都说要"让孩子站在正中央"，此话说来容易，但怎样给孩子搭建平台和舞台，这才是教育者的着力点。这里起作用的还是爱——如果没有爱，就不能信任地让孩子站在中央；如果没有爱，就不能关注到孩子每个细小的表现。学校开展的戏剧教育，让孩子们释放自己、发现自己，学会学习，绽放人生。可以说没有戏剧教育，学校只是教室，有了戏剧教育，学校就是生活的殿堂！美哉戏剧！壮哉人生！在这场"大戏"中，每个孩子都得到了成长与锻造，对于人生有了新的认识和体悟。孩子们被引领着透过自己的眼睛去观察，利用自己的心灵去感悟，用自己的语言去表达，使得每个孩子努力成为一个真正的人，成为他自己，成为一个不可替代的、立于天地之间的大写的人，都找到属于自己的那朵"马兰花"！我相信，孩子们现在能够自信地站在戏剧的舞台上，未来必能驰骋在各自人生的大舞台上，更好地"诠释"他们的社会角色！此刻，我又想起肖川教授对于教育的论述：

好的教育一定能够给无助的心灵带来希望，给稚嫩的双手带来力量，给迷蒙的双眼带来清明，给孱弱的身躯带来强健，给弯曲的脊梁带来挺拔，给卑琐的人们带来自信。而一个拥有希望、力量和自信的人，最有可能成为幸福生活的创造者和美好社会的建设者。

一部《马兰花》，成就了很多人，也造就了很多人，并持续发挥它多方面独特的育人效应。我在意的不是孩子们掌握了多少演戏技能，而是在戏剧的"场域"中，体悟更多人生的道理，养成自身完善的人格，找寻到更好的自己！我觉得我们的戏剧教育真正发挥了它的教育价值，助力每一个孩子成为这个社会幸福生活的创造者和美好社会的建设者。

第二节 "小小金嗓子"放歌国家大剧院

合唱作为一项"团体项目"，无疑起着较强的艺术普及作用，除了人人都能开口唱，学校金帆合唱团更是唱出了水准。合唱这种艺术教育形式渗透、融入教育全过程，以孩子喜闻乐见、优美的形式呈现，核心是倡德，达到立德树人的教育效果。

思想家柏拉图曾说："音乐教育除了非常注重道德和社会目的外，必须把美的东西作为自己的目的来探求，把人教育成美和善的。""艺术绽放人生"一直是我主导的教育理念，而合唱作为学校艺术教育的重要组成部分，起着非常重要的艺术普及与育人功能。因此，我们发挥金帆合唱团的引领作用，提倡

第五章 在"一即多"的场域中:玩转属于自己的世界

"班班有歌声,人人开口唱",引领孩子们学会用艺术的眼光看世界,塑造高尚的艺术情操和道德修养,立志为祖国培养出内心宁静、乐观向上、适应社会、合作创新、智者仁心的人。

2015年7月,学校金帆合唱团远赴欧洲参加德国第九届约翰·勃拉姆斯国际合唱比赛暨音乐节和奥地利2015第六届世界和平合唱节。作为校长,我也跟随演出队伍,相伴他们而行。我的陪伴,让师生们兴奋不已、动力满满,确切地说,我与金帆合唱人的感情从这时开始真正地深厚起来。7月15日,经过一整天的飞行,我们抵达了美丽的德国小镇韦尼格罗德。7月16日一早,孩子们顾不上欣赏美丽的小镇风光,就投入到了紧张有序的排练中。在清晨德国小镇的花园里,孩子们进行练声、排练,每一句唱腔,每一个动作都力求到位。上午,我跟随孩子们来到韦尼格罗德会议中心,进行此次合唱比赛G1儿童合唱团组别的彩排。根据比赛主办方的安排,每个合唱团只有10分钟的时间进行走台和彩排。48名小团员要在短短10分钟内完成排队进场、上台、走位、摆道具、试唱、调整声音、谢幕并顺序退场,不是件容易事儿。但孩子们从进入会议中心开始就十分安静、有序,听从老师的引导和安排,迅速就位,展现了中国学生大方、大气的气质。他们与指挥老师和钢琴伴奏老师配合得当,充分地利用好了这10分钟的彩排时间。下午,他们与来自全球21个国家的35支队伍在市中心一同参加了开幕式游行活动。孩子们行走在韦尼格罗德的大街小巷,微笑着与当地人打招呼,一路歌声赢得了外国友人的欢呼、掌声。随后,合唱团师生在市场广场出席了第九届约翰·勃拉姆斯国际合唱比赛暨音乐节开幕式。音乐节正式拉开帷幕，在比赛、友谊音乐会、颁奖典礼、大奖赛音乐会等一系列活动中，我也跟随孩子们度过了一次充实、难忘的音乐文化交流之旅。2015年7月17日是德国约翰·勃拉姆斯国际合唱比赛正式开赛的日子。一大早，孩子们就穿好了演出服，来到排练场进行赛前最后的排练。我说了很多鼓励他们的话，为他们加油打气。他们带着一点小紧张却充满期待的心情，认真地、一遍又一遍地排练着每一首曲目，为当天的比赛铆足了劲儿。激动人心的一刻终于到了，该我们入场了！48名小团员自信、有序地走上舞台，共演唱了四首歌曲。一首是无伴奏的《找馍馍》，孩子们童声清冽，像一壶清泉在听众心间流淌。在粤语歌曲《爸爸妈妈》中，孩子们欢快的歌唱和变换的队形让人眼前一亮。他们演唱的德语歌曲《摇篮曲》中标准的德语发音，更让台下的评委频频称赞。最后，孩子们演唱了一首侗族民歌《小山羊》，把极具中国特色的歌声传递到了国际舞台上。在观众热烈的掌声中，孩子们顺利地完成了比赛。韦尼格罗德常年举办国际合唱节，每年吸引大批世界各地的合唱团，而当地人也十分热爱歌唱。晚上6点半，孩子们还参加了友谊音乐会，并与当地的两个合唱团一起演出。演出最后，孩子们带动现场的所有人合唱了一首《摇篮曲》。这次友谊音乐会，孩子们用音乐跨越了语言的障碍，架起了中德文化交流的桥梁。

为了提升合唱的普及度和整体水平，学校定期举办合唱节。2016年10月，我们举办了"追逐梦想·光彩绽放"校园

第五章 在"一即多"的场域中：玩转属于自己的世界

合唱节，为期3天，5个专场，49个团队、1500名学生轮流登台合唱了99首歌曲，在音乐厅里，唱响了一支属于他们的气势磅礴、恢宏美妙的"绽放之歌"。孩子们精彩的展示、美妙的歌声让人流连忘返；他们得体的礼仪、文明的举止也让在场的听众不禁竖起了大拇指，让家长们交口称赞。一位学生家长说：

> 我身为一名普通孩子家长，为孩子能够在这样的校园里成长而感到自豪，为孩子们能生长在这样一个时代而感到欣慰。说实在的，校园里的孩子有那么多，能够真的让每一个生命都绽放光彩是件多么不容易的事情。这次按年级、班级组织的合唱节，让我们实实在在地看到了每一个孩子的参与，更让家长们发现了孩子们身上的各种闪光点，无论对谁，都是一份极为珍贵的纪念。感谢学校和老师们的努力，给了孩子们一个宽松、宽厚、宽容的教育环境和教育理念；感谢孩子们的付出，能把这么真诚的声音留在北京这个深秋的午后。

校园合唱节在愉快的气氛中结束了，但合唱带给孩子们的教育，却深深地烙在了他们心中……

学校合唱团被授予了"北京市金帆合唱团"称号。如今，她已成长为由一个金帆大团、三个小苗团和各个班级合唱团组成的一个大的合唱梯队，唱出北京，唱响世界。学校金帆合唱团不仅是东城区的骄傲，也已是北京市金帆团的金字招牌。浓厚的合唱氛围，广泛的合唱基础，成为学校金帆合唱团源源不断的力量源泉。

在国家大剧院，纪念金帆合唱团30年暨学校"追逐梦想·光彩绽放"合唱专场音乐会又隆重举办。金帆合唱团的"小小金嗓子"，登上国家级演出舞台，完美演绎19首中外名曲，获得现场观众、来宾以及合唱专家的热烈掌声。师生和学生家长，以及资源单位、友好校的老师、孩子们观演。民革中央、民进市委、东城区政府及市区教委领导也出席音乐会，给予了我们大力支持。

音乐会由中央电视台主持人小鹿姐姐和学校课程教师、北广传媒主持人孙为共同主持。"You Raise Me Up"、《每当我走过老师窗前》、《雨中即景》……一首首耳熟能详的经典旋律，经过专业的演唱，响彻国家大剧院。其中，人类非物质文化遗产"侗族大歌"更是为现场的观众带来别具一格的视听感受。看着心爱的孩子们变身小歌手，身穿美丽的少数民族服饰，随着清亮的歌声响起，我仿佛置身于大西南的山水之中。孩子们用他们出色的演出，向更多的同学、家长弘扬了中华民族的艺术瑰宝。音乐会上，全场齐唱老校歌《美哉壮哉我育英》，这是对学校传统的致敬，将音乐会气氛再次推向高潮。

我们学校金帆小苗团的孩子们也登台"亮嗓"。他们用稚嫩的童声、活泼的演绎，变身为国家大剧院舞台上一个个的小精灵。他们的快乐，在舞台上的自由展现，感染了在座的每一位听众，我想，这也正是学校提倡的"绽放生命光彩"思想，

第五章 在"一即多"的场域中：玩转属于自己的世界

让他们享受艺术，自由、快乐地绽放！

从合唱节到合唱专场，从专业金帆合唱厅到国家大剧院，看着学校的合唱迈向了真正的腾飞，我想起了我刚到灯市口小学时，学校就面临金帆合唱团被"撤帆"的困境，想起几个老师跟着我整理资料到深夜，心里万分焦急，彻夜难眠。到现在看着台上大大小小的她、他、她们、他们，心里那种舒展、踏实，感慨万分……她（他）们终于破土长成了，长得这样结实、出落得这样帅气！我不由泪水扑簌落下……

跟我一起战斗的老师们感触更深。音乐老师王老师在朋友圈发了一篇长文：

> 绽放在我最爱的大剧院，和我最爱的孩子们一起一路走来，无数的艰辛，但更多的是无限的美好。感恩我的学校为我们搭建的平台，让我作为一名普普通通的音乐老师，第三次登上国家大剧院的舞台；感恩领导们给我们的支持与厚爱，你们的支撑就是我们前行的最大动力；感恩我亲爱的专家团队，对小小的我们不离不弃，循循善诱；感恩我的小伙伴们，让我坚持，给我强大的力量；感恩我身后一个庞大的团队——全体教职工团队，你们把闪光的机会给了我，而你们却在无私地默默付出；感恩我的家人，你们的支持，让我没有后顾之忧；感恩亲爱的家长们，你们默默奉献，坚持不懈；最要感恩的就是我亲爱的孩儿们，你们唱出了美妙动听的歌声，你们最美的歌声就是音乐教师价值的体现，你们的歌声和

笑脸把我的生活装扮得无比美好；感恩每一个关心爱护我们的人，你们给我们力量，让我们坚强……金帆合唱团，我们在成长，我们在路上。

合唱专家海老师给我发短信说：

> 我深知你短短几年来的艰难不易……好样的！我欣赏和敬佩你，道一声珍重，路遥遥兮，崇尚敬业更要爱惜自己。

有毕业生的家长给我发短信：

> 今晚看了孩子们的表演，感触颇多。孩子们长大了，从儿童变少年，唯一不变的是对音乐的热爱与执着，以及歌声中无处不在的自由、快乐、纯真。孩子从入团走到今天，每一次前行、每一点飞跃，无不凝聚着学校的苦心、老师的爱心，可谓心血浇灌方得绽放，真的特别感谢学校老师和孩子们的努力！六年的金帆经历，将是孩子弥足珍贵的童年记忆，对于即将毕业的孩子来说，这次国家大剧院的演出，就是金帆团最完美的收官！

2019年六一儿童节期间，我们的两个金帆团——金帆合唱团和金帆话剧团的学生在国家大剧院同台亮相，还参加"我和祖国一起成长"儿童节主题演出活动。这次演出是由中

第五章 在"一即多"的场域中：玩转属于自己的世界

国宋庆龄基金会、中国福利会、国家大剧院共同举办，通过对话和时空穿越等多种形式拓展表演空间，以孩子们的变化反映时代的变迁，将新中国成立70周年、六一国际儿童节设立70周年、"一带一路"等时代印记有机融合在情景表演中。活动汇聚了自北京、上海、四川、福建、海南等省份的38个艺术团队以及众多文艺界公益热心人士，呈现一台艺术饕餮盛宴。整场主题演出包含《序》《家》《国》《天下》和《尾声》五个篇章，在灵动流畅的歌舞和情景剧中无缝转场，用孩子们在家庭、校园、大自然等不同环境中的成长故事，表达新一代少年儿童的理想追求。金帆合唱团主要承担了《我们的节日》《我们的未来写满爱》《我爱你中国》三个节目的演出任务。孩子们非常圆满、出色地完成了歌唱任务，得到导演组及观众的好评，用实际行动向祖国献礼，并度过了一个愉快而有意义的六一国际儿童节。

观看完这场表演后，时任中国儿童艺术剧院副院长闪增宏说："太感人了，我太激动了，孩子们的声音是那么的干净！"学生家长们纷纷表示：

> 不经意间，孩子从小苗成长为壮苗，在实现自己小小梦想的道路上，感谢老师们耐心引领，感动于孩子不懈的努力和孩爸的坚持，听完她们完美的天籁童声，我不禁泪流满面！时间都去哪儿了？愿今日永恒，我爱你们。""音乐真是最能感染人的语言。从喧闹的天安门广场进入这音乐的殿堂，短短几分钟，心境就被孩子们纯

净如水的天籁之音所洗涤，让我们如浴音乐之河。心情在几个篇章间起承转合，整场是满满的亮点和感动，真正的刻骨铭心！老师和孩子们太辛苦了，表演也太精彩了，在我们的心里没有之一，是绝对的唯一！

2019年10月1日，新中国迎来七十华诞。在这次活动中，我作为北京市人大代表、教育工作者代表受邀观礼。我校袁日涉老师作为"中国青年志愿者"代表受邀观礼，并观看国庆群众联欢活动。更值得自豪的是，在这举国欢庆的日子里，学校10名干部、教师参加群众游行方阵，学校的学生亮相千人合唱团。

当教师们走过天安门的时候，每个人体内的爱国之情顷刻间爆发。欢呼、雀跃，整个空气都沸腾了！老师们用力挥舞手中的红扇子表达激动的情感，"祖国你好，祖国万岁"的口号声响彻广场，参与游行的每位教师都热泪盈眶。

"五星红旗迎风飘扬，胜利歌声多么响亮……"国庆节当晚的群众联欢现场，我校金帆合唱团78名学生和4名老师参与了由北京市大中小学校1400名学生组成的千人合唱团。伴随着千人交响乐团的演奏，在主表演区南侧的表演台上，千人合唱团共演唱16首歌曲，我校学生参与的童声合唱团合唱了《我和我的祖国》《在希望的田野上》等9首歌曲，并全程手拿太阳花道具随歌声舞动，用自由、生动、欢愉、活泼的姿态，唱响了新时代的最强音。本次由千人合唱团和千人交响乐团共同演出，规模如此之大的合唱团和交响乐团在广场上一同

第五章 在"一即多"的场域中：玩转属于自己的世界

呈现，在世界上是首次。

自接到任务起到国庆演出当天，孩子们历经近4个月的训练。78名合唱团员中，最小的学生只有8岁，每一名金帆团的孩子都经历了层层筛选、选拔，力争体力和合唱水平能够胜任此次任务。演出当晚，孩子们从备场到演出结束，历经3个半小时，正式演出近90分钟。多首歌曲的演唱并完美配合动作，是对学生意志品质和体力的一个很大挑战。在联欢全程中，孩子们用欢快、活泼的歌声表达对祖国的爱，用饱满的精神面貌为祖国母亲送上深情祝福。爱国之情，来自参与，来自一声声一句句的歌唱。教育是无形的，孩子们在参与中收获了、成长了。

情动于中，而形于言；言之不足，故嗟叹之；嗟叹之不足，故咏歌之……[①] 学生通过歌唱，唱出了自己的理解，唱出了自己的心声，唱出了自己的真情实感。就这样，学校成了每个孩子都可以歌唱的地方！

孩子们在合唱中得到了成功的体验、美的感受，可以更好地激发他们学习的积极性，投入到新的学习中去。在我看来，合唱教育并不是在小学校园里培养擅于炫技的"歌唱家"，而是团队合作精神的培养、音乐素质的提升，最关键的还是思想道德品质的提高。在孩子们演唱过程中，这些蕴含着丰富思想内容和伦理道德内涵的歌曲，使他们的心灵得到净化，道德情操得以升华，精神人格更加完善，在他们心中播种下爱的种

---

① 见《毛诗序》。

子，爱自己，爱他人，爱社会。虽然只是音乐一个"场域"，但孩子们在玩转这个"场域"的过程中，找到了一个更大的世界、更绚丽的人生！

第三节　学校是座美术馆

情注墨彩，笔为心画，书画教育是基础教育的重要内容。作为校长，我也希望通过书画艺术能够开阔孩子们的视野，活跃孩子们的思维，丰富他们的想象力，抚慰他们的心灵。当他们遨游在艺术这个令人心驰神往的殿堂，我相信他们的每一天都会过得充实而快乐。世界因为我们的描绘而变得更加美丽，世界因为我们的想象而变得更加神奇。如果说一个人成长的脚印连在一起就是人生道路，那么这一张张书画作品正是我们所思、所想、所梦，记录着我们成长的心路。

我一直重视美育，引领学生在广泛的美育实践中提升审美情趣、人文底蕴和综合素养，做"生活的艺术家"。为了能够让学生陶冶情操，提升人文素养，培养积极健康的审美态度，学校开设逾20门书画课程，孩子们可以根据爱好选择校本课。2018年，美术社被评为"北京市金帆书画院美术分院"，在4个校区共有7个美术社团，教授内容涵盖油画、版画、国画、泥塑、定格动画等类型。孩子们在精品社团中不断提升艺术修养和综合素养。

为了给更多的孩子提供一个展示、交流的平台，我们将书画展作为每年都举办的固定活动。孩子们的作品题材涉及生活与自然、传承与创新，这些作品虽然略显稚气，但童趣十足，异彩纷呈，生机勃勃，展示出孩子们特有的童趣和纯真，也是孩子们心路历程的展现。我们鼓励每一个孩子通过书画，沉心静意，抒发性灵。通过书画展，孩子们展示成果，相互交流，放飞艺术梦想。

无论是课程还是搭建起的书画展平台，我带领老师们所做的一切都是为了让学生能始终保持对书画的热爱，保持对艺术的向往，充实自己的生活，并将从中获得的乐趣与美德，传递给更多的人。在我看来，追求美是根植在人类身体和灵魂中的内在驱力，美就是人"按照美的规律"进行实践的智慧、创造性和自我净化等本质力量的显现；美育就是"按照美的规律"提高人类自身，即全体学生和全体国民的社会生活精神内涵的教育。

然而，长期以来，学校实践中往往存在对美育工作认识不足、定位窄化、功能弱化、资源匮乏、管理缺位等现实问题。

如何切实加强和改进学校美育工作？如何使美育彰显新时代"立德树人"的教育价值？我们在"学校是座美术馆"的理念引领下，将美育有机融入人才培养全过程，努力打造大美育场域，形成了充满活力、多方协作、创新开放的美育新格局。

美育在综合育人中发挥着不可替代、不容忽视的基础性作用，缺失美的教育，难以培养出真正意义上完整的人。当代美育的生态转型，首先要从传统的人的"个体情感教育"转型到包括生态伦理的"人类终极关怀"。它不是在传统美育之外建设一个与之并列的美育范畴,而是对于传统美育的超越与彻底改造。可见,美育绝不仅限于开设几门艺术类课程,学学唱歌画画,而应该以培养学生核心素养、促进学生全面发展为最终目标。

基于以上思考,我将服务学生幸福人生作为美育的终极价值追求,重新审视学校美育的边界,提出"学校是座美术馆"的大美育理念。借鉴《美术馆工作暂行条例》中的定义,即"美术馆是造型艺术的博物馆,具有收藏美术精品、向群众进行审美教育、组织学术研究、开展国际文化交流等职能",我认为,"学校是座美术馆"是指把学校建成像美术馆一样的地方,使学生时时处处受到美的熏陶。

美育的转型升级是全校师生的共同使命,这既是满足学生全面而有个性发展的要求,也是实现学校美育高质量发展的需要。秉持这样的认识,我们在课程体系、德育活动、特色社团、馆校合作上发力,"四维一体"推进美育实践,形成了面向人人的大美育实践体系。

将美育嵌入学校的多元课程体系,基于"生本、自主、开放、创造"的课程与课堂文化,从基础性、丰富性、综合性三个层面,构建了涵盖"德·彩""文·彩""健·彩""美·彩""创·彩""劳·彩""综·彩"七大板块的"光彩"课程体系,旨在让每一个生命绽放光彩。其中,"美·彩"课程板块即艺术与审美类课程,下设音乐、美术、书法、戏剧、京剧、舞蹈、古筝、打击乐等共计33门课程,仅美术类课程就包括油画、版画、国画、剪纸、彩塑等,为学

第五章 在"一即多"的场域中：玩转属于自己的世界

校成为"美术馆"奠定了基础，旨在帮助学生培养兴趣、陶冶情操，提高审美情趣。

在具体的课程实施中，一方面，我引导教师通过跨学科融合，将美育嵌入日常教学，让学生在学科学习中受到美的浸润；同时，学校整合美术、音乐、人文、自然、社会等学科，以美为媒，开发各类主题式综合实践课程。如学生在"戏剧"课程中研读剧本、绘制海报、学唱插曲、创作道具，在"中轴线文化"课程中捏城楼、画城门、做瓦当等，使能力和素养得到进一步提升。另一方面，学校积极开拓"课堂在窗外"的综合社会实践资源，鼓励教师带着学生走进故宫博物院、中国美术馆、中国儿童艺术剧院等，开展欣赏课、艺术体验课、创意课、设计课，从而引导学生关注文化与生活的联系，培养其审美情趣和文化品位。

具体而言，对内，学校"化身"为美术馆空间，通过引进名家作品、展出师生美术作品，并围绕馆内藏品和空间等开展文创课程、名作赏析课程、小小讲解员课程，使学生成为这座美术馆的欣赏者、交流者、创造者；对外，学校发挥百年老校文化底蕴深厚的历史优势和临近中国美术馆、中国儿童艺术剧院、北京人民艺术剧院等教育文化场所的资源优势，向周边单位和学区提供展馆资源，充分挖掘美育实践中的社会服务功能。美育从"特定空间"延展到"无限场域"，这意味着学校美育理念的深刻转变。

蔡元培先生曾提出："欲养成公民道德，不可不使有一种哲学上之世界观与人生观，而涵养此等观念，不可不注重美育。"① 为充分发挥美育内在的德育功能，学校充分挖掘学生生活中的美育元素，常态化开展了多种类型的主题实践活动。比如：在新中国成立70周年、建党百年等重要节点，在全民共同抗击疫情期间，在北京冬奥会来临之际，学生手绘海报、自创绘本、设计主题邮票和明信片等，以艺术为媒介贡献自己的力量、讲述心中故事。再如：学校定期开展戏剧节，全学科全员全方位普及戏剧教育，"班班有剧社，人人都参与"，孩子们可以担当小小剧作家、导演、剧务、配乐、戏剧节标志设计师等，有的学生甚至自愿担当道具，甘做绿叶。这些主题实践活动以美载道，潜移默化地触动学生情感深处，实现了美育与德育的交互作用，从而让立德树人真实落地。

学校通过打造丰富多样、特色鲜明的美育精品社团，鼓励学生广泛参与美育实践，让美育之花处处绽放。学校的"北京市金帆书画院美术分院"以"绘画、绘美、绘德"理念为引领，打造了泥塑、定格动画、纸工、动漫画、油画、版画、国画七个美术分团，为学有特长的学生提供了更高的发展平台。学校金帆合唱团以"唱歌、倡德、畅想"理念为引领，多次代表北京参加国家级重大文化交流活动，向世界彰显了中华少年的文化自信。学校金帆话剧团以"演戏、研理、衍德"理念为引领，结合社会热点、生活故事演绎了众多原创音乐剧和儿童剧等。排练过程其实也是学生自我教育

---

① 引自许寿裳著《亡友鲁迅印象记》。

第五章 在"一即多"的场域中：玩转属于自己的世界

的过程，学生懂得了"戏比天大"，懂得了责任、团队、合作、坚持，懂得了真善美。精品特色社团不仅让孩子们的艺术修养和综合素养持续提升，更激发了孩子们对美好世界的向往与追求。

我还利用区域优势，整合各类社会资源开展美育工作，打造了馆校互动互联的协同美育机制，让学校美育在高位平台保持高质量发展。

2021年6月，学校第五届书画展在中国美术馆艺术教育空间开幕，开幕式上学校被授牌为"中国美术馆美育实践基地"，成为全国第一所获颁此牌的小学。在书画展开幕式上，学校与中国美术馆公共教育部的合作备忘录正式签署。本次合作是在2020年中国美术馆与中共北京市东城区委、区人民政府签订的《推进"文化东城"建设战略合作协议》的大背景下进行的。与中国美术馆公共教育部开展的五方面合作项目，包括开发国家美术课程、展示优秀学生作品、组织特色社团活动、开展美育公益活动以及促进教师"1+N"多元综合发展。双方携手，共同促进学生的美育发展。此次书画展展出的学生作品包括魅力中国、京韵流芳、京味传承、中轴主题浮雕、书法作品等板块，涵盖建党百年、新时代模范人物、北京中轴线、京剧、胡同文化等主题。这些作品从儿童的角度，传递着浓浓的家国情怀、对英雄榜样的致敬，以及对家乡北京的热爱。在此过程中，孩子们不断丰富审美体验，激发着想象力和创新力，更弘扬爱国、和谐、友善、诚信等社会主义价值观，实践着学校提倡的"以美育心"理念。通过与中国美术馆的合作，师生走进中国美术馆，接受浸润式美术课程；学生担任"小小讲解员"，为新时代人物塑像巡展做导赏员；教师与美术馆共同研发版画特色课程；等等。依托周边美术场馆资源，学校已连续举办六届书画展，面向公众展出学生作品累计五千余件，种类覆盖素描、水粉、油画、版画、国画、泥塑、装饰画、儿童画、手工制作、传统工艺、书法等十余类。此外，学校还与中国儿童艺术剧院、中国美术馆携手开展"以戏入画 以美传薪"跨界艺术体验活动等，使学生在浓厚的美育氛围中打开审美视野，提高审美能力。

美育实践的顺利开展，得益于前期双方几轮的沟通、交流。2021年春季，我们与中国美术馆公共教育部围绕如何推进美育教育发展的顶层设计思路等进行了集中座谈，双方洽谈得十分愉快。在会上，我介绍了学校在大力发展美育方面的思考和实践，中国美术馆党委副书记张百成介绍了中国美术馆在推广美育普及、提升全民审美素养等方面的经验。3月，我校学生代表参与中央电视台少儿频道"大手牵小手"栏目，与鞠萍姐姐一起走进中国美术馆，开启美育实践课程。5月，我校学生代表作为"中国美术馆小小讲解员"参与了"为新时代人物塑像"作品巡展志愿讲解服务。

在我看来，这次合作是一次加强美育综合改革、整合学校和社会力量等各类美育资源，开放合作，共同推进学生全面发展的有益尝试，为学校美育高位发展再添新助力！希望通过馆校携手，引领学生树立正确的审美观念、陶冶高尚的道德情操、培育深厚的民族情感、激发想象力和创新意识，培养德智体美劳全面发展的社会主义建设者和接班人。

空间是课程的载体，是课堂的延伸，也是学习的场域，具有浸润美育的作用。以这样的理念，我带领老师们在学校建立了几个博物馆。篮球主题博物馆不仅陈列着中国篮球发展史资料、学校篮球发展老物件，也收集了师生设计的篮球主题吉祥物和海报；京味文化博物馆汇集了学生们在美术、综合实践、劳技等课程中捏门墩儿、做门钹、画兔儿爷的诸多作品……炫彩美术馆建在楼道，这也是离学生最近的地方，它与学校各个空间共同构成一个大美育场域，聚合承载学校文化、展示学生作品、学习校本课程等多元功能，引导学生认识美、体验美、感受美、欣赏美和创造美。炫彩美术馆首展也是学校第六届书画作品展，展出了众多名家作品、学生作品和新时代人物塑像等。以此为契机，学校举办了"向美而生 以美育心——'学校是座美术馆'"美育实践研讨会，围绕美育教学和美育课堂进行了深入研讨。直观、感性的"艺术馆式"教育，将学校这座"美术馆"变成学生与美相遇的生动空间。在师生的共同创设下，班级电子屏变成"班级画展区"，测温棚被装饰成"花房"，窗外的普通墙壁和体育馆楼梯间的墙壁被转化为一幅幅"绿色的森林"壁画、"篮球的四季"长幅壁画，就连卫生间都被彩绘成了海洋、沙漠、蒲公英主题的空间。这些美好的元素点缀着学校美的生活。

空间场域的变化，既让学生感受美、理解美、实践美的方式发生了变化，也让教师传播美的方式发生了变化。让美在学校里像空气一样重要，人人参与、时时可见、处处可感，让美成为儿童生命中的底色,让师生在美的浸润中"诗意地栖居",这正是我们的初衷与期待。

为什么要把"炫彩美术馆"建在楼道?就是要让美无处不在。学生进进出出,时时处处都会看到或是自己,或是同伴的美术作品,孩子们会有欣赏、赞叹,也可能会"挑刺儿",但这都是一种"真实的教育",是一种真实的熏陶。

中央美术学院的教授在观看了"炫彩美术馆"学生的作品后,赞叹道:"这是一所欣欣向荣的校园,一个真正践行以美育人,以美化人的教育宗旨和理念的学校。在此收获了一种感动,感受这所百年老校的美好,也憧憬着学校未来的样貌,祝愿每一个孩子都能如花般绽放。"《现代教育报》记者采访"炫彩美术馆"后评价:"民国风的建筑沉淀着历史的厚重,宽阔的走廊两侧墙壁上挂满了定格孩子们笑脸的作品,孩子们的笑容真挚、明媚,打动人心,这是他们在这所学校幸福生活最美好的写照。"东城区融媒体中心记者说:"走进学校教学楼,楼道的墙面上布满了学生们的绘画作品,房顶上也挂满了孩子们巧手制作的剪纸、风筝等作品,孩子们用手中的画笔,绘制出色彩丰富的图画,把校园装点成一座炫彩的美术馆,我想这就是孩子们对学校表达爱的一种方式吧。"

一个六年级的孩子说:

> 在我学习美术的过程中,对绘画的理解越来越深,并将自己的感情注入画卷之中,或许随着年龄的增长我

第五章 在"一即多"的场域中：玩转属于自己的世界

对美术的理解会有所改变，但我永远不会忘记小学时那份最纯洁的师生情、同窗情。

一位家长看到了孩子的变化，表示：

> 儿子平时并不喜欢更不擅长画画，每次去美术馆都很不情愿。这次却一反常态，不仅在老师的带领下参加了一次，周末还要求我带他再去一次。一开始，我心中有些不解，但当我陪他一同欣赏，看到他认真的眼神，听到他不断地赞美时，我深深体会到他心中那份从未有过的归属感和自豪感，他仿佛是在向我炫耀自己的同学和伙伴们是多么出色，多么了不起！真心地感谢学校不仅给擅长绘画的同学构筑了展示自我的平台，也为更多的同学提供了一次欣赏艺术、接近美的机会。

我们围绕明确的办学理念，定位美育方向；开设丰富美术课程，促全面普及；打造美术精品社团，培养美术人才；开展丰富的活动，营造"大美术"氛围；携手中国美术馆，促美术教育向高位平台发展。我提出"学校是座美术馆"这个概念，其意义就是构建大美育场域，使学生时时处处都受到美的熏陶。希望孩子们不但有美的心灵，同时也有美的仪表和气质，慧于中而秀于外。

"炫彩美术馆"课程，使课堂突破了教室的壁垒，艺术作品跳出了电脑的屏幕，以冬奥教育、党史教育、人文社科、传统文化、科技创新等诸多内容为主题,展示了学生、教师、艺术家们的书画作品,其中包括雕塑、剪纸、油画、国画、书法等,成为同学们美术学习和美育教育的场域。"炫彩美术馆"课程包括观展礼仪、作品评价、雕塑导赏、文创设计等课程内容。美术老师们利用美术课与综合实践课,带领学生参观了美术馆的各个展区。美术课上,同学们还结合学校校园文化为炫彩美术馆进行文创产品的设计。每款设计都有自身独特的风格,做到"文化+创意"。在学校举办的篮球赛季活动中,同学们在美术课上进行"海报设计",充分发挥环境育人的作用,班级电子屏上展示着本班同学在美术课堂上的作品,同学们在相互评价、交流中不断学习与进步,时时处处受到美的熏陶。在"双减"政策的大背景下,我们努力创设场域美育,提升学生综合素养,通过"炫彩美术馆"课程打开了课堂的边界,扩宽了同学们的视野,让同学们随时随地置身于大美育的场域中。"炫彩美术馆"定期"上新",同学们在学校营造的开放的美育场域中,炫出自己的光彩!通过对美育的新思考和践行,孩子们在这样一个场域中,不仅仅能得到美的熏陶,更能提升综合素养,化身"美善的种子",向这个世界播撒爱与美。

第四节 操场化身热闹的"小丑镇"

马克思曾对科学技术的重要性做过精辟而形象的概括,

第五章 在"一即多"的场域中：玩转属于自己的世界

认为科学是"历史的有力的杠杆"[①]，是"最高意义上的革命力量"[②]。当今世界科学技术突飞猛进，我们的国家、我们的民族必须在科学技术上不断进取，才能实现整个民族的跨越式发展。

我曾看过一篇名为《南北大众今起停产！"缺芯"将影响百万产能！》的报道，报道的内容似乎有些耸人听闻，大意是由于芯片供应不足，一些汽车生产面临中断风险。2019年，我国进口芯片耗费3055亿美元。华为公司在海外经常遭遇围追堵截，美国经常予以威胁，全面限制华为购买采用美国软件和技术生产的半导体。我不由得思考，我们的教育能做些什么？

现代科技的迅猛发展对我们的教育也提出了新要求——培养综合型、创新型人才。要实现科教兴国，提高全民科学素质，必须"从娃娃抓起"。我们的孩子每日生活在信息爆炸的时代，未来学家凯西·戴维森认为，未来将会有超过65%的小学生最终会从事尚不存在的工作。这些尚不存在的工作正是因为科技发展产生的。在这个异彩纷呈的时代，科技的快速发展是个不争的事实。我们的孩子要接受的新变化会非常非常多，如果什么都不懂，那就会在未来的世界里成为被抛弃者。尽早让孩子了解机器人、人工智能、编程技能，对孩子的成长有着重要的意义，也使他们提前拥有了创造未来的能力。所以科技教育作为面向未来的教育，是时代的需求，我们必须对这

[①] 见马克思著《政治经济学批判（1857—1858年手稿）》。
[②] 同上。

门学科加以重视。我们的小学科学教育，不光要教给学生具体的科学知识，更要注重对学生科学的研究方法与探究精神的培养，也要为孩子创造一些场域，激发孩子的好奇心，培养孩子的科学学习兴趣。

在具体的科学教育的开展中，我带领老师们坚持从实践出发，避免成为"理论的巨人，实践的矮子"。我们多方筹措经费，积极开展丰富的科技活动。管理上我们遵循规律，注重科学高效；场地上，无论是篮球馆还是风雨操场，我们都扩展功能，加以利用；活动开展上，我们高度重视，精心组织，并鼓励学生积极参与。

在此基础上，我们举办了如"科技创新 放飞梦想"为主题的科技嘉年华活动暨科技月等活动。嘉年华分为两个板块进行，学生们按场次轮换进行体验，让每一个孩子都参与其中。我还为科技月启动致辞，鼓励孩子们积极地实践，大胆地想象，勇敢地创造，让科学的种子在心田生根，发芽，开花！

板块一的实践体验活动围绕化学主题展开。风雨操场化身为"小丑镇"，这个奇妙的小镇有研究所、林场、警察局、餐厅、剧场、作坊、糖果店、水厂等神奇的地方，在"小丑镇"主人的带领下，孩子们走进了化学的世界。学生们自主选择要去的场所，在互动游戏中体验有趣的化学项目，并完成学习单。比如：在研究所中自制雪花，研究碳分子的结构，观察变色笔神奇的变化；在林场中观察如何在气泡中吹出气泡，如何制作五颜六色的烟花，了解酸雨对植物的影响；在警察局体验有趣的推理侦探游戏，观察不同人的指纹；在餐厅制作曲

第五章 在"一即多"的场域中：玩转属于自己的世界

奇，炒做玻璃糖……不仅是体验，孩子们还会探索这其中的科学奥秘，了解科学原理，让科技与生活紧密相连。另外，150名学生还化身为"小丑镇"的小丑，给低年级的弟弟妹妹们进行项目讲解和帮助。

在板块二的知识讲座中，孩子们与不同领域的专家现场对话，一起了解动植物的奥秘，一探"无人机"的究竟，从中开拓了视野，增长了科学知识。通过这次活动，同学们能更为广泛地参与到科技实践活动中去，通过动手体验，培养善于观察、勤于思考、乐于学习、勇于实践的能力。我们学校一直注重提升学生的科技素养，培养学生的创新能力，不仅为孩子们创设了机器人、3D打印、环保、制作模型等丰富的课程，还成立了机器人社团、三维创意社团，努力让每一个孩子都能感受科技的魅力，追逐科技梦想。

我们还在学校地下体育馆举办机器人科技嘉年华活动。展品利用机械材料搭建、编程，涉及投石车、手摇发电机、机械铲车操控、回力小车、全息投影体验、投影机、制作望远镜、弹力射击、旋转木马、红外线避障机器人、重力遥控足球机器人等12项活动，分布在22个展位。学生们在增长科技知识的同时，充分感受到了机器人的神奇和科技的魅力。在体验过程中，孩子们认真听专业老师的讲解，和小组员友善合作，对机器人产生了浓厚的兴趣。另外，四、五年级的同学们在地下体育馆进行了"机器人创新作品展示活动"。在此次活动几个月的准备时间里，同学们以班级为单位，一起选取作品方向、画设计图、搭建、编程，一起合作，一起讨论，经历了无数的日夜，最终呈现出优秀的作品。四年级的小同学第一次参加此项比赛，有的跃跃欲试，有的略显紧张，但是每一个同学眼神中都透着渴望，渴望展示自己，渴望为班级争光，更渴望看到更多更好的作品，来提高自己的知识和能力。这些渴望的眼神让整个活动更像一场创新思维碰撞的盛宴。参展同学在给参观的小观众讲解时也头头是道，边演示边解说，气氛十分热烈。五年级的同学已经不是头一次参加此次项目了，看起来更加游刃有余，准备得也更加充分！有的同学为了更好地展示自己的作品，制作了展板；还有的同学干脆画出了原理图和机构图；也有的同学不仅展现了科技知识，也将环保理念融入其中。有个班制作的"头部按摩器"，更是吸引着老师们纷纷前来体验。

六年级学生子禹从四年级起加入星光机器人社团。在老师的带领下，子禹全面了解、学习科学知识，探索、发现的兴趣也被激发起来。他设计了一款智能温度显示器，其外壳采用3D打印，可以用魔术贴固定在任何充电器上；旋钮可调节报警温度，内部的温度监测器检测到高温时，就会报警。

学校有很多像子禹一样的学生，他们喜欢创造、喜欢科技。学校则通过定期开展科技节、益智大擂台、纸车大赛及走进科技馆等活动，激发学生的学习兴趣。

数学是科技的基础，作为数学老师的我一直特别喜欢益智游戏。数学锻炼的是思维和创新，科技也一样，所以我特别注重学校科技教育的开展。我提出"以科技育科学精神"之后，我们打造了丰富的科学课程，创设了机器人、三维创意、思维训练、创意构建、小小发明家等7门选修课和STEM课程、汽车文化筑梦课程、"神奇的DNA"等综合实践类课程,学校共有千余名学生在国际、国家及市区级科技类比赛中荣获优异成绩。

英涵同学这样回忆在机器人社团的快乐时光:

> 三年级的时候,我有幸加入了学校的机器人社团。记得我刚到社团时,看到教室里满满的乐高零件,场地上摆放着的形状各异的机器人,对于没有接触过机器人的我,觉得既新奇又忐忑。新奇的是,我终于可以接触到这个神秘的高科技产物了,忐忑的是,对于搭建编程机器人,我完全是门外汉啊!不过,通过系统的学习,现在的我已经完全掌握了怎样搭建机器人和给机器人编程。这其中,除了我的努力之外,更多亏了老师的指导和团员们的帮助。
>
> 我爱我的机器人。作为机器人社团的一分子,我每天的日常生活,除了学习,课余时间几乎都在和机器人打交道,包括机器人的搭建、编程、调试……有时候,一个细微的环节都需要反复试验上百遍,一个方案不行,就又做另一个方案,反复调试。但是我乐此不疲,因为我爱机器人,我享受科技带来的乐趣!我和我的机器人一起成长,它不仅成为了我的好伙伴,更锻炼了我的动手动脑能力。
>
> 我爱我的机器人社团。我们社团经常参加市区级甚

至全国的比赛,每次比赛之前,我们都要做好分工,有负责机器人编程的,有负责技术答辩的,有负责统筹安排的。老师常说,我们是一个团队,无论平时训练还是比赛,都是考验我们团结协作的过程,队员之间的信任和默契是非常关键的。比赛前,小伙伴们都会相互鼓劲加油,大家的心都凝聚到了一起,为比赛打下了良好的基础,有这样的团队,我们将攻无不克、战无不胜!

我爱我们的大家庭。社团是一个大家庭,老师就是我们的家长。为了我们的集训和比赛,老师放弃了一个又一个休息日。每到比赛前夕,我们都会加班加点集训到很晚,第二天还要早起赶赴赛场,但老师始终坚守在我们身边。有一次老师发高烧了,但为了不影响我们的比赛,还坚持给我们上课。对于老师无私的付出,我们只能通过认真的学习和训练,以及取得更高的荣誉来回报。

机器人社团是一个充满智慧与欢乐的社团,我们在快乐中学习,在动手中成长,无论成功还是失败,在我们看来,都是一段探索与难忘的经历,是快乐的成长过程。

炜煜在机器人社团中已经学习了三年,是学校机器人社团的"老成员"。他说:

我参加了很多次 WRO、FLL、轨迹赛等比赛,这些比赛被我们社团叫作"伤脑赛"。我们在每次比赛前都力求准备做到位,做得精细,在现场力求更好的配合和

第五章 在"一即多"的场域中:玩转属于自己的世界

应变能力。在关键问题上陈老师会给我们一些引导,然后我们自食其力,从练习中发现问题,并学会分析问题、解决方法,只有具备了这样的能力,到竞赛现场遇到突发情况才能做到不慌不乱。如果陈老师像其他学校的老师一样平时为我们搭机器人,帮我们编程,到了现场,糟了,程序突然出了问题,机器人突然出了问题,程序不会改,机器人不会搭,一个个你看看我,我看看你,不知道怎么做,那可就完了。所以我们在搭建机器人时,师生是一起动脑动手的,程序也是我们自己一个一个模块编的,有的时候一项任务的模块能达到上百个,任何一个出了问题都会导致机器人运行不正常。这样训练后去比赛,机器人或程序出了问题,我们才能知道哪里出现了问题,应该怎么改,怎么搭,自然就能取得优异的成绩了。有的时候快要比赛了时间会很紧张,我们会训练到很晚,陈老师常说比赛靠的就是平时的积累和付出,做自己能做到的最好,而不能总想等着对手失误。所以我们从没有一个人喊累,没有一个人退缩,反而越练越勇,有时候家长会陪着我们一起训练,看到我们成功攻破一个难点时,会一起欢呼,这些都使我们明白自己努力取得的成果是自己永远的骄傲,而依靠别人取得的结果永远叫你心虚。我们机器人社团就是要让我们的脑子运动起来,让我们多思考,多动手,只要聪明能干、自主干事儿,就一定能在这个群体中脱颖而出,这才是真实力。

孙中山先生曾言："夫人能尽其才则百事兴，地能尽其利则民食足，物能尽其用则材力丰，货能畅其流则财源裕。故曰：此四者，富强之大经，治国之大本也。"[1] 是啊，学校科技教育的发展让我再次感受到助力学生的个性发展的重要意义。作为教育人，我们的使命其实就是创设一切条件和环境激发学生的科技学习动力，提升他们的创新意识。

有人说："人只有在不断追求中才能得到满足。"像爱情一样，诗、哲学、科学的真正精神恰恰就是不断地追求，永远站在起跑线上。唯愿孩子们在学校打开的科技世界的大门里，继续前进吧！

第五节　和体育这个"朋友"共度的时光

我从小喜欢体育运动，在北京市东城区西花厅上小学时，是篮球队的一员。我的第一个人生梦想并不是当老师。那时我的偶像是北京女篮的宋晓波，每天幻想着自己也能成为赛场上争金夺银的体育健儿。我当时作为学校女篮队员参加比赛，曾多次获北京市小学生篮球比赛冠军；我也练习中长跑，在北京市、东城区中小学运动会上获得过奖牌。我还在北京什刹海体校训练过三年的篮球，上师范学校后也还打篮球，自身性格中的坚毅，其实很大部分是体育训练赋予的能量使然。在训练的过程中，我深深体会到，体育精神对一个人的影响是巨大

---

[1] 见孙中山1894年起草的《上李鸿章书》。

第五章 在"一即多"的场域中:玩转属于自己的世界

的,体育往往意味着健康的体格和健全的人格。这也造就了我不畏艰难,越战越勇的性格。

投身教育事业后,尤其是担任校长以来,我把自己对体育的热爱、对篮球的热爱也带到了岗位中。作为校长,要开展学校体育,首先要认识到体育究竟是干什么的。我从学生发展出发,切实地认识到体育的重要性。"教育之烘炉,合文武为一体也"[①],我认为体育不光为健身,更为锻炼意志。体育之效力,不但及于身,且及于心。有了对教育理想的追求,我积极完成着理想向现实的转化。为了践行心目中的以体育德的思想,配备各种体育设施,聘请高水平的体育老师,并且开展形式多样的体育活动。每年如期召开运动会,每次我都亲自致开幕词,向师生传递召开运动会的目的:一是强身健体,二是结合精神,三是锻炼心意,从育人思想、言语到行动,努力让体育理念深入师生心中。

我担任北京市东城区和平里一小校长期间,学校男、女篮球队多次荣获北京市中小学篮球比赛冠亚军,而且我提倡以篮球文化立校。我认为学生要想全面发展,身体是一切的开始。参与体育运动,锤炼体育精神,比运动本身更重要。

我后来所服务的灯市口小学是一所有着150多年历史的"百年学校"。学校一直有重视体育的传统,20世纪20年代的第一任国人校长李如松就是当时著名的运动员,胡适先生是学校的校董,曾为学校题写"自胜者强",体现了体育蕴含的民

---

① 我国近代教育家、书画家经亨颐(1877—1938)先生语。

族情怀。20世纪30年代,中国体育界元老、中国篮球运动开创者和奠基人牟作云曾是灯市口小学前身"私立育英学校"的校友。学校篮球教师齐孝序曾是全国"苗苗杯"小篮球的发起人之一。牟作云先生还来校为"苗苗杯"比赛开球。

2021年7月,一则新闻传来:中国男子篮球职业联赛(CBA)选秀大会在青岛圆满落幕,旅美球员王翊雄成为新科状元。他,曾经是学校"火焰"篮球队的一员;如今,他是中职篮历史上第七位"状元秀"。就是在学校,王翊雄同学开启了他的篮球逐梦之旅!他已经是一位篮球界的新秀,回忆起小学的时光,他特别感谢学校及老师不仅教授了他很多篮球知识和技巧,使他打下了追求篮球梦想最最坚实的基础,更引领他树立了人生的目标和努力的方向。

王翊雄是2010届毕业生,被老师和同学们亲切地称呼为"大雄"。在校时他就对篮球产生了浓厚兴趣,加入了学校"火焰"篮球队。当时10岁的他就有1米7的个头儿,这使他获得了球队的中锋位置。翊雄很快在篮球赛场上展现出他的篮球天赋,日复一日的刻苦训练和坚持付出,让他越来越爱篮球这项运动。每天放学后,他会随着学校篮球队在校继续训练,因为起步晚,他就经常自己主动要求加练,从基本控球到战术训练,每一步都力求扎实。虽然比球队其他孩子回家要晚些,但他毫不在意,和篮球这个"朋友"共度的时光总是过得那么快。就这样,翊雄在小学开启了自己的篮球逐梦之旅。他在接受采访时曾回忆起小学的时光。小学毕业后,拥有篮球特长的他去了北京市第五中学。机缘巧合下他又得到了去西班牙、美国深造的机会,随后,表现优异的翊雄又收到加州州立大学富尔顿分校主教练的邀请,正式踏入美国全国大学体育协会(NCAA)一级联盟。

像王翊雄这样的"小火苗"还有不少。六年级学生天旭是学校男子篮球队的队长,这个文质彬彬的小男孩是同学们口中的"李队"。他从二年级开始坚持打篮球,他说和队员们相处中最大的收获就是"信任"和"配合"。他常鼓励小伙伴,"小挫折别放弃,能坚持就坚持"。篮球队的训练时间是每天早晨上课前和下午放学后,天旭几乎没请过假,意志品质和体质健康都得到了锻炼。

梁漱溟先生曾说,体育并不是为军事或其他特殊目的的训练,亦不是单单为了锻炼人的体力和敏捷。体育的目的,是全人格的发展。它要联合教育和锻炼以发展人类……用他的意志来驾驭他的身体。2013年我到灯小任校长,将"以体育德"的思想与学校重视体育发展的传统相结合,提出"双格教育",即体育是锻炼体格、锤炼人格,并引导老师们通过课程构建、开展实践活动、打造社团等方式,强健学生体魄,培养学生意志品质、拼搏精神、文明礼仪以及家国情怀等,营造大体育氛围。我们以"让每一个生命绽放光彩"的办学理念为引领,以"让生命闪光、为中华添彩"为育人目标,培养学生做"责任担当者""学习实践者""健康生活者""美好创造者""创新劳动者"和"未来建设者",使学生德智体美劳全面发展。

学校倡导"以体育德",开设篮球、足球、田径、羽毛球、健美操、击剑、射箭、游泳、滑冰、旱地冰球和高尔夫球等丰富的体育课程，开展大型体育运动会、趣味运动会等特色活动，并打造"火焰"篮球队、田径队、武术队、啦啦操队等十余个学生社团，营造浓厚的体育文化氛围。同时，作为北京市篮球传统项目学校，每班都开设篮球课。我们定期举办篮球赛季、啦啦操展示等活动，向中学输送了一批批优秀的篮球小健将。在灯小，孩子们享受体育运动的快乐，并在体育锻炼中强健体魄，塑造品格和人格，全面提升综合素养。

在我看来，体育的本质就在于用意志力驾驭自己的身体和行为，体育教育让更多孩子懂得了勇敢坚强、迎接挑战、拼搏进取、团结友爱，体育承载着"以体育德"的任务和家国情怀的梦想。因此，学校将体育基础课、体育专项课、体育特色课正式纳入课程表，落实"平均每天一节体育课"。

我们定期举办大型体育运动会。我把运动会看成"以体育德"的重要体现，每届运动会都是师生、家长四千余人参加。在运动会精彩呈现的背后有许多感人的故事。六年级的姬同学是个"武术高手"，记得举办学校大型运动会的当天，正赶上他有区级武术比赛，但为了完成学校运动会中的团体操表演，他毅然放弃了参加区级武术个人比赛能获奖的机会，孩子"舍小我顾大家"的做法让我特别感动。他们在体育活动中学会了多考虑集体的利益，未来当他们走向社会时才会更多考虑国家的利益。在我看来，这是开展体育教育更为重要的意义。

第五章 在"一即多"的场域中：玩转属于自己的世界

田径队的牟同学也令我印象特别深刻。他二年级开始进入田径队，身体一直很弱，进入高年级训练队后，才逐渐显露出田径的天赋。六年级时他突然得了小腿跟腱炎，一般孩子如果这样早就不练了，但他每天仍坚持按时训练，学校也为他调整了训练计划。在2021年东城区中小学生田径运动会上，他坚持跑完比赛，还一举打破了小学男子1500米区级纪录。孩子的这种拼搏精神令人感动，也让我看到了"少年强则国强"的希望。孩子说："拼搏——这两个字始终伴随着我。任何困难都不能阻止我拼搏奋进的步伐！"

像这样的例子还有很多很多，体育其实就是育人的有效渠道，更多地教会孩子坚强、勇敢、接受挑战、拼搏进取、团结友爱等意志品质和道理。所以说，育人理念是基础，是灵魂。创造条件，积极实践，则是转化的关键。

为此，学校每学期还专门召开体育质量分析专题会。各校区代表还会分享不同校区、不同年段的体育教育教学特色和方法。老师们针对各校区日常体育教学、自创课间操、"一月一活动"、体育社团训练以及比赛成绩等方面做总结并提出改进措施。我还会提出学校高度重视体育工作，要严抓质量、打造品牌，要真思考、真行动、真实践、真落实的建议。每次质量分析研讨会不仅是一次交流的平台，更是学习的机会。通过老师们的发言，我感受到了体育团队积极向上的状态，也感受到老师们对品牌建设和质量提升的重视。希望体育能够以更开放的心态和视野，凝聚团队的智慧和力量，促进思想和能力的双提升，做好下一阶段体育发展规划，努力实现以体育德，以体育智，以体育心。2022年，我获得了"第三届蔡崇信以体树人校长"提名奖。

第六节 "我的种植日记"

每一次参加六年级的毕业典礼，我总会百感交集，浮想联翩。我常常会感慨：灯小毕业的娃儿在未来的人生舞台上会发挥出怎样的光和热？他们未来会选择一个什么样的职业？他们能够坦然地面对将来的困惑和挑战吗？他们会心甘情愿地当一个普通的劳动者吗？

我们现在所处的世界是一个物质文明和智能科技高度发展的时代，人类的精神需求乃至生活方式都产生了极大的变化，这也带来了思想观念的多元化。我看过相关的文章，说现在没人愿意做农民工了，一些劳动岗位出现了招不到人的现象。现如今的学生，大都是大学毕业，他们的思想与上一代人有根本的区别。大家都在找轻松且又来钱快的行业，即使找不到工作，也不愿意去干一些体力活。一段时间以来，由于对劳动教育的忽视，有的孩子"四体不勤，五谷不分"，甚至出现了幻想不劳而获、对劳动者不尊重等现象。加强劳动教育已经迫在眉睫。

我曾看过一则报道，内容是某清华毕业生爬高压电塔，在基层一干就是6年。这个毕业生就是王攀，现任国网武汉供电公司输电运检分公司作业班副班长，他曾在输电运检一线干了6年，曾一年避免电量损失280万千瓦，让20余万户居民

第五章 在"一即多"的场域中：玩转属于自己的世界

免受停电困扰。他的徒步巡视里程超过1万公里。在这样一个显得浮躁的时代，这个人没有靠其名校光环选择"人上人"的生活，而是踏踏实实做了一个默默无闻的普通电工，我不由得在心里为他点了个大大的赞。

新时代赋予了"五育"新的内涵。2019年国家将劳动教育重新确立为教育的目标之一，意味着国家对教育在社会发展中的作用有了更加明确清晰的定位。"要在学生中弘扬劳动精神，教育引导学生崇尚劳动、尊重劳动，懂得劳动最光荣、劳动最崇高、劳动最伟大、劳动最美丽的道理，长大后能够辛勤劳动、诚实劳动、创造性劳动。"习近平总书记如是说。

宋代理学家陆九渊（象山先生）有句名言："教小儿先教其自力。"我们开展劳动教育最重要的意义，当然就在于劳动过程能让我们的孩子体会到人的自由、创造、美好，体会到环境是自己可以掌控的，社会是可以改造的。所谓"自力者立"，我们做劳动教育培养的就是学生的自力精神和能力，因为只有自力的人才能够成为有尊严的人，成为这个世界的主人，成为自己生活的主人。我们要让孩子明白美好的社会以及个人生活都可以通过努力，通过辛勤、诚实和创造性劳动来实现。在劳动中，孩子们能发现自己生活的意义，能够发现劳动世界的真、善、美，发现劳动能够让自己活得更有尊严……

作为基础教育中的劳动教育则要将全面发展的人格养成作为首要目标，其中最要紧、最核心的，当然不是某个具体劳动知识、技能的学习，而是将这些知识、技能的学习作为抓手去确立劳动价值观、涵养健康人格。简言之，学生可以不会具体的某项手工，但他一定得尊重、热爱劳动和劳动者。同时，劳动教育要体现对真、善、美的精神追求，为学生带来精神上的收获与社会生活的美感体验。

为了更好地践行陶行知先生的"生活即教育，教育即生活"的理念，结合学校实际，我提倡"以劳动树劳动价值观"的劳动育人理念，培养学生做"创新劳动者"，通过注重开发劳动教育基地和综合实践活动，更新教育理念，拓宽育人渠道，尝试用多种形式的劳动课程，努力打造田园式、家园式校园氛围，引导学生以动手实践的方式，获得有积极意义的价值体验，实现树德、增智、强体、育美的目的。学校多年来的教育实践让孩子们学习崇尚劳动、尊重劳动、热爱劳动，努力使孩子具备幸福生活的能力。

我们还随季节举行植物栽培主题综合实践活动，覆盖一至六年级。学生在教师的指导下，在鸡蛋茄、凤仙花、五彩椒、向日葵等植物中选一种带回家进行种植。从播种开始，学生用图文的方式科学地记录植物生长过程以及自己所做的管理工作。学生们还积极参与到第二十一届"北京市中小学生植物栽培大赛"活动中。

五年级一可同学写下的"种植日记"如下：

我的种植日记

5月5日，是我种植百日草的时间，天气晴朗，我和妈妈一起找来了一个花盆，种下了百日草种子，并给它浇了水。之后我就每天给它浇水、松土。

第五章　在"一即多"的场域中：玩转属于自己的世界

5月9日，经过4天的精心呵护，我欣喜地发现，种子发芽了，嫩绿的小芽破土而出，显得那么勇敢。

5月15日，又经过了5天的时间，它开始长叶子了。

5月21日，已经又过了六天，百日草长高了不少，我认真地测量了一下，已经有5厘米高了，长出了大一些的叶子。

6月6日，百日草在我的精心呵护下，茁壮成长，已经有17厘米高了，并长出了很多新绿色的大大的叶片。

7月3日，百日草已经长成了真正的大大的一盘花，并且长出了花骨朵。

7月6日，花骨朵慢慢张开了笑脸，花儿开始绽放。

7月12日，所有的花全都开放了，大部分都是粉色，还有一朵是黄绿色的，我觉得都好美丽啊！

9月初开始，百日草的花逐渐褪色，花瓣慢慢开始掉落了。

9月13日，我的百日草终于结出了花籽，它的大部分绿叶已经慢慢变黄枯萎，它的花瓣慢慢地全部脱落，花芯部开始长出了花籽。秋天来了，百日草经过了一整个夏天的绽放，最终结出了花籽（果实）。看到这些黄棕色的花籽和枯黄的叶子，我感到了果实的朴实无华，我小心翼翼地将花籽剥落下来收好，期待明年它们再一次的绽放。

五年级小嵘写下自己的劳动心得：

在我房间的窗台上，摆着一棵五彩辣椒。这棵辣椒可不一般，是我自己亲手栽出来的哦。那一天，我兴奋地捧着老师发给我的五彩椒种子，兴冲冲地跑回家，挑了一个最漂亮的花盆，把土倒进去，找了一根牙签，戳了几个洞，把种子丢进洞里，轻轻地盖上土，浇了些水。第二天早上，我一个鲤鱼打挺坐了起来，以最快的速度扭过身子，向窗台边看去。可是并没看到种子发芽。第三天也是如此……妈妈让我不要心急，什么事物都有它的发展规律。

后来，我每天细心地呵护着它，看着它长出粗壮的枝干。我原以为花苞是嫩芽，直到它开花了才知道原来那是花苞。再往后，它结果了，结出了一颗颗紫的辣椒。爸爸调侃我："这么多辣椒，摘下来炒菜吧！"我立刻不高兴了："这可是我的劳动成果，它们那么漂亮，只能看，不能吃！"现在，虽然我的五彩辣椒只出了紫色一种颜色，但在我看来，却是世界上最漂亮的辣椒。它在我的呵护下茁壮成长，让我收获到了辛勤播种的果实，我也懂得了要珍惜别人的劳动成果，珍惜粮食。

在这次植物栽培主题的综合实践活动中，学生们呈现的图文成果，是一次学校综合实践作业设计的体现，是学校进一步落实"双减"政策的落地，遵循了新时代新要求，体现了学段的适应性、项目的普及性和技能的广泛性。通过植物栽培主题，家校携手参与，更引导学生和家长关注劳动，重视劳动素养的养成。一分耕耘一分收获。学生们观察到植物生长变化的过程,体验种植的乐趣,更培养了同学们勇于探索、善于观察、勤于思考的良好品质,树立尊重劳动、劳动最光荣、劳动最可爱的正确劳动价值观。

学校教育不仅要传授知识和技能,更要培养学生拥有良好的政治素质、道德品质和健全人格,引导他们树立正确的世界观、人生观、价值观。学校里的重要活动,对学校全体师生的影响无时不有、无处不在,是绵延不绝的教育智慧。从活动之初的策划、分工,到活动中的行动、修正,再到活动后的总结反思,是引导学生深化认识和升华情感的关键点,更是挖掘活动中所蕴含的教育因子的好契机。家、校、社合作,形成爱的合力,体现了爱的用心。对学生的爱,犹如阳光雨露,润物无声,使一只只花骨朵发荣滋长。

在"双减"大背景下,我们还注重将劳动教育渗透到教育教学活动全过程中,通过科学、劳技、语文、数学、美术等多学科融合,逐步打造了具有综合性、实践性、开放性,覆盖纸工、泥工、编织、烹饪、种植等劳动教育的课程,让学生在多种劳动实践中崇尚劳动、尊重劳动、学会劳动。从校内的垃圾分类回收到校外的养绿护绿,学生的劳动实践能力得以提升。

"幸福的生活从哪里来?要靠劳动来创造。"在五一劳动节期间,我们还开展了一系列主题教育活动,比如绘制家务劳动计划,倡导学生进行角色转换,当一天"小家长",承担家长职责,体验家长辛劳,挑战自我,并学会1—2件劳动技能。

希望孩子们能够从小树立辛勤劳动的理念，树立全社会尊重劳动的良好风尚。

泰戈尔说："教育的目的是应当向人类传送生命的气息。"劳动、实践是培养社会主义接班人的基础，应当让孩童深刻意识到自我生命内涵的多面性、丰富性，从而能够正确地体认生命的可贵，确立生活的正确态度与目的，去追求人生的更大价值与意义。

第七节 "分小萌"在行动

在北京地铁、公交站牌，以及许多宣传垃圾分类的宣传图册上，都可以看到一只章鱼卡通形象画。这是北京垃圾分类的卡通形象"分小萌"，而它的设计者正是我校学生张子夏。

2018年5月，北京市城市管理委员会联合北京市教育委员会面向全市中小学生公开征集垃圾分类形象代言人"分小萌"卡通形象，共收到各类绘画作品648幅。市城市管理委、市教委邀请10名美术、动画、新闻传播和垃圾分类行业专家，召开专家评审会。专家们通过专业的视角、精准的眼光，从"思想性""科学性""创新性""实用性""美观性"等方面对作品进行了打分。最终，在全市648幅绘画作品中，多名学生作品入围，当时我校三年级学生张子夏的作品拔得头筹，总得分排名第一，被评选为北京市"分小萌"垃圾分类形象代言人。其实这与学校多年坚持开展绿色环保教育是分不开的。

第五章 在"一即多"的场域中：玩转属于自己的世界

我还听子夏说了他的设计想法。他设计的章鱼宝宝"分小萌"有八只手，寓意做好垃圾分类，应该有很多手，人人有责，各显身手。"分小萌"手持红、绿、蓝、灰四色风车，寓意要爱护绿地、蓝天，可持续发展。平时在学校，老师经常通过班会给大家讲解垃圾分类的知识：用过的学习废纸要放进班级"绿色银行"回收，午餐的纸巾与厨余垃圾要分开放，校园中还有塑料瓶、易拉罐的回收机。这让他在参加北京市垃圾分类卡通形象设计征集活动时，思路分外清晰。

2018年10月22日，北京市城市管理委员会联合首都精神文明办和北京市教委，在我校举办了"垃圾分类，我们一起来"宣传教育活动暨"分小萌"发布会。在发布会上，我对孩子们说，希望孩子们能够通过积极投身绿色环保、志愿服务，肩负起一定的社会责任，能够更关注生命、关注环境、关注自然，并在过程中厚植家国情怀。

作为北京市垃圾分类形象代言人，几年来，"分小萌"带着垃圾分类理念走进家庭，走进社区，走向社会，宣传低碳生活、践行垃圾分类。

为了更好宣传推广垃圾分类理念和知识，学校发起并建立了"分小萌"基地，通过在每个班级设立"绿色银行"、设置可回收物收集箱、建立环保日志等方式，带领队员们积极践行垃圾分类，带动更多同龄人关注和参与到环境保护和社会治理中，形成绿色环保新风尚。张子夏不仅在同龄人中身体力行做表率，也十分关心"家门口"的事。他利用课余时间，积极参与北京市垃圾分类公益活动"分小萌到我家"——垃圾分类实践活动，通过与家长"小手拉大手"的形式，在社区居民中倡导良好的劳动意识和卫生习惯，分享自己的垃圾分类经验和成果，推动社区居民树立"垃圾分类就是新时尚"的生活理念。

2021年12月25日晚，2021年度"新时代好少年"先进事迹发布活动在中央广播电视总台少儿频道（CCTV-14）播出。作为全国"新时代好少年"代表，我校六年级八班张子夏同学的先进事迹被重点展示。活动以纪实的手法，展现了子夏同学在学校的培养下热心环保公益，与老师、同学们携手践行环保、公益的成长之路。

这个活动由中央文明办、教育部、共青团中央、全国妇联、中国关工委联合举办，旨在帮助未成年人"扣好人生第一粒扣子"，锻造中国特色社会主义建设者和接班人，向社会推出全国各地32名优秀少年的感人事迹，引导广大未成年人见贤思齐，向上向善、孝老爱亲，忠于祖国、忠于人民，努力成长为担当民族复兴大任的时代新人。

"环保，自己受益于这样的生活方式，特别想传递给更小的孩子……"这是中央广播电视总台新闻频道（CCTV-13）《真诚·沟通》栏目播出的公益广告《生活中的环保：袁日涉》。袁日涉是我校的一名语文老师、班主任。她小学就读于东高房小学（后为灯市口小学优质教育资源带东高房校区），受学校环保特色教育的影响，学生时代的她就一直坚持开展生态文明志愿服务活动，带动青少年开展植树、节水、爱鸟、限塑、阻击$PM_{2.5}$等环保活动已17年，曾担任中国青年志愿者协会副会长、2008年北京奥运会火炬手，入选"北京榜样"和"中国好人榜"，荣获"中国十大杰出志愿者"、首都精神文明建设奖、北京市"五四奖章"标兵等荣誉。2015年毕业后，她重返母校，投身教育事业，希望借助个人号召力以及多年累积的环保活动资源，让更多的孩子加入绿色环保活动中，也希望与全体老师一起努力，培养阳光快乐、健康成长的孩子。

我给东高房校区确定了特色发展主旨——"绿色家园 美好生活"，几年来一直在学校提倡绿色环保、志愿服务。在"让每一个生命绽放光彩"的办学理念引领下，师生们积极参与环保课程和活动：自编校本教材，开设"生态道德"综合实践课，普及环保知识；成立环保社团；坚持开展"以废换绿"活动十余年，全校师生集体行动，回收废旧纸张、饮料瓶等，设立"绿色银行"，将回收的物品兑换成"绿化款"参与植树绿化；坚持开展一张纸小队、一度电小队、一滴水小队的环保活动；举办校园环保创意秀展示、校园种植责任区以及进行校外认养树苗等活动……在这些实践活动中，同学们不断提高环保意识，关注环保问题，努力践行"爱护环境，我的责任"的理念，提升综合实践能力。

一路走来，我带着老师们大力发展艺术、体育、科技，其间遇到的困惑与大大小小的挫折，时至今日都让我记忆犹新。我全部身心倾注其中，爱人和家人为我遮风挡雨，使我勇敢前行，领导和朋友们给了我无私的关爱和支持，同事和孩子们给了我最大的鼓舞，让我充分感受到了人生的真谛和活着的意义。雅斯贝尔斯[①]曾说:"教育乃是灵魂的教育,而非理智知识和认识的堆积。"我们开展了那么多的教育实践活动,在这"一即多"的场域中,并非只是让孩子学些知识或者技能,而是让孩子通过这些方式展开对真善美的寻求,玩转属于自己的世界。正如苏霍姆林斯基在帕夫雷什中学入口处所写的校训:你在咱们学校应当探索的最主要的东西,就是生活目的。人之根本在于人的灵魂,在于灵魂的美善,学校教育需要超越诸种知识技能的训练,上升到个体精神生长与灵魂化育的高度。

在一次次的实践、感悟中,我竟然不自觉地对这份事业、对自我、对人生有了重新的体悟和发现。对于我来说,我喜欢上这种摸索、践行、反思、超越的历程,不是爱上现在,而是爱上这种永远都在持续发展的状态。我们都在寻找一条路,这条路必然是由爱铺就。但愿和更多的人一起努力,找到自我的内在驱动力,认清自己的长处和短处,以生命影响生命,老师带动老师,学生带动学生,爱上班级,爱上自己,爱上学校,未来走向自己的人生大舞台。我无比坚定地相信,未来,一切都会更好!

[①] 雅斯贝尔斯全名为卡尔·特奥多·雅斯贝尔斯(Karl Theodor Jaspers, 1883—1969),德国哲学家、精神病学家,基督教存在主义代表人物之一。

第六章　文化传承：把每一个孩子深深吸引

"观乎人文，以化成天下。"① 中华优秀传统文化博大精深，是历经千年流传下来的民族精神内核，象征着华夏儿女的精神风貌，它塑造了中华儿女共有的思维及行为方式，其内涵的生命力和影响力已成为未来发展的重要精神承载。

习近平总书记指出："中华优秀传统文化是……中华民族的根和魂，是我们在世界文化激荡中站稳脚跟的根基。"② 当今要实现中华民族伟大复兴的中国梦，必须首先复兴中华民族优秀传统文化。2014 年，教育部在《完善中华优秀传统文化教育指导纲要》中提到："加强中华优秀传统文化教育，是培育和践行社会主义核心价值观，落实立德树人根本任务的重要基础。"在倡导素质教育的今天，对孩子的培养早已不仅仅停留在追求文化程度与基础力上，道德水平、思维深度、价值取向

---

① 出自《周易·贲卦》彖传。
② 选自 2022 年 5 月 27 日习近平总书记主持中共中央政治局第三十九次集体学习时的重要讲话。

等隐性素质,也成为重要组成部分。这也呼唤传统文化的回归,呼唤传统文化的润泽。素质教育更重要的内容应是优秀传统文化,要让我们的下一代从小就了解传统文化的精华,并且努力继承发扬。

如何拓宽优秀传统文化资源的生存空间?如何探索传统文化与当今儿童的有效链接方式与路径?如何唤起当下的儿童对传统文化的兴趣?如何打造优秀传统文化精品课程,助力立德树人的教育实践?如何创新优秀传统文化教育形式,增添立德树人的教育活力?这些是摆在所有教育人面前的问题。当然,传统文化的传承也非一朝一夕之事,需要长期的坚持、长久的积淀。

对标对表,加强研究,不断探索,将中华优秀传统文化融入课程与活动中,始终将"弘扬中华传统文化,传承中华传统艺术"作为学校的教育主旋律,我提出"以中华优秀传统文化为底色,倡导孩子们做中华优秀传统文化的追随者"。在学校,不论是书法、阅读,还是诗词、京剧……从各个方面对学生进行传统文化教育,培养学生对传统文化的爱,最终提升的是文化自信,树立的是中国心。

第一节 星星之火,可以燎原

中华民族发展过程中,从《竹书纪年》《尚书》《论语》《道德经》到二十四史,从孔子、孟子、老子、孙子、墨子、韩非子到文学、史学、哲学、经学、医学等,从盘古开天地、女娲造人到神农尝百草、仓颉造字,从精卫填海、炼石补天、后羿射日到嫦娥奔月、愚公移山、天人合一,都属于中华文化的范畴。人类文明史上的古国,有的衰弱了,有的落后了,有的断代了,有的消亡了,唯有中华民族一直延续着创造着五千多年有文字记载的连绵不断的文明历史,一直延续着创造着博大精深的中华文化,为人类文明与进步做出不可磨灭的贡献。中华文化凝聚着中华民族共同经历的奋斗历程,蕴含着中华民族共同培育的民族精神,贯穿着中华民族共同坚守的理想信念,是中华民族共同创造的精神家园。

习近平总书记将中华优秀传统文化称为"中华民族的基因""民族文化血脉"和"中华民族的精神命脉",使其成为民族精神的源头和"老根",为世界上所有华人提供了"精神家园",使之找到了自己的"基因"所在,有力增强了民族自信心、民族自豪感和民族凝聚力。北京东城区的许多学校都坐落在北京城中轴线旁。孩子们在这样的校园氛围里读书,应该对历史文化有所了解。依据学生年龄特点分层设计,我带领老师们构建了"多元课程体系"——"光彩"课程,在基础性、丰富性和发展性课程三个层面都开设了传统文化课,教授"非遗"项目、国学、书法、中医药以及艺术、历史人文类等。

特别值得一提的是北池子校区。这里曾是故宫的外八庙之一——雍正八年(1730)敕建祭祀云神的凝和庙。立足其独特的地域、历史优势,我们将其定位为中华传统文化特色校,从文化、环境、课程、活动等诸多方面凸显特色,使在这儿接受教育的孩子们在传统文化的浸润中，成为谦逊、明理、儒雅的少年。

走进这个校区，红墙碧瓦，棠风竹影，安静古朴的气息扑面而来。在如此得天独厚的环境中，校园内的书法教室、中国鼓教室、心理咨询室、转播厅、书库等也依然保留着古建的风貌，阅览室就改建在凝和庙的大殿内，孩子在此阅读会有与历史对话的感觉。

书法被确定为北池子校区的一大特色，从一年级起就开设软笔书法教学。三年来，校区坚持软笔、硬笔相结合的模式，逐渐实现校区师生端端正正地写一手好字的目标；借助语文教材，编排、印制带有田字格的"会写的字"；利用"午间十分钟"，指导孩子们积极练习；在注重日常书法教学的同时，加强自主课程书法课和书法精英班午间"墨吧"指导，共同提高学生的书写水平。为了更好地促进书法教育，校区开展了主题为"传承书法艺术，营造墨香校园"的书法讲座活动，邀请专家介绍汉字书法的演变过程，与孩子们互动交流学习书法的方法，并亲自指导学生进行书写；还以"凝和杯"为名，举办硬笔书法大赛，同时鼓励孩子们利用自己所学技能服务他人。春节前夕，他们将一幅幅精心书写的满是祝福的"福"字送到社区里，受到了居民们的欢迎。

三年级学生杰雄写道：

> 我爱上写字还要从二年级的书法课开始，课堂上老师跟我们讲了很多关于书法的知识，让我感受到中华文

化的博大精深，这不只是简单的写字，而是一门艺术。开始练习书法，我的兴致很高，欢天喜地地买笔墨纸砚和字帖，开始认真地练习。一开始，我的进步还是很快的，得到老师的多次表扬，上了一段书法课后，老师总是让我们练习基本笔画，我感觉有点枯燥，有了放弃练习书法的念头。跟爸爸沟通后，爸爸给我讲了"有始有终""善始善终"的道理，还给我讲了好多书法家勤学苦练的故事。在爸爸的批评和鼓励下，我坚持了下来。经过不断练习，我的字写得越来越漂亮，还被选为书法精英班的成员。我越来越喜欢写字并对书法产生了浓厚的兴趣。我多次被学校评为"书法小标兵"，并在学校的书法比赛中获得三等奖。

今年春节，同学们一起写了春联和"福"字，在小年这一天，为社区的孤寡老人送去了我们的祝福。看到自己写的字能给老人们送去温暖，我的心里特别高兴，特别满足。

一位三年级学生的家长说：

书法是中华民族的传统艺术，是中华民族的文化瑰宝，书法艺术蕴含着中国传统文化的精髓。写得一手好毛笔字是我多年以来的愿望。孩子当时居然选择书法课作为兴趣爱好，实在是出乎我的意料。真没想到多年的愿望会在孩子身上实现，心里雀跃不已。当然，要孩子老老实实站在那里练一个多小时，不是那么容易。练毛笔要勤学苦练，不是一朝一夕就能达成，需要培养孩子的兴趣和耐心。

当孩子第一次拿毛笔，看着他认真努力听老师讲解，模仿老师写的字，写得很难看的时候，我鼓励他，让他慢慢跟上老师的脚步。当孩子偷懒想放弃的时候，我提醒他，告诉他坚持是一种习惯，当孩子第一次取得成绩的时候，我支持他，告诉他谦虚使人进步。

感谢学校的书法特色教育，把传统艺术传承下去，感谢老师耐心细致的教导，同时给孩子提供这么好的环境来学习、了解、认识中华民族的传统艺术。看到孩子取得一点点成绩，作为家长，我由衷地感到欣慰。让我们一起努力吧，为传承中华民族的传统艺术做出自己的贡献！

孩子们和中华古诗文"亲密接触"是件非常契合和美妙的事。孩子们都有一套《中华古诗文读本》，整套读本共十二册，按子、丑、寅、卯等十二地支命名，收纳301篇古诗文，包括《论语》《老子》《礼记》等传统古诗文。我督促校区将诵读内容分层并设立奖项，如学生背诵完《子集》，就会得到"《子集》小博士"的奖状，如果有学生将十二册全部背诵下来，学校会颁发"经典诵读小博士"奖。孩子们学习、背诵的积极性特别高，至今已有近百名同学背诵完《子集》《丑集》《寅集》等，获得"小博士"称号。为什么一定要通过奖励的方式让这么小的孩子读并且背下来呢？孩子们能明白国学经典里面的意思吗？让孩子读经典，其实最重要的是把其非常美的韵律和声音表达出来，从而去表达孩子个人对天地的询问。而让孩子们背古诗文，对于每一个成人来说，可能都是比较难忘的回忆。在我看来，人的大脑都是有记忆规律的，小时候很多课文的内容，我们可能都忘了，但无法忘却的总有那么几首经典诗词，仿佛成了流淌在我们身体里的血液一样。每当看到特定的画面或者情景时，我们总会不自觉地念出一句诗。周轶君在《他乡的童年》中也提到：

> 小时候我们背诵古诗会得到大人的表扬，但自己可能并不能理解古诗的意思，但当我们有一天看到了美景，就把这句古诗背诵出来，才发现，语言永远是作为我们一个桥梁，让我们走得更远，它成了我们感受世界的一个容器。

我深深认同这句话。

校园开设的"传统节日"综实课也备受学生喜爱。这类综合实践课程将艺术、书法、自然、人文知识等融入其中，采用探究学习、体验学习等方式进行自主学习，引导孩子感受祖国传统文化的博大精深，积淀人文底蕴，提升文化素养。庙坛研究的成果利用"描·话可爱祖国之庙宇文化"升旗仪式来汇报，学生以凝和庙为"起点"，人人都有机会走上台，介绍庙宇文化建筑特色、名人趣事、历史文化等。学校还"走出去",进行研究体验活动。孩子们走进国子监、孔庙博物馆等,亲身体验"开笔礼"以及"礼、乐、射、御、书、数"六艺,激发了对传统文化的热爱。学习形式包括在课程中观看相关视频、课堂讨论、自主研究。学生围绕"孔庙"进行探究、学习和实践。走进天坛,除了对天坛的历史和建筑特征进行研究外,老师还会把古代的礼仪教给孩子们。在"传统节日"主题中,学生完成"清明""端午""中秋""冬至"主题式综合实践活动,这一方面让学生更深入地了解传统节日,另一方面引导孩子在解决问题的同时,体验和经历探究的过程。在此过程中,学生加强对中华优秀传统文化的了解,从而产生兴趣并自觉地传承和发扬。

《光明日报》北京站副站长董城在对学校"传统文化进校园"进行调研后,给予学校高度评价:

> (这所学校)是首都基础教育的标杆,它"拎"出了一条传统文化教育的逻辑主线。学生的整体素质很强,老师也很有获得感,因此学校不仅在培养人,更在塑造人。

《中国教育报》原摄影部主任鲍效农说:

> 通过摄影记者的眼光,我观察到学校所传递出来的是一个文化"符号",感受到其洋溢着强烈的校园文化育人氛围。

第六章 文化传承：把每一个孩子深深吸引

2021年11月，教育部发布第三批全国中小学优秀传统文化传承学校名单，灯市口小学榜上有名。

传统文化教育肩负着传承前代文明和铸造新型社会公民的重要任务，也正因此，灯小资源带力求通过课程、通过课堂、通过活动，让学生将中华民族几千年延续下来的爱国、勤奋、立志、诚信、孝敬、仁爱、勤俭、知礼等传统美德传承下来，并使之成为学生内在素质、内在品格，为培养具有中国文化素养与现代意识的公民而奠基。经过学校的引导和教育，学生深深爱上了我们的优秀传统文化，培养了文化自信。

如今，中华传统文化已经融入学校课程、活动的方方面面，在各个校区扎下根去，让学生了解、感受中华文化与美德，对古老的文化、技艺产生兴趣，从而发自内心地接受、喜爱并自觉地传承下去，成为中华优秀传统文化的追随者！

在我看来，不管是唱京剧还是下围棋，不是技能上让孩子能掌握多么精深，其实还是注重孩子在这个过程中对传统文化的了解和体验，懂得这是老祖宗的文化，我们应该敬畏并传承。目的是什么？是帮助孩子们在行走人生中完善自己、丰富自己，增加自己的内涵，进而更加爱自己，最终学会爱别人。为什么要让每一个生命绽放光彩呢？因为我们的世界是由一个个完整的个体组成，他融到大世界当中的时候，每个个体都像是一颗星星，星星之火就可以燎原！教育本身就是以生命影响生命，即使一个人的力量卑微或渺小，团结起来，便可以发出最亮的光！

第二节　无限相信书籍的力量

读书，这个我们习以为常的平凡过程，实际上是我们心灵和上下古今一切民族的伟大智慧相结合的过程。

作为一名教育工作者，读书也是我的一种生活方式。我家里以及单位的书柜，除了一些摆件，摆放得最多的是书刊，而且多是教育类书刊：《人民教育》《教育研究》《北京教育》《给教师的建议》《道德经》《论语》《庄子》……有时候我的书柜并没有那么整齐，从来都是随手可取，我偶尔也会忘了阅后把书放到原位置。每次看到这些书，我都会有一种不可言说的踏实和满足。每当夜深人静之时，随手取一本，翻翻看看，了解教育的新发展、新动态，我也确实学到不少东西。每晚读一会儿书，长期坚持下来，我收获的不只是信息或者知识，更觉得自己和这个世界走近了些。

我也会常常俯身案头，将自己的读书体悟记录下来，但这不是目的，而在于针对自身的状况，"虚心涵泳，切己体察"[①]。有时急就一些发言稿，或者为报刊写应急稿，有时也有一些论文或者汇报稿甚至有些幻灯片要制作。碰到课题或者专著，就比较费时费力气，不过最费时的还是写书，比如写这本《爱上学校》，把每个字敲下来，就占去很大一部分时间。我喜欢这样沉淀自我的时刻，读书于我，就像是空气一般，不可

---

① 朱熹教人的读书之法。

第六章 文化传承：把每一个孩子深深吸引

或缺，我也能体会到钱锺书先生"不求万物，唯求一书"的境界。阅读带给我的太多太多，是一个又一个的新境界。

我一直觉得唯有阅读才能使人生更加富有内涵，更加充盈幸福。读好书，读有用之书，才能开启智慧之门。我国的经典作品，博大精深，承载着民族的历史和文化，体现着民族的情感和精神，品读这些经典著作，我们可以感悟到许多中华传统美德。例如，《弟子规》中有"入则孝，出则悌，谨而信，泛爱众"，我们要学习这样的美德；《论语》中有"三人行，必有我师"，在学习上要有谦虚、好学的美德；"莫等闲，白了少年头，空悲切！"告诉我们在完成每一件小事上都要有自律自觉的美德。

有一本书至今影响我至深，那就是《给教师的建议》这本书。在我人生的不同阶段，在面临一次次角色和思维转换时，我每读这本书都会有新的收获与启发。我想这正是因为苏霍姆林斯基教育思想的普适性、先进性，且符合我国所提倡的素质教育的规律，书中提出的德智体美劳等方面的教育命题都有着深刻的哲学意义。这本书直指教育的本质是什么，引领我对教育的认知。正如苏霍姆林斯基所说："每一个儿童都蕴藏着某些尚未萌芽的素质。这些素质就像火花，要点燃它，就需要火星。"我认为教育就是"点亮"，要把每个孩子看作独特的生命个体，把每个孩子都视为英才，使其在自己的基础上有所发展。我们要"点亮"孩子的内动力，实现孩子的自我教育、自我发展，使孩子们在不同领域绽放属于自己的光彩。

书，承接昨天与今天，连接我与你，回答"从哪里来，到哪里去"的终极追问。阅读，是对自我的找寻；推动阅读，是在共同体中重建精神的宇宙。学校就是一个读书的地方，作为校长，推动读书、推动阅读是我这几年工作中想方设法去做的事情和工作内容。我呼吁师生"多读书、读好书，与阅读交朋友"，希望孩子们通过读书，激活自己那颗活泼的心，以最佳的状态立于人世间。在我的带动下，学校一直以传承和弘扬传统文化为己任，努力在师生中营造浓厚的读书氛围、读书习惯和读书文化。

作为教育者，我赞同教育家苏霍姆林斯基的阅读观。书籍有着无限的教育力量，阅读能促进学生的自我教育，促进学生德智体美劳全面发展，培养学生终身学习的能力。因此，我以"让阅读点亮人生"作为推动读书的理念，将学校打造成推动读书的"动力源"，在"让每一个生命绽放光彩"的办学理念下，开展丰富的教育教学活动，"多读书、读好书，与阅读交朋友"。我希望通过我的力量，带动师生、家长爱上阅读，形成学校、家庭、社会共同推广读书的文化氛围。

身为师者，我要做学生的"引路人"，更要坚持阅读，与书籍为友。作为校长，我以身作则，引领学校行政团队、教师团队开展读书活动，提高教师的阅读素养。读经典名著，夯实文化底蕴；读教学专著，强化理论指导实践；读教育学、教育心理学，有效引导学生身心健康发展；关注时事新闻，学习国家政策文件，明确教育方向。学校每学期还为各校区、各部门、教研组、阅览室、班级图书角等配备新书，不断更新丰富师生阅读的书目，组织读书沙龙等交流活动，营造良好的读书氛围。

为了激发学生的阅读兴趣，我们开设丰富的阅读类课程，让阅读深扎课堂。在学校"生本、自主、开放、创造"的课程和课堂文化引领下，我们构建了基础性、丰富性、综合性三个层面，涵盖"德·彩""文·彩""健·彩""美·彩""创·彩""劳·彩""综·彩"七大板块的"光彩"课程体系。其中，"文·彩"板块课程中构建了"语言与人文"领域的系列课程，在基础性课程中，除语文课外，还开设阅读必修课，聘请专职的教师。在丰富性课程中，教师们编写了《阅读·悦读》校本课程指导用书12册和《从"小"学文化》等书籍，开设了辩论、绘本阅读、新闻采访与写作等选修课。在综合性课程中，秉着"开卷有益"的思路，学生在综合实践活动课中用阅读丈量历史，用行走开启书香生活。如在"童心看中轴"主题式综合实践课上，学生围绕北京中轴线上14组建筑群进行实践研究，通过阅读书籍、查找资料、实地走访、动手制作等活动，认识北京中轴线，提升中华文化底蕴，培育爱北京、爱祖国的情怀。

阅读是一切学习的阶梯，应贯穿各学科的课堂。我们提倡开展全学科阅读，推动整本书阅读，提出"1+N"阅读等理念。由教师为学生推荐合适的必读书目和选读书目，设有班级阅读评价表，针对学生阅读数量、效果、分享情况进行红、黄、蓝三色笑脸的分级评价，评价表的标题是具有班级特色的阅读口号。

为大力营造学校良好的阅读氛围，我与干部、老师们坚持举办读书节、古诗词大赛、成语大赛，开展朗诵、演讲、讲故事、辩论赛等，进行优秀绘本巡展、图书漂流、书签设计等活动，促"书香教师""书香学子""书香班级""书香家庭"不断涌现。"读书·发现·创造"主题读书节系列活动每年一次，已经成功举办了五届。在读书节期间，学生有朗诵、讲故事、演讲比赛，有优秀绘本巡展，有图书漂流，有图书封面、书签设计等。我们还通过官方微信公众号设立"乘着诗歌的翅膀""点亮小书架"等诗词、书籍推荐栏目，营造浓厚的阅读文化氛围。在2021年建党百年之际，学校还与商务印书馆携手，打造"中国出版史与阅读"系列课程，通过专题讲座、开设课程、开展活动等形式，开展对中国革命史、中国印刷史、中国教育史等的学习，传承红色基因，营造"家校社"协同育人的书香氛围，让历史"照亮"未来，让阅读"点亮"人生。学校连续获得"书香燕京"读书征文活动优秀组织奖。除了每年的读书节活动，还会结合时令举办小型读书活动，比如"中秋诗会""端午诗赋传情""春联灯谜文化周""冬至话节气""老舍先生作品朗诵会""读书漂流"等活动，同时借助学校"诗词大赛""成语大赛"等活动，激发学生对古诗文的热情，评选"小博士"，让诗歌浸润心灵，让文化得以传承，在丰富多彩的活动中提高全体师生的阅读素养。

要想提高学生的阅读力，教师就要先提高自身的阅读力。我重视教师队伍建设，加强对语文教师语言文字应用能力及使用规范的培训，同时，设立专职的阅读教师，打造阅读教师品牌。每学期通过教师制订个人读书计划，定期通过语文学科组会、教师培训、教师读书沙龙，以及作家进校园、专家学者进校指导等活动，开展"整本书阅读"的指导教学，开展科幻阅读、朗诵、演讲等相关内容的培训，提高教师阅读素养。要求教师的学习应秉承"学高为师，身正为范"的原则，读好四类书刊：读经典名著，夯实文化底蕴；读教学专著，强化教学理论指导教学实践；读教育学，悟学生心理，有效引导学生行为；读报纸杂志，知国家政策、时事，明确行动方向。倡导教师树立大语文观，根据课堂教学内容向学生推荐优秀课外读物或拓展相关主题的优秀文章，在备课中渗透相关内容，同时做好拓展阅读资料的积累整理工作。

我提倡让读书活动浸润在学生的日常生活中。每周一设立晨诵时间，每周二午间设立"朗读者"栏目，通过学生对精彩美文片段的朗诵，打开学生的阅读视野，推动课外阅读的开展。

学校自2015年起在学校微信公众号上推出"乘着诗歌的翅膀"栏目，坚持了多年，已成为学校的传统，累计播出50余期。栏目以师生朗诵诗歌的形式，开拓眼界，展示师生阅读积累和朗诵风采。其中，"聆听师者的声音"子栏目作为对学生朗读的引领，通过教师的率先垂范带动学生的朗读热情。

2020年，我带着老师们又推出了"点亮"小书架栏目，同时通过学科联动，美术老师还为"点亮"小书架栏目设计了温馨的标志（logo），标志中的花朵象征着灯小每一个光彩绽放的孩子，绿色的书籍则是陪伴孩子健康成长的枝叶。每期由教师为孩子们推荐一本书，赏析书中的精彩片段。此举旨在使师生和好书交朋友，养成阅读的习惯，不断积累，使成长和收获越来越丰厚，用阅读照亮人生！

抗击疫情期间，各年级开展"阅读经典，与好书交朋友"系列活动，通过绘制小报、书签、思维导图、写阅读日记及开展亲子阅读等方法，使学生养成坚持每日读书的好习惯。学生在学校的号召与老师的鼓励下踊跃参与了"第四届北京市中小幼朗诵展示活动"，前后两批次报名人数共计五百余人，其中有不少学生进入了区级展示并获得好成绩。学校也被评为朗诵基地校，我还应邀参与了北京市教育学会举办的"见字如面·以声传情"优秀作品现场展示活动，我校三年级小谦同学的一封信《给关羽将军的信》在全市七百余所中小学的学生作品中被选为优秀作品参与线上展播。在浓厚的阅读氛围中，在丰富的阅读教育教学活动中，学校还承担了《有效整合语文课程中的中华优秀传统文化资源》《以优秀传统文化为主题的语文校本课程建设与实施》等课题研究，以课题为引领，帮助师生在阅读中汲取中华传统文化的丰厚养料，积淀文化素养，提高人文素质。

在"让阅读点亮人生"的理念倡导下，阅读已成为学校的精神追求和价值取向。同时，师生更通过公众微信号宣传、参与社会实践活动等方式，将"多读书、读好书，与阅读交朋友"的倡议传递给更多的人，帮助更多的人在阅读中提高自身综合素质，涵养品德，为人生奠基，开阔视野，提升文化意识。我还被评为《中国教育报》2021年度推动读书十大人物。

"最是书香能致远，腹有诗书气自华。"与书相伴的每一分钟，都是对人生最大的奖赏，我期待更多的人与书为友，与经典同行，享受阅读，体悟人生，唤醒心中向上的动力，让校园溢满书香，让阅读点亮人生！我无限相信书籍的力量，我无比希望我的老师们、我的学生们都能把读书当作一种人生态度，一种精神追求，一种生活方式。这种坚持下，我会看到一些成效凸显出来：

一年级学生子熙：

> 我爱你书籍，我从三岁开始在你的世界遨游。是你给我了知识，让我认识更多的汉字；是你教给我做人的道理，让我成为一名合格的小学生；是你给了我快乐，让我健康成长。
>
> 一年级后，我还阅读了《天才小狼的烦恼》《狗来了》这两本书，它们丰富了我的想象力。我推荐给了我的小伙伴们，让我们一起爱上读书吧！

四年级学生妙言：

> 如果我是一棵小树，那么书就是灿烂的阳光，它照耀着我，让我快乐地成长；如果我是一条小鱼，那么书就是清清的溪流，它滋润着我，让我快乐地嬉戏；如果我是一只小鸟，那么书就是碧蓝的天空，它支撑着我，让我快乐地飞翔！
>
> 从走进学校，成为小学生的第一天起，我就听滕校

长说:"要和阅读交朋友,阅读可以点亮人生。"我们的学校里到处都能看见图书,可以随时借阅自己喜欢的书。老师还经常鼓励我们要坚持读书,养成每日读书的好习惯。

我最喜欢的一句话就是"腹有诗书气自华"。渐渐地我喜欢上了读书,从书中吸取养分,来丰富我的知识,提升我的智慧,磨炼我的意志,开阔我的心胸,用书籍的力量来充实自己,温暖他人!

六年级学生乙歌:

我是班级科幻小组的一员,最喜欢科幻小说啦!《三体》我读过好几遍呢!还有《流浪地球》《机器人》……都是我的最爱。在大郭老师组织的活动中,我结识了《中国青少年科幻分级读本》,这套书一共五本,里面有许多小故事。每当阅读时,我都会浮想联翩。也许在浩瀚无垠的宇宙中,正有个外星孩子隔着茫茫星海,向我张望。也许我的身边会有一个机器人伙伴,可以带我上天入地,可以带我遨游世界。也许我会拥有一台时光穿梭机,可以去到遥远的未来,体验当时生活的精彩……

还有些故事拓展了我的思维。比如韩松老师的《绿岸山庄》,主人公假设宇宙是具有荒谬性的,我们身处的宇宙都将是虚幻的,人们可以制造宇宙并置换原来的宇宙。"宇宙既然如此,那为什么我们还要存在下去呢?"

这个富有哲理的问题给了我无限的思考。

书籍，是益友，也是良师。它指引我，启发我，把我带入无限的想象空间。我爱读书。

曹老师：

我喜欢读书，不是为了附庸风雅，也不是为了博取功名，更不是为了在人前卖弄。我读书，就是喜欢。打开书，感觉就是走到了一个新的天地。在这里可以听有学问的人侃侃而谈，而无须自己正襟危坐；可以跟随背包客徒步卡拉哈利，而无须自己汗流浃背；可以走进显微镜下的世界，近距离观看分子的结构；可以游历千年古都北京，感受她厚重的历史文化。在阅读了大量的文化类书籍，走遍了北京大大小小的博物馆之后，我编著了《从小学文化》一书，开设了主题校本课程，希望把我的所读所悟传授给孩子们，用我的读书热情带动孩子们一起读书，一起学习并传承中国优秀的传统文化。

语文张老师：

学校一直以来非常重视阅读，这使从小就喜欢阅读的我有了和孩子们一起阅读的时间和空间。课堂上，我们共读好书，学习做各种有趣的读书笔记，交流自己的阅读感受。"一张纸做一本书"、线上的"云上朗读会"……我们一直行走在阅读之旅中,享受读书的情趣。阅读课俨然成了孩子们最喜欢的课程之一,下课后他们总会追着我问:"张老师,咱们下一本读什么书啊?"原来不爱读书的孩子现在出门也会必带一本书,等车时看,坐地铁时看,逛公园休息时看……书已经成为孩子们生活中必不可少的一部分。在孩子们的心中种下一颗热爱阅读的种子,看着它生根、发芽,慢慢生长,真的是一种幸福。

老师和孩子化身快乐的"小书虫",
在思想的原野恣意奔腾。
悟书之哲理,
赏云卷云舒。
在书香中,
体味世间的万象,
汲取成长的力量,
升华人生的境界。

第三节　搭建一场孩子与诗的约会

诗言志,歌永言。我是喜欢古诗的。在诗里可以读到祖国的大好河山,可以读到古人的爱恨情仇,更可以读到诗人的忧国忧民。正如清代叶燮所言:"诗是心声,不可违心而出,亦不能违心而出。功名之士,决不能为泉石淡泊之音;轻浮之子，必不能为敦庞大雅之响。故陶潜多素心之语，李白有遗世之句，杜甫兴广厦万间之愿，苏轼师四海弟昆之言。凡如此类，皆应声而出。其心如日月，其诗如日月之光，随其光之所至，即日月见焉。故每诗以人见，人又以诗见。"[1]古诗词中蕴含了诗人的心灵、智慧、品格、情操，常与诗词相伴，不仅可以提升我们的心灵品质，更可以让我们成为一个有感情、有修养的人。

我与诗词的结缘是在品读《红楼梦》时，里面的诗词让我多次品读，引发我不自觉地走进诗词的世界里。我喜欢看中央广播电视总台的经典栏目《中国诗词大会》《经典咏流传》。在我看来，唐诗宋词中的经典作品能够传至现代，不仅仅是专家学者书桌上的研究之物，更应是广大普通群体，尤其是学生用于滋养精神的园地。

有时候浏览朋友圈，几张美丽夕阳风景图，有人配诗"落霞与孤鹜齐飞，秋水共长天一色"，而有人却只能说"简直太美了"。这会促使我想在学校好好开展诗词教育，希望我的学生们未来也能文思泉涌，下笔千言。

莫砺锋在其自述中曾谈道："今年已古稀，夫复何求？每日诗书相伴，甘心老是乡矣！"年逾七十的莫老仍希冀带领更多人领略唐诗宋词这座名山的瑰丽胜景。对于一座学校而言，搭建一场场孩子与诗的世纪之约，想必孩子们置身其中定能够收获颇丰吧！丰子恺说，儿童"在我心中，占有与神明、星辰、艺术同等的地位"。对于天真烂漫的孩童来说，诗就在身

---

[1] 见清·叶燮《原诗·外篇上》。

旁。我的动力就来源于此。也许对于很多诗词，孩子无法立即明白，但我坚持认为古诗词是潜移默化的教育，古诗词带给孩子的是一种潜移默化的力量，存留在孩子的身体里，让它安静地沉淀在孩子的基因里。

由此，学校"诗词大会"诞生了！我们仿照中央电视台的《中国诗词大会》，通过班级、年级、校区和资源带开展古诗词大赛。每一年，我们都会搭建一场孩子与诗的约会！发挥优秀传统文化润泽心灵、锤炼品格、开阔胸怀、提升修养的作用，提高孩子们的文化素养和道德修养积淀，开阔孩子学习知识的广度。校级赛之前，各年级进行年级赛。比赛的24道必答题和36道抢答题包括古诗连句、专题连线、飞花令、寻千古绝句、画配诗、文字线索、知识积累、情境运用8个项目。最后，每个年级出两支队伍，每队3人参加学校比赛及总决赛。高年级学生赛得激烈，一、二、三年级的小同学们也不甘示弱。他们或是穿上古色古香的传统服装，或是打扮成"小红军"，在比赛现场诵读起所喜爱的李白、岳飞、毛泽东等诗词大家的作品，"亮"出自己的诗词功底。

比赛中，孩子们释放才情，以诗会友。爱诗词、读诗词的学生可远远不止来到赛场参赛的这些同学。十来岁的小孩子，是怎么储备起丰富的古诗词知识的呢？我们给出了"五大招"，在日常学习、生活中激发学生对古诗文的热情，让阅读融入生活，让诗歌浸润心灵，让文化得以传承：

第一招："1+1"阅读，拓展古诗学习

语文课上教师在教材中古诗的基础上，根据同一诗人或同一主题，拓展一至两首或一组古诗让学生背诵，加大学生古诗的积累量。

第二招：开设"诵读"短课，吟诵积累

利用每周三次晨诵时间，带领学生进行古诗词吟诵、必背古诗词积累和拓展类古诗词积累。一至六年级拓展类诵读包含《弟子规》《三字经》《中华古诗文读本》《中华古诗文经典诵读》《论语》。

第三招：发挥"互联网+"的作用，开展读诗活动

学校微信公众号推出"乘着诗歌的翅膀"栏目，结合传统节日或节气，邀请师生、家长一起参与诵读活动，还配合诗配画、书法、手工制作等多种形式，激发同学们读诗的热情。

第四招：结合校区特色，开展诵读活动

2019年是伟大祖国七十华诞，也是"六一"国际儿童节设立70周年。值此之际，我们组织小同学们用一场精彩的诗词诵读会为祖国献礼！举行"诵诗词之韵　赏四季之美"主题诵读会，孩子们诵读了多首与四季有关的诗词，还上演了一场诗词与戏剧的相遇，在雅言中传承中华优秀传统文化，在诵读中弘扬中华美德、陶冶性情！戏剧社的孩子们还倾情助演了新编排的《诗韵·二十四节气》剧目。在诗词诵读会上，他们尽情展现自我，在中华诗词的韵味中度过了快乐的"六一"儿童节！

第五招：开展丰富活动，弘扬传统文化

孩子们在有趣、丰富的活动中，不仅记住了诗词美文，更学会了一种本领、养成了一种品质，让中华优秀传统文化

在心中生根。"诗意月光，中秋诗会""粽香端午，诗赋传情""寻找最美童声，与濮存昕一同读古诗词"等活动，让学生体会到汉语言文字音律的美妙，传承中华传统文化。

我想，为学生们搭建这样的平台，就是为了让每一个孩子都能浸润在传统文化中，重温诗词之美，感悟诗词之趣，展现诗词之韵。

除活动之外，我们还构建了古诗文诵读积累体系。《学校古诗文诵读积累体系》中规定了必背古诗文、必背经典、拓展积累经典等内容，通过开展晨间古诗文诵读、午间古诗文讲读、升旗仪式展示、古诗文简笔画、评选"经典诵读"小博士等活动，促进学生学习古诗文，提高语言素养，启迪智慧，传承中华传统文化。我们自2016年开始引进《中华古诗文读本》的诵读，整套读本分为子、丑、寅、卯、辰、巳、午、未、申、酉、戌、亥共12册，收纳301篇古诗文，包括《论语》《老子》《礼记》等传统古典诗文。通过多种形式的诵读，我们充分相信并鼓励学生大量积累、运用优秀古诗文，传承中华传统文化。

我们组织古诗词大赛，不是单纯地比谁背的诗文最多，而是希望学生在童年时代，多亲近古诗文，收获感动，有所感悟，培养对万事万物的感知能力，通过对优秀传统文化的学习，提升传统文化素养，塑造高雅的谈吐和人文气质，长大后成为一个对社会和人类都更为关怀的人。当孩子读到"南朝四百八十寺，多少楼台烟雨中"时，会感受到江南烟雨蒙蒙的楼台景色；读到"不要人夸颜色好，只留清气满乾坤"时，会为墨梅的高风亮节深深感叹；读到"三十功名尘与土，八千里路云和月"时，会为岳飞的爱国情怀所深深感染……

正如王夫之所说："兴者，性之生乎气者也。拖沓委顺当世之然而然，不然而不然，终日劳而不能度越于禄位田宅妻子之中，数米计薪，日以挫其志气。仰视天而不知其高，俯视地而不知其厚，虽觉如梦，虽视如盲，虽勤动其四体而心不灵，惟不兴故也。圣人以诗教以荡涤其浊心，震其暮气，纳之于豪杰而后期之以圣贤，此救人道于乱世之大权也。"[1] 学校能做的，最终是引导孩子们朝着这个方向迈进吧。希望孩子们最好能够跳出应试里的死记硬背，而能够通过"感发意志"，从诗词里得到精神层面的滋养，受到教益，超越现实，活出诗意人生。

我也非常认同一位教育专家的话：

> 被古诗滋养的孩子，得到的不仅仅是诗情和文采，实际上也成为被生活和命运多一份垂青的人。

第四节 "唱念做打"小天地，"生旦净丑"有大戏

在我看来，京剧是一门"形式大于内容"的艺术，在发展的过程中，它完成了自身的更新迭代，几番被动或主动的

---

[1] 见清·王夫之《俟解》。

"戏改"过后，保存了最有生命力的内核。我们做京剧教育，孩子在舞台上表演的剧目，大多反映的是父母恩、师生谊、朋友义、家国情，是到了任何时代都值得被珍藏的情感。我也希望孩子们在京剧的世界里养成正确的人生观和价值观。

2016年，教育部提出"大力推进高雅艺术、传统戏曲进校园"的要求。我们的京剧艺术教育以"传播京剧艺术、弘扬传统文化、普及京剧知识、培养京剧观众"为宗旨，从京剧团、京剧校本课程、京剧综合实践活动课三方面进行全方位的京剧教育普及。写到这里，不得不提一位体育老师——董老师。

2013年7月，我来到灯市口小学任职。上任伊始，我就提出了"让每一个生命绽放光彩"的办学理念，且在培养师资队伍方面倡导教师"1+N"培养模式，即教师要上好自己的专业课，同时还要有能力带好一支学生社团或开发一门校本课程。

当时，董老师是一名区级体育骨干教师，同时也是一位喜爱京剧艺术20余年的业余爱好者。据他本人讲，京剧占据了他几乎所有的业余时间。除了做好、做精本职体育教学工作外，他自己也总想找机会，把京剧给学生们讲一讲，让孩子们也来接触、欣赏、喜爱国粹！正是受益于教师"1+N"培养模式，他从带好一支学生社团入手，于2013年9月组建了学校"育英少儿京剧社"，由他教授老生唱段。但当时只有两名学生报名参加活动，可谓是惨淡经营。

2014年3月，在东城区教育"深综改"背景下，学校成立了优质教育资源带。2014年9月，我又提出了开发校本课程的理念，董老师所负责的"美丽的京剧"校本课程也应运而生。随着京剧校本课程在几个校区的实施，更多的学生开始了解、学习京剧，从而对京剧产生了浓厚的兴趣，参加京剧团的同学也逐渐增多了。

2015年9月，在我的帮助下，董老师和负责教学的宋副校长以及当时的四年级组老师一起开发了"国粹京剧混合式综合实践课"。每一名老师各自承担一个"京剧微课"主题的开发，并设计导学单。课程开发由一个人的课程变成了一个团队的课程，教师从一个人到一个团队，受益者从十几个学生扩大到一个年级的所有学生。

随着京剧教育在学校的普及，越来越多的学生加入京剧团，从一开始的几名学生，到目前一至六年级百余名学生，逐步形成"三低一高"的梯队培养模式。京剧团也由最初的老生行当一个分团，逐渐发展到覆盖"老生、花旦、青衣、老旦、花脸、丑"多个行当十余个分团。每天不同年级和校区都有课后京剧学习活动。

为保障京剧教学的专业性，学校出资相继聘请北京京剧院老生名家徐尚宾、国家京剧院旦角名家白玉玲、中国戏曲学院优秀毕业生刘瑞婷、"非遗"京剧舞台脸谱传承人盛华、中国戏曲学院花脸名家李英才、中国戏曲学院丑行名家王贵勤、知名少儿京剧启蒙专家张雪平，来校指导教学，形成一支"校内＋校外"相结合的专业化京剧教师团队。

自2013年9月至2017年4月，京剧团已经有42名学生，涉及生、旦两个行当，当时董老师就有了举办首届学校京剧专场的想法。但是，孩子们没有演出服装，因为京剧服装都价格不菲，还需要给学生量身定做。我知道了他的想法后，毫不犹豫地给予他2万余元的经费支持，用于给学生置办京剧行头。经过一个月的准备，2017年6月6日，灯小首届京剧专场顺利举办，虽然当时还有一些缺憾，但是这些缺憾，在接下来的连续3届京剧专场中，都一一得以改进。

2018—2022年，我们对京剧项目的投入逐渐增多，还为学生量身定做京剧服装。在每一届专场结束后，我都会对董老师提出新的要求，如：能否增加京剧行当？能否增加学生参演人数？能否有现场乐队进行伴奏？能否排演小学生主演的京剧折子戏？我逐个解决这些问题并支持京剧课程社团的发展。每届专场都能够突破一个问题，最终在2021年5月11日举办的第四届"梨园蓓蕾　传承绽放"京剧专场中，推出了一场"生旦净丑四行当、参演学生百余人、现场乐队伴奏"的京剧折子戏《钓金龟》较为完美的演出。我记得当天演出结束后，我上台和他说了三个字：非常好！京剧专场现在成为了学校的品牌活动之一，他也成为学校的"品牌教师"。

另外，对于京剧团的未来发展，我也高度重视。其实在历尽艰辛、排除万难，收回地下体育馆的时候，我早已计划好，要为京剧团修建一间京剧专业教室。2019年京剧教室建造完毕，教室内两面有镜子、把杆，屋顶有祥云图案，突显中华传统文化气息。京剧团的学生们见到京剧教室都异常兴奋，我也特别高兴，有这样专业的京剧教室，京剧团一定可以更好地发展。

在贯彻落实东城区"文化·传承2030"工程方面，我们弘扬优秀传统文化，在学校开展"非遗进校园，一周一传承"活动。2016年9月，学校聘请"非遗"京剧舞台脸谱传承人盛华来校，教授京剧脸谱课程。因其自幼酷爱京剧脸谱，借盛华首开山门之际，董老师于2017年7月29日拜师盛华，成为正式弟子，研习脸谱相关理论及勾画技艺。他拜师当天，我抽出时间，全程参加了他的拜师仪式，并嘱咐他好好向老师学习，学以致用。拜师后，他在学校其他校区也开设了京剧舞台脸谱课程，传承传统文化，发展"非遗"课程。

2022年2月，董老师成为东城区全职"交流轮岗"教师，在北京市第166中学附属校尉胡同小学进行轮岗。我对他讲：除了上好体育课之外，还要把京剧项目实践经验成果辐射到轮岗学校，使校尉胡同小学的学生能够在"双减"课后服务中了解、学习、喜爱国粹京剧艺术，传播中华优秀传统文化。于是，他在轮岗学校成立了京剧团，并担任授课工作。

9年来，在学校搭建的平台上，董老师也得到了成长和发展，走出了一条"体育+京剧"双轨并行的教育教学之路，被评为东城区唯一一位"小学体育"和"小学戏曲"双学科带头人，还获得"北京市优秀教师"称号。"教京剧的体育老师"如今已经成为他的代名词。

在学校所倡导的课程文化背景下，他将自己的京剧爱好打造成社团，发展为课程，传承了"非遗"，使学生在校内能够接触并学习中华优秀传统文化，形成热爱京剧艺术，热爱生活的文化理念。写到这里,我的内心涌动着一股暖流,师生能够在学校这个场域有所成长或者发展,乃是最有意义的事情吧!

四年级的尼迦在上了京剧课后写下了他的感想:

> 教我们京剧的是董老师,三十多岁,高高的个子,黑黑的面容。原来他是高年级的体育老师,但是因为他喜欢京剧,所以就教我们上京剧课了。我喜欢上京剧课,里面有很多以前我不知道的知识。
>
> 又到上京剧课的时间,我很高兴也很兴奋。董老师上课很幽默、有意思,每次我们提出的问题,他总能一一回答上来,在我心里他是一个学问渊博的老师,我喜欢上他的课。他总给我们说京剧是中国的国粹,大家都要了解它,现在我喜欢上了京剧活动。
>
> 今天我们的京剧课的内容是"旦"角儿。老师先给我们介绍了旦角儿的分类,有刀马旦、花旦、老旦、青衣等,接着通过看图片又给我们分析旦角儿的特点,比如旦角儿多是女的,温柔、优美。在化妆上也是有区别,但是也有的很像,比如青衣和花旦的妆容就很相似。讲完了这些董老师总会向我们提问。今天董老师说:"你们能够区别青衣和花旦吗?"我想:本来就看着像,还要分出来有点难度。同学们也是安静,后来开始小声地讨论起来:有的说看头饰,有的说看化装,还有的说看服装,大家你一句我一言地说着。这时,老师示意大家安静下来,然后给我们看两张对比图,和我们一起分析。

区分青衣和花旦,首先看头饰。青衣头饰的颜色以银色为主,而花旦的头饰就像其名字一样很艳丽且偏蓝色。老师说完我又仔细看了看图片,找到了区别这二者的主要方法。

活动结束了,我心里很开心。哈哈,我又学会了一个本领。京剧中的角色很多,都有其自己的特点和个性,我们可以通过外貌和服饰来判断京剧角色。真是很棒!我喜欢京剧,也要多学习京剧的内容,将京剧艺术传承下去。

还记得2017年6月,京剧社团的学生迎来了首次汇报演出。京剧社团学生共表演了12个唱段,包括传统戏、现代戏和礼士校区的京剧操。同学们的表演得到了来宾的赞赏与认可。

2018年5月,第二届京剧社团专场演出在前门老舍茶馆举办,小演员们身穿专门定制的京剧行头,表演了《穆桂英挂帅》《坐宫》《甘露寺》《打渔杀家》《御果园》《打龙袍》等18个选段和选场,涉及老生、青衣、花旦、老旦、花脸等行当,均是京剧传统戏,获得满堂喝彩。小演员们有板有眼、字正腔圆。

手眼身步传神韵,唱念做打皆功夫。这次登台展示的一至六年级学生,最小的只有6岁。孩子们小小年纪,对什么是担当、什么是付出就已经有了自己的理解。走进后台,孩子们带着精致的头饰,细密的汗珠从鼻梁渗透出来,但没有孩子去抹,因为一抹,化装后的脸就得返工。勒头是京剧化装手法,需要用布带子把头勒紧,把眼眉吊起来塑造角色。对于非专业的小演员们来说这真是一种历练,但没有一个孩子喊苦叫累。表演《桃花村》选段的5位小演员,仅化装就要30分钟,演出后还要带装等待,直到最后谢幕。"虽然勒头挺难受的,但为了唱好这台戏,我也要坚持到底!"表演京剧《御果园》选段的小演员庆峣同学说。

三年级的子栋同学此次表演的是京剧《定军山》选段。虽然只学习了一年京剧,但他深深喜爱上了这门传统艺术,经常随学校京剧社团和董老师去长安大戏院看戏。为了这次演出,他还专门查阅了关于《定军山》的资料,剧中老将黄忠建功立业的英雄形象和家国情怀在他心里扎下根去。在专场大轴节目《二进宫》中,饰演杨波的五年级旭阳同学,从二年级起就开始学习京剧,是京剧社的老成员。提起京剧,他就有说不完的话:

一年级时我想学画画,是妈妈建议我学京剧校本课,接触后我很快就喜欢上了京剧。京剧里能学到好多知识,唱腔也特好听,我还想和老师同学们排一出《空城计》,诸葛亮用计谋化解大危机的故事太吸引我了。

几年来,京剧已成为孩子们不能割舍的爱好。和小旭阳相似,六年级的子翀也是通过京剧课变成了小戏迷,在此次演出中他饰演《捉放曹》中的陈宫一角。这个唱段他已经练习了两年多,无论是人物表现还是唱腔驾驭都十分娴熟。

第六章 文化传承：把每一个孩子深深吸引

上学期班级合唱节时，配合《唱脸谱》的歌曲，是我第一次化简单的彩装表演，当时可兴奋了！但今天的妆是专业老师给化的，我现在感觉气势都不一样了。从三年级到现在，我已经学习了近20个唱段，我从这些戏的背后了解了国家的历史。

来自教委的老师及众多京剧界专家演员，以及学生、老师、家长观看了这场演出，并对同学们的精彩演出报以热烈的掌声！我听到几位专家和嘉宾代表发表了感想并提出了希望，他们纷纷表示：

从孩子们精彩的演出中感受到了学校和老师们对传承国粹、弘扬传统文化所付出的努力和辛苦；也被孩子们一丝不苟的演出、满满的热情、积极的状态感染着；更从观演学生文明有礼的行为中感受到了学校的教养有道。

在我看来，学校就是要给孩子们搭建平台，使孩子们走近京剧，在京剧故事中学做人做事，在排练和表演的过程中，懂得合作沟通、增强责任意识、提升综合实践能力。在传承国粹艺术的过程中，不断提高审美情趣和艺术修养，增强民族自豪感，培育家国情怀，不断弘扬中华优秀传统文化。孩子们的演出得到了领导、来宾、家长的高度评价，并得到了新华网、人民网、光明日报、新京报等多家媒体的报道。"京剧国粹艺术混合式课程"还获得 2015—2016 学年北京市基础教育课程改革成果一等奖。

除了京剧团，资源带还在各年级开展主题式综合实践课，其中四年级先后开设了"京剧国粹艺术混合式课程"和"访观名胜走近国粹"，由班主任老师和京剧校本的老师轮流上课。老师们利用京剧微课，为孩子们普及京剧知识。我们还邀请家长走进教室，与孩子们一起体验一把这新颖的课程。京剧服装的展示、道具的讲授、重点的表演以及学生的小组汇报等，一系列专业的京剧知识和展示吸引住了家长的眼球，孩子们如数家珍的京剧专业词汇更让家长啧啧称赞。四年级的冠翔爸爸这样写下了他的感受：

> 一次与众不同的家长会，互动性很强，感触颇深。前几天孩子回到家给我们讲述了京剧实践课上有趣的事情，还兴致勃勃地展示了根据自己的性格特点设计并绘画的京剧脸谱，我们备感惊讶，儿子竟然对脸谱的色彩所代表的含意理解得如此深刻。看到这些我们也深深感受到了学校领导和班主任在此付出的努力和辛苦。我们相信通过学习京剧，不仅仅可以提高孩子们的艺术修养，传承这一古老剧种，让国粹发扬光大，这对孩子一生的内在艺术素养都有着潜移默化的影响，其意义深远！

四年级文祺妈妈：

第六章 文化传承：把每一个孩子深深吸引

如果不是11月26日的家长开放日，我还不知道学校是北京市仅有的两所参与京剧实践课探索的学校之一，也不知道学校领导和各位任课老师，都花费了巨大的精力和时间参与到这项被称为"国粹艺术工程"的课外实践中，更不知道领头执教京剧课的董老师是一位爱好京剧有二十余载的资深票友。短短两三个月的京剧课学习，我家孩子对京剧产生了浓厚的兴趣，恰好家中爷爷奶奶也是京剧爱好者，孩子便经常跟他们一起看电视上的京剧节目，还热烈地讨论其中的行当、角色和唱腔，孩子有时说出的知识让爷爷奶奶都很惊讶，也让我这个对京剧一无所知的人学到了一些皮毛。作为家长，我发自内心地感谢学校和老师的良苦用心和辛勤付出，相信有这样的国粹艺术对孩子们的熏陶和浸润，他们会受益终生的。

我们还邀请北京歌剧舞剧院的青年演员、北京京剧院优秀武生演员詹磊等专业人士进校，用各种绝活带给孩子们一场京剧国粹艺术的"饕餮大餐"。一位学生家长说：

看了实践课上的京剧表演，孩子们那股认真的劲儿真让我感动，课堂上孩子们用自己做的PPT加表演诠释着他们对京剧的理解和热爱。现在随口一问，孩子们就知道京剧分几种行当，脸谱的色彩代表什么样的人物性格，有的孩子还可以唱上几句京剧，是那么的有模有样。中国的瑰宝不能丢失，中国的国粹要继承和发扬，在孩子心里种下一颗种子，终有一天会发芽生根。

从开设京剧课程到京剧社团的发展我一直给予高度重视和大力支持。近年来，学校大力普及京剧艺术，积极开设课程，组织特色活动，打造京剧社团，为学生搭建多彩的平台，让每一个孩子站在舞台的中央。校园营造了浓厚的京剧文化氛围，孩子们了解京剧，走近京剧，在传承国粹艺术的过程中，不断提高审美情趣和艺术修养，增强民族自豪感，培育家国情怀，树立文化自信。

京剧是国粹，生旦净丑，唱念做打，一招一式，蕴藏着丰富的文学、音乐、舞蹈、美术、历史等知识，传递着爱国、诚信、勤劳、勇敢、和谐等民族精神。唱念做打，是一门"动的艺术"，需要眼手身步的协调、圆融、和谐、统一，是身与心最舒服的状态。

一个孩子影响一个家庭，学校推进京剧教育，也是促京剧进家庭，在社会上传播优秀传统文化的一种方式。这也是学校和孩子们的责任与使命。

"唱念做打"小天地，"生旦净丑"有大戏。孩子们化身成弘扬中华优秀传统文化的一颗颗种子，让京剧文化在学校生根，发芽，开花，结果。

第五节 "非遗"传承在孩子们眼中活起来

文化遗产，从古至今其实一直存在于我们日常生活中。

我从小在北京长大，见识并体验过很多"非遗"文化，当时让我体会最深的就是剪纸。镂空、薄胎、彩色的剪纸美不胜收，借由光影，让我感受到一层直击人心的光影之美。不知怎的，我想到了陶渊明的句子，"山有小口，仿佛若有光"，应该是这种光影与之有异曲同工之妙吧。当然还有很多项目，我长大后因为工作忙就没有机会或时间再去静静体验。

这些年，这些传统的"老手艺"，在一些自媒体焕发新生，重新进入我们的视野。在我看来，这些都是我们沉甸甸的文化遗产，体现了我们先民无限的创造力和生命力，是民族的智慧结晶，是瑰宝，应该在我们新时代的孩童中间焕发新的光彩。因此，我一直都想在这方面做点什么。经过多方沟通、协调，"非遗"项目就这样走进了我们的校园，走进了孩子们的世界。比如2016年2月，我们举行了以"非遗进校园"为主题的开学典礼，也开启了"非遗进校园，一周一传承"的活动。

2016年5月10日下午，"非遗进校园，一周一传承"走进各校区，毛猴技艺传承人邱贻生老师为四年级学生上了一堂别开生面的综合实践活动课。

首先，邱老师用娓娓动听的故事，给孩子们讲解了毛猴技艺的历史渊源：相传清朝同治年间，一家药店的伙计烦闷无聊摆弄药材时，发现了蝉蜕的形象特点，不由心中一动，激发了创作灵感，用辛夷（中药材）塑造了造型各异、栩栩如生的毛猴的艺术形象。这项工艺传承下来，才有了毛猴技艺。

随后，邱老师发给每个孩子一个小小的长方形礼盒和一些蝉蜕、辛夷，并讲解了制作毛猴的步骤。孩子们展开想象，兴致勃勃地做了起来。他们先在盒子上画起了背景图，有田园风光，有可爱的小房间，有树下乘凉的场景，还有上学路上的欢快场景。背景图画好了，孩子们小心翼翼地捏起薄而易碎的蝉蜕，精心地制作着。有些孩子发挥奇思妙想，还用卫生纸给毛猴制作了帽子、拐杖……

课程结束了，一个个调皮、可爱的毛猴，活灵活现地出现在孩子们眼前。孩子们拿着手里的作品"炫耀"着、欣赏着，收获着成功的喜悦，激动的心情溢于言表。孩子们都表示要把自己的作品好好珍藏起来。这节毛猴制作综合实践课，孩子们充分发挥了想象力，锻炼了动手能力，陶醉在毛猴制作艺术的同时，提高了艺术审美。

2016年，我们运用外部资源邀请"非遗"大师走进课堂。金·马派风筝、中国结、北京"绒鸟绒花"、"非遗"脸谱等传承人先后走进学校。这些"非遗"大师们给孩子们介绍风筝的相关知识，和孩子们一起放风筝；一起迎端午，编手链、编五彩粽子；给孩子们讲绒花艺术的派别、历史起源、欣赏绒花作品，指导孩子们亲自制作绒花；还带着孩子从唱京剧到画脸谱，弘扬国粹艺术。学生们和大师零距离学习，通过听、看、做，亲身体验，在实践中不断学习和弘扬中华传统文化，在这个过程中更学习到了他们对中华文化热爱的情怀。

在盛华老师的"非遗"脸谱课堂上，孩子们不但学画脸谱，还会跟着老师学唱京剧段落。三年级清飏小同学就在这样的课上，对京剧脸谱越来越入迷。她说：

第六章 文化传承：把每一个孩子深深吸引

三年级开学时，我通过选课平台选了盛华老师教的"非遗"脸谱课。还记得第一次课，我们画的是黄盖的脸谱，盛老师生动的讲解和辅导，我觉得很有意思。画完脸谱，老师还带我们唱京剧，我更感兴趣了。于是我请妈妈带我去戏院看真正的京剧！我把喜欢的几段戏文都背下来，逛公园时我还把盛老师教唱的一段戏唱给绿头鸭们听呢！春节期间，在龙潭湖文化庙会上，我特意找到盛老师的展位，还按照他的指导现场画了一幅张飞的小脸谱！我画的脸谱亲戚朋友也很喜欢，都被他们要走挂到家里啦！京剧这颗传统文化的种子已经种进我心里，我要好好学习，把祖先留给我们的珍宝传承下去！

"非遗"项目"京剧脸谱绘制"代表性传人、学校"非遗"京剧脸谱绘制课程聘请教师盛华说：

当我走进课堂，向孩子们介绍京剧及脸谱，很快得到他们的积极回应，使我树立起信心。通过学画脸谱，有的学生从以往不看京剧到请求家长陪他们到剧院看戏，并眉飞色舞地向我说起看戏的感受，使我深受触动，孩子们稚嫩的心灵，逐渐融入了中华民族传统文化和价值观。学校有着长远眼光，在全市率先把京剧艺术引入校园，让孩子们从小接受民族传统思想教育，通过学习京剧脸谱的课程，以春风化雨的形式，让孩子们一步一个脚印，沿着正确的道路长大成人！

美术贾老师说：

我特别感谢学校能为学生提供一个和"非遗"亲密接触的机会。文化遗产包括物质文化遗产和非物质文化遗产。在学校的美术课和校本课上学生可以欣赏精美的青铜器和青花瓷，并用多种材料进行表现，孩子们感受到了物质文化遗产之美。而"非遗"进校园是对校内课程的一个补充。在"非遗进校园，一周一传承"活动中，学生能近距离欣赏"非遗"传承人的精美作品，听他们讲作品背后的故事，也能和工艺美术大师面对面互动，动手体验面塑和剪纸等课程。最难能可贵的是，每一个走进校园的传承人都特别亲切，用低年级儿童的语言为孩子们讲解，和他们沟通，尊重每一个孩子稚气的发言，就像自家长辈一样娓娓道来，说着家里的宝贝和他们热爱的工作。孩子们在不知不觉中更喜欢民间艺术了，有的学生还会在美术课后给我看家里老人剪的窗花，高兴地说，他才发现原来不会电脑的姥姥这么厉害呢！这对孩子们不仅是一次文化的洗礼，而且唤醒了他们心中尊重传统、喜爱民艺的种子。在上学期期末，我也在"非遗"课程剪纸的启发下上了一节《剪纸——鸡》美术课。孩子们理解了鸡的美好寓意，还欣赏了含有鸡造型的故宫馆藏艺术珍品。每个孩子都能动手为自己家剪一个剪纸鸡作品带回家，贴在家里迎接鸡年的到来。"非遗"课程也让我更加注重对中国传统文化，特别是民间传统文化的传承。

孩子们不仅能跟随"非遗"大师学习制作技巧，还从中了解、感受中华文化与美德。在此基础上，资源带还将脸谱、彩蛋、绛州鼓乐、中国结等学生喜爱的"非遗"项目纳入校本课程，固化为学校的"本土"课程。

除了毛猴，我们还引进了更多有意思的项目，光看名称就让人想试一试，比如蛋雕、景泰蓝、剪纸、玲珑枕、布艺浮雕立体画、泥塑、面塑、鼻烟壶、宫灯、珐琅、鲁班锁、绒花、花灯、小兔爷、太平燕、和平鸽风车、藤编、绢花、脸谱、中国结、灯彩、风筝制作、棕草编、盘扣、彩蛋、布贴画、糖画……这些都是我们学校开展的"非遗"课程，每个校区都有，一周一次，从未间断，孩子们置身"非遗"的世界，喜欢极了！"非遗进校园，一周一传承"活动已经成为学校起着引领作用的品牌教育活动。

每次参与孩子们的"非遗"项目活动，透过孩子们喜欢的眼神，我都能感受到"非遗"传承在孩子们眼中和心里活了起来！

第六节 "每周一次的中轴课，成了我最期待的课"

"为什么北京的老瓦工、老木工常说东直门是北京的第一座城楼？你们想不想看第一座城门是什么样的？"在学校综合实践活动课堂上，老师正在给孩子们展示永定门、天坛、鼓楼、东直门等北京中轴线建筑群及老北京城门的图片。

在老师的引导下，孩子们认真研究起北京中轴线及其延长线上的14组建筑群。"我回家要告诉爸爸妈妈，古代北京城需要的很多木材都是从东直门运进来的，所以它还有一个名字叫'木门'。"三年级的茹溪说。这是三年级中轴课上的景象。

另一位学生钰瑶则展示了一份特殊的试卷，分为"数说景山、一叶知秋、登景山望中轴"三部分。在"数说景山"部分，她列出了景山的海拔高度、园门数量等数据；在"一叶知秋"部分则粘贴了从景山公园捡拾的落叶。她说，老师曾带他们去景山公园，并且从景山望北京中轴线，学习中轴线文化。

中轴线课程其实是灯小传统文化教育的代表课程之一。我们学校地处中轴线上，具有地理位置上的绝对优势，因此，我们更有了一份对中轴线文化传承的使命感和责任感，有了培养"东城娃爱北京"的情怀。2019年，我带着老师们做了关于北京中轴线知晓度的调查。全校近2000名学生，对中轴线文化知识鲜有了解，但学生们都有着强烈的学习愿望和兴趣。作为校长，我内心充盈着使命感，开发"童心看中轴"势在必行。

我们基于"让生命闪光，为中华添彩"的育人目标，突出学生中心地位，注重学生核心素养的培养，通过专家引领，整合资源，构建中轴线课程，创新实践形式，开展丰富的探究活动，大力普及北京中轴线文化，实现学校特色发展的深刻变革。2019年，我带领老师们组建了课程开发团队，基于顶层设计，通过实地调研、外出学习、查阅资料，进行课程目标设计、目录制定、教学内容筛选等，并于2019年结合地域优势，开发了"童心看中轴"主题式综合实践系列课程。一至六年级学生对中轴线上14组建筑群进行实践研究，希望通过课程能为培养未来的京味文化学者种下种子。这次课程实施基本全员参与、全学科全年级覆盖、活动全覆盖，每周半天时间实施。课程内容涵盖中轴线以及北延长线上的14组建筑群，和内九外七16座城门的研究，将历史与变迁、人文与故事、建筑、科技、艺术、英语等主题融入课程中，各具特色，使学生整体对中轴线文化脉络了解，对北京文化有进一步的认识。一至六年级对中轴线上14组建筑群进行实践研究，各主题有目标、成体系、有创新，在课程实施过程中，老师带领学生通过查阅资料、走访实地、动手制作、小组交流、主题研讨等方式进行学习。我们还开展丰富的实践活动，如"行走中轴线"假期综合实践作业、童心看中轴趣味运动会等，通过讲中轴线故事、画中轴线，以及文创设计、logo设计、绘制游览手册等，使学生化身宣传中轴线的小小设计师、小导游、小画家，并小手拉大手，带动家人等共同学习中轴线上的历史人文、建筑科技等相关知识。课程的实施，让学生深入了解了古都的文化魅力，打开了思路，开阔了视野，锻炼了全方面的能力。

课程实施3年来，我们有了教师指导用书及150篇教学范例，各年级有关中轴线的学生作品累计3000余件，2021年5月我们还开了关于中轴线的综合实践课程研讨会，得到了专家的认可。中国教育学会教育管理分会综合实践活动管理与研究学术委员会主任陶礼光老师这样评价：

老师们的课内容非常丰富、有特色，是高水平的综合实践课程。在"童心看中轴"课程中，我看到了一个最好的综合实践课程的综合展示，因为它触及历史和文化的高度。

学校师生对北京中轴线文化有了更为深入的认识，谈到成效，孩子们的感受是最真实的。

四年级的嘉帅说：

我的家在东交民巷，站在阳台向南望去，高高的前门就会映入眼帘，我常和小伙伴们在前门外的广场上追逐嬉戏，我喜欢看雨燕在楼顶上飞翔，喜欢在前门大街上看遍北京老字号，更喜欢靠着城墙根听从大栅栏里传出的京韵大鼓声。"前门楼子九丈九"，我无时无刻不在感受着中轴线的风采。

北京中轴线是历史的见证，更是文明的标志。我的学校就地处中轴线上，离中轴线最近的北池子校区就是皇家敕建的故宫外八庙之一——凝和庙，还有东高房校区更是紧邻景山。我们每天都在这样的氛围中读书，能感受到浓浓的北京文化气息。因此，我觉得作为东城学子，更有了一份对中轴线文化传承的使命感和责任感，而且我对中轴线文化有着强烈的学习愿望和兴趣。我们学校开展了"童心看中轴"的课程和活动，让"北京中轴线"走入我们每个年级的课堂中。我们研究中轴、探

第六章 文化传承：把每一个孩子深深吸引

索中轴，体验皇城文化特色，感受文物古迹魅力。作为东城的小学生，将博大精深的传统文化发扬光大，我们责无旁贷。我们学校还紧紧抓住中轴线申遗的机会，很多同学都参与到活动中，为中轴线申遗做出自己的贡献。我们的滕校长带头成为了中轴线申遗助力团的一员，我也积极参加了助力团的评选，我要通过自己的努力去传承中轴文脉，传播我们的古都文化。

六年级的笑煊说：

> 每周一次的中轴课，成了我最期待的课，通过课程我爱上了北京中轴线，未来我想成为一名"非遗"文化的保护者。

她的话说出了很多孩子的心声。每周一次的中轴课，成了孩子们最期待的课，我此刻觉得前期带着老师们开发课程的艰辛如今是多么值得！2021年12月，"北京银行杯"2021北京中轴线文化遗产传承与创新大赛在秋末启动，我有幸为北京中轴线申遗助力，成为了申遗助力团的一员。说实话，我其实就是抱着玩儿的心态，但我觉得这是很有意义的玩！

这就是我们一所小学与中轴线的故事。我们希望通过课程能为培养未来的京味文化学者种下种子，希望通过我们的力量，让更多的少年儿童成为宣传推广北京中轴线文化的一股"清流"，助力北京中轴线申遗，让东城娃成为古都北京的宣传大使！小学生，大担当，小学校，大力量，让孩子们的心随着北京文化的命脉一起跳跃、舞动！

中华优秀传统文化是中华民族精神内核的表现，是中华民族最为可贵的精神标识，被中华民族世代推崇，并熔铸进各个历史时期人们的精神血脉中，是社会主义核心价值观的精神底色。只有继承中华优秀传统文化的精神魅力和价值理念，才能更好地树立"四个自信"，实现中华民族内在血脉的传承，并让优秀传统文化在新时期完成新的历史使命。孩子们通过活动和课程，感受到了文化，触摸到了文化，感悟到了文化之魅力，真正使文化在他们的心中生根发芽。在"让每一个生命绽放光彩"的办学理念引领下，学校注重将中华优秀传统文化与艺术教育相结合，使孩子们在传统艺术的浸润中、在学习的过程中，树立文化自信，成为传播中华文化的"小使者"。正如德国教育家雅斯贝尔斯说"教育的本质是唤醒"，我们以适合孩子们的方式，唤醒了他们对传统文化的热爱，点燃了他们对传统文化的学习热情，并欣然见证着孩子们在传统文化的爱中成长。

第七章　师者如光：以生命点亮生命

有人说，为了培育学生这个目标而展开的学校事务有很多，但归结起来无非是三个方面：一是大楼，也就是学校的硬件设施的改善；二是大师，也就是师资条件的配备；三是大爱，也就是校园文化的提升。三者之中，大楼是基础，大师是支撑，大爱是升华，其中最核心的还是教师。

在我的教育理想国的构筑中，从来都是以生为本，但能否实现生本的育人目标则取决于学校每一位教师的观念和行动。在我看来，培养好教师，发现每一位教师的潜能，把教师内在的力量唤醒，为教师们营造有幸福感、有成就感的职业生活氛围是我作为校长的重要职责和重要任务之一。

雅斯贝尔斯说过："教育的本质意味着：一棵树摇动另一棵树，一朵云推动另一朵云，一个灵魂唤醒另一个灵魂。"校长要做些什么？无非是带领一群人的灵魂去唤醒一群孩子的灵魂，那就是带领一群人的生命去点亮一群孩子的生命。校长可以说是精神化的存在。

第一节　教师才是学校最宝贵的资源

如果说一个宝贵的办学理念是校长的眼睛，优秀的教师群体便是学校的臂膀，优秀教师群体一定程度上决定了学校办学理念的实践深度。正如梅贻琦所言："所谓大学者，非谓有大楼之谓也，有大师之谓也。"由此可见，一所好学校的师资占据着学校的绝对高度。教师是学校里第一重要的群体，其精神状态和工作态度将决定学校的兴衰成败，学校发展的生命力来自教师对教育事业的忠诚及其对本职工作的热忱。培养一个优秀的教师群体，实际上是学校工作的头等大事，是学校向前发展的"密码"！

因此，作为校长来说，我的两个非常重要的工作内容就是"筹人"，为学校发展与理念实施创造条件，并且身体力行，坚持不懈往前推进。期望别人谈起学校时，首先是有一批名师。

最初来到灯小，学校面临师资结构欠完善的问题，音、体、美、书法等学科尤其缺乏。在我看来，在"五育并举"的当下，不仅主科教师要聘好的，而且音、体、美各科教师也要聘好的。当然，我更加注重聘请优秀教师。凡是我打听到的优秀老师，我一定会想方设法引进，给予其合适的平台，并关注他们的生活，与其进行密切的沟通，使其全心全意为学校服务。

我经常在行政会上提出，"教师才是学校最宝贵的资源"，如何培育好、发展好教师资源是学校非常重要的工作内容。当这些话语不断地被达成共识并被付诸实践的时候,每一位同事都清晰地看到自己存在的价值,看到自己发展的方向,并最终认识到个人专业成长的愿景对于自己意义之重大。这样一来,每一位老师都认识到自己的重要,并朝着理想前进的时候,我经常能看到很多老师在自己的舞台上从容练达、纵横捭阖、神采奕奕的工作状态,我甚至能在空气中闻道学校里"大师"的味道,我也希望更多的老师能做"大先生"!

在"让每一个生命绽放光彩"的办学理念中,"每一个生命"并非仅指学生,也指向教师。在我看来,教师都是有思想、有感情、有血肉的,独立的、鲜活的生命个体,绝非服务于学生发展的技术性工具。教师有爱,才能教育出有爱的学生;教师有担当,才能教育出有责任感的学生;教师是快乐的,才能教出快乐的学生。作为校长,我时常自问:他们的工作状态如何?他们如何更好地发展?他们是不是在幸福地工作?我们需要在哪些方面为老师们"搭台"?

正因我深知教育是爱的事业,因此把师德师风建设摆在首位。将习近平总书记提出的四有好老师、四个引路人的标准融入"促进教师'整体优化、教有特色'"的培养目标中,每月的"校园公益日",每期的"厉害了,我的小伙伴"微信专栏,每学期的"最美教师评选"将师德教育转化为实实在在的身边榜样的发现和学习,增强了教师立德树人的荣誉感和责任感。教师们之所以爱上学校,归根结底是因为大家认识了教育本质,认识了自己的能力边界,找到了内驱力,找到了自信、方法、目标、意义，从而更好地发现爱、传递爱。

教育是爱的事业，教师是人类灵魂的工程师。教育高质量发展阶段的教师要具有强烈的生命意识、高超的沟通交往能力、强大的理性精神和浓厚的人文情怀、卓越的实践智慧、运用自如的信息技术教育能力。我们就拥有这样一支既有爱又有专业能力的教师队伍，我每每为他们的故事所感动。崇老师讲过她与一个孩子的故事：

> 2018年，一个被确诊为患阿斯伯格综合征的孩子成为我的学生。
>
> 新接班不久，我班的两位同学吵架，周围的同学都上前劝阻，他不仅置之不理，还把掉在地上的笔踩碎。我走到他们身边，码好桌椅，捡起满地的学具，接着情绪饱满地为大家上课。课后，我和他在空旷的教室里促膝谈心后，他真心承认了错误。他学会了承担责任，以实际行动弥补过失。我鼓励他参加学校的成语大赛、诗词大赛、演讲比赛。看着他课间都在积累成语和古诗，我甚是欣慰。他在用自己的实际行动回报老师的关爱。宽容善待是启发他心灵的钥匙，使他振奋向上。我告诉自己：学生的心灵是否受到感化，全部决定于我。
>
> 四年级的第二学期，我上作文指导课——《我长大了》。我刚说习作的题目，他就做出一种夸张的表情，还翘起屁股，大声说："崇老师，长大不就是身体的长高吗？这有什么可写的呀？"我对全班同学说："成长不只

第七章 师者如光：以生命点亮生命

是身体的长高，更重要的是品行的提升。大家想一想，你在做了什么事情后，听到过别人对你说'你长大了'呢？"就这样，一节作文指导课顺利地上了下来。下课后，他兴奋地对我说："崇老师，我写这件事行吗？"我听后顿时睁大眼睛，表情和他的一样夸张，"太行了，期待你的大作问世。"他听后，举着双手，扭着屁股回到座位。不久，就有了这篇《我长大了》的作文——"'你今天长大了'，是大人们常对小孩儿说的一句话。成长不光是身体的长高，更重要的是品行的提升。我是一名四年级的学生，这四年求学的经历，对我来讲是一次次的考验，促进着我一次次的成长。原来的我总是顶撞老师，接下茬儿，耍小脾气，不承认错误，老师说我时，我执迷不悟，我失去了朋友，学习也越来越差。我意识到我需要改变现状。"这样的孩子往往需要我们做老师的给他一套降落伞，以让他安全着陆。他也在自我教育中成长。

今年五月，他给我写下一段评语："崇老师本月工作表现非常出色，每天早读都认真书写板书，不让学生看大屏幕，尽量保护学生的视力；上课时崇老师经常询问学生，真正做到了生生互动，生本互动，让学生们非常有代入感；眼操时间，崇老师没有坐在座位上休息，全程都在巡视，发现不认真做眼操的同学，就赶快提醒他，反复强调眼操的重要性。崇老师作为语文老师和班主任，在学习和德育两个方面都带领二班做得更好，崇老师教学生如何学好语文，更教学生如何做人，真是一位好老师。"看，其实每天我在滋养他生命的同时，我自己也被滋养着，融合教育并不是单方面给予帮助，而是我们一起温暖前行，一起感受生命教育的真谛。

今年，他毕业了。在最后一次分饭时，他对我说："您放心，我到了中学，一定把您对我的教育体现出来。"我甚是欣慰，三年的酸甜苦辣在蓦然回眸里，都已化作丝丝幸福，浸润在我生命里。

崇老师的故事让我内心久久不能平静。像这样在一线岗位默默无闻、呕心沥血的老师还有很多很多。本书限于篇幅，无法一一叙述。作为校长，我认为照顾好这些在一线兢兢业业的老师，无疑就是破解了学校发展的"密码"，让学校始终处于可持续发展的生态之中。

第二节　每位老师都像一座"富矿"

回顾当校长的这么多年，除了努力守护好每一位师生，用爱给予师生更多的爱，我也努力做好老师们思想的引领者。虽然从一定程度上讲，我是一名管理者，"管理"在我看来，重在理，而非管。这个词在英语中可对应"administration"一词，而不是"management"，它强调的也是组织协调，而不是压制和控制。在学校，每个人都是这个大家庭中的一分子，都是可以参与到学校的管理工作中的。我们给予老师足够的自治空间和极大的信任，在这样的理念下，老师们有了自主性，更加会全身心投入其中,乐此不疲。

因此,激励而不是控制,是"领导"与"管理"标志性的区别之一。我在领导学校的过程中,非常注重组织成员的参与,强调唤醒组织成员的主体性,调动每个人的潜能和主观能动性。我一直关注教师成长,也希望每一位老师在这个大家庭中有所发展。年轻教师小李回忆道:

> 我有幸承担了一次行政听课的任务。刚刚接到这个任务的时候,我的内心是十分忐忑的。首先是因为我的经验还不足,担心课程设计和临场应变能力不够好;其次更是因为这是一次行政听课,是我第一次在全校领导面前展示自己的特色课堂。我忐忑地开始认真准备这节课,在组里领导和同事的帮助下,多次修改教案,在班主任老师和年级组长的帮助下,在多个班级开展试课,多次调整上课流程。最终当我站在讲台上的那一刻,我想我一定是充满自信的,我也相信在这次课后我一定能收获颇丰!课后我认真做了反思,也在课后评课的环节认真聆听老师们的指导。让我印象最深的就是滕校长对我说了这么一句话,让我瞬间对学校、对我这门学科,有了更深更透彻的理解。滕校长说:"你要有你自己的品牌,要把学校的舞蹈,更是要把自己打出去。你代表的就是学校的舞蹈学科,今后别人一提舞蹈教学,想到的就是你!"这时我才真的理解,学校一直秉承着"让每一个生命绽放光彩"的办学理念,不仅仅是给学生建立

了学习的平台，更是给老师搭建了一个树品牌、做名师的舞台！后来，我不负众望，举办了舞蹈专场演出。

管理到底应该做些什么？在我看来，"管理"，重在一个"理"字，理出核心问题和主要矛盾。教师的发展意味着教育的发展，正如习近平总书记指出："教师是教育工作的中坚力量。有高质量的教师，才会有高质量的教育。"[1]

我相信每一位教师都能绽放自己的光彩，我所有的努力也都是为了激发每一个人的主动性、积极性和创造性。在我心目中，每一位教师都蕴藏着极大的创造潜能。作为校长，我时常告诫自己，要关注到每一位教师，了解每一位教师的需求，引领好每一位教师，发展好每一位教师。

在校长工作中，我逐步领悟到，领导者首先要激励老师们树立远大的人生奋斗目标，这是启发老师的第一步。我们常常对孩子进行启发教育，却很少启迪成人激发内在梦想。成年人身上也潜藏着巨大的能力，如果再有人加以引领、点拨，他们所能爆发的能量必然庞大。此刻，我又重温了苏霍姆林斯基的那句名言："领导学校，首先是教育思想的领导，其次才是行政上的领导。"思想的领导在我看来是我作为校长最重要、最关键的领导手段。每次全体会我多是给老师们讲一些理念上的东西，让老师们结合自己的工作去思考去践行，对于管理，

---

[1] 2021年3月6日，习近平总书记在看望参加全国政协十三届四次会议的医药卫生界、教育界委员时发表的重要讲话。

第七章　师者如光：以生命点亮生命

我绝不认为是靠行政权力管教人，也不是从气势上压人，而是从思想上引领人、唤醒人、激发人。

我们学校有这样一位杨老师，她原来只是一名语文教师兼班主任，而现在是老师们口中的"杨导"！最初我鼓励她依据自身教学特色，可以和戏剧教育进行结合。而后，我又授权让其负责学生戏剧社，因为有了给学生指导《马兰花》的经验，我再次鼓励她担任教师版《雷雨》的校方导演，并给予其极大的支持。为了能把"杨导"这个称号变得名副其实，她也着实下了一番功夫，每天回家把拍摄的人艺导演指导的录像反复观看，不断揣摩剧本、人物……慢慢地，她就能够把自己的理解用不同的形式传递给老师。2017年11月，在学校搭建的舞台之上，学校教师戏剧社在中国儿艺经典小剧场演绎经典话剧《雷雨》。2019年，教师版《雷雨》复排，并在首都剧场公演，连演三场。这次与上次不同的是，舞台上的演员是来自我校的老师、家长以及景山东华门学区的小学、幼儿园、教委直属单位及教委机关的老师们。众人共同演绎近2个小时的教师版《雷雨》，播撒了戏剧的魅力，扩大了戏剧教育的张力，为提升全民素养和用戏剧成就个人发展贡献了力量。

事实上，人是需要不断地明确自己的奋斗目标的，只有目标明确做事情时才有方向，才有追求，才知道为什么要努力。所以，思想引领的第一步是要激活老师们心中的梦想。只要拥有对教育的共同追求，拥有实现生命价值的共同梦想，教师个人奋斗目标的实现汇总起来就是学校办学理念的实现。所以，在每一次全体会上，我始终强调办学的过程就是教师成长的过程，就是教师的职业价值和生命价值得以统一并获得实现的过程。在引领教师发展的问题上，我做过很多的思考，从一个整体的视角来看，每一个教师都在自己的"一亩三分地"辛勤地耕耘着——备课，上课，辅导学生，循环往复，年复一年，日复一日。虽然每年有各个层次、各种方式的教研活动，但还是避免不了老师们教学思想上的闭塞。如果不加以引领，老师们可能永远只会从自己学科的角度思考一切教育问题，说得直白一点，这样下去，我只能称之为一名不错的老师，而我恐怕不能用"教育大师"这样的字眼去形容他们。在吴良镛农历百岁寿辰之际，清华大学党委书记邱勇就以"大师之为大：以学术立身，以育人为乐，为理想而笃行，为信仰而奋斗"为题诠释了大师的含义。所以，我还是寄望于老师们能够从思想和实践层面，对自身有更高的要求，无论是专业上、政治上还是教育上。

韩老师，原来只是丰台区一名普通美术教师，当时的他更专注于课堂，更专注于教学，对于美育、对于整个教育可能缺乏一个全方位的思考。我将其调入我的团队，第一次见他时，我就给他抛出了什么是美育、什么是美术、怎样以美育心等问题。当时他的脑子里可能还没有形成一个非常清晰且有深度的思考，还没有形成对这些问题模型的构建。我首先助其定位成长目标，在树立契合自身专业成长的总目标基础上，再确立不同阶段发展的具体目标和侧重点。我授权让其负责美术组相关工作，深耕课堂，做好研究，跳出舒适区，学习提升，不断修炼内功，并做好相关示范引领辐射工作。

第七章 师者如光：以生命点亮生命

从一定程度上讲，学校对美育工作的重视实际上把他从一个普通美术老师引到了关注美育上，从单纯地关注自身教学业务到关注如何去育人。这就可能带给了他一些质的飞跃，给了他一个非常明确的改变方向，看到他的改变和进步，这也是我欣慰的地方。他成为了学校金帆书画院的负责老师，并多次主持策划每一届书画展的工作，我又鼓励他及美术组老师参与申报了北京市金帆书画院。这是北京市中小学艺术教育水平最高的学校团体，在中小学艺术教育中起引领、示范和窗口作用，含金量不言而喻。评审过程十分严格，需要通过学校自评、区级评审、市级评审逐层认定。面对极高水平的审核，面对当时非常艰苦且充满挑战的环境，老师们压力都很大，我也深有体会，也给予了他们极大的支持和鼓励。韩老师带着美术组迎难而上，最终"育英"美术社通过评审，被新授予"北京市金帆书画院"称号。申帆成功，其实也是给了老师们一个很大的平台。

反思这五年来的美术发展，它在整个学校"三帆"中相对弱一点儿。我在跟美术组韩老师和其他老师面谈的时候就谈到了这个问题，美术展示形式相对于戏剧、合唱来说单一得多，因为没有华丽的舞台装饰，没有漂亮的衣服点缀，没有戏剧故事的这种吸引性，没有合唱的舞台感的震撼性。那么美术教育如何发展呢？这个时候，我想得更多的是如何更好地引领的问题，努力走出了一条比较有特色的路，通过方方面面润物细无声的浸润来做"大美育"，包括校园的每一个角落，包括对学生成长的引领，等等。后来，我提出"学校是座美术馆"的大美育理念，这可能给了老师们，尤其是韩老师很多的启示。对于一个画画的人来说，最高的奖励莫过于将其作品悬挂于墙壁上，"炫彩美术馆"的设立无疑为美术教育开辟了一番新天地。之后，我又联络学校附近的中国美术馆，为师生们搭建平台。比如在第59个学雷锋纪念日来临之际，我校师生代表受邀参与了中国美术馆"学雷锋纪念日"公共教育系列活动。在中国美术馆专家、青年导赏志愿者的带领下，我校志愿者还参观了"国风有形——中国美术馆虎年迎春民间美术精品展"，也开启了新学期我校"中国美术馆志愿导赏员"的第一次导赏讲解培训。此次志愿服务活动不仅是一次有意义的少先队活动，培育和践行了社会主义核心价值观，进一步弘扬了新时代的"雷锋精神"，也是在"双减"大背景下，我们学校将志愿服务与美育实践相结合的有益尝试。学校与中国美术馆公共教育部签订合作意向书以来，韩老师就积极组织学生参与各项美育和劳动教育社会实践活动，实现以美育德，学生也得到了很好的锻炼和成长。志愿者代表子涵同学这样说道：

今天作为志愿者，我和同学们一起参加了中国美术馆"学雷锋纪念日"活动。朗诵诗歌、派发纪念品，以美的形式传承雷锋精神，让我体会到了新时代的志愿精神。我将铭记滕校长新学期的寄语，努力做"创新劳动者"，我愿意在以后的志愿服务中践行雷锋精神，做一名合格的志愿者。

在建党百年之际，依托中国美术馆举办的"伟大征程　时代画卷——庆祝中国共产党成立100周年美术作品展"，我校还将国家美术课程、美术社团课程搬进中国美术馆，使学生浸润在中国美术的最高殿堂，感受党的伟大征程，感受绘画的魅力。这是我校与中国美术馆公共教育部的合作项目之一。我校金帆书画院美术分院的学生两次走进中国美术馆开展社团实践课程。课程中，美术教师围绕"伟大征程　时代画卷——庆祝中国共产党成立100周年美术作品展"，从观展礼仪、展厅布置、展览作品等多方面为学生进行了赏析和讲解。学生们学习了雕塑、油画、国画等不同美术种类；从主展厅的马克思、恩格斯的雕像，到陈独秀、李大钊的雕像，学习雕像的风格和构图，并了解雕像背后的故事；从我国20世纪80年代的写实油画《钢水·汗水》《父亲》等作品中，了解内涵与技法；从徐悲鸿、齐白石、李可染等大师的国画作品中，赏析作品的形、色、意，并完成学习单。在实践环节，孩子们选择自己感兴趣的画作，进行局部临摹，并在参观、学习、临摹的基础上，通过自己对艺术作品的理解，进行主题创作，为创作"童心向党　共庆华诞"主题美术作品积累素材，致敬建党百年。

这次美术实践课程在我们共同努力之下走进中国美术馆，在真实的情景中展开美育教育，不仅使学生在美的熏陶中提升审美品位，以浸润的形式培养学生的赏析能力、艺术表现能力，开展学生技法学习和临摹学习，更发挥"中国美术馆美育实践基地"的优势，引领学生树立正确的审美观念，陶冶高尚的道德情操，培育深厚的民族情感，激发想象力和创新意识。

看到师生在这个过程中的收获和成长，我的内心充盈着感动，也更坚定了我的想法。有时候做事，首先得高瞻远瞩，而后下定决心，义无反顾，这样才能拼出一条特色之路。对于老师的引领，也必须亲力亲为，真正地带动老师们往前走，最终收获的不仅仅是学生的成长，更是全体美术教师的成长。

每一次的画展，学校也是非常精心地筹备，从学校层面给予最大的支持。而后学校努力开拓资源，基本把能用的资源都用上，希望通过这种方式给金帆团以引领和帮助，促高位发展。这是我的想法和践行。习近平总书记多次提出要求，要求教师要成为大先生。大先生，是对教师的社会地位、学术地位、政治地位的充分肯定，也是教师队伍建设工作的一个新的要求。"大"，就是一个人顶天立地，张开了双臂来拥抱祖国，拥抱世界。这意味着我们做新时代的大先生，必须要有大的视野、大的胸怀、大的格局、大的担当、大的气象，需要我们不断地自我修炼来面对我们的教育。

从一个普通的美术老师，到现在成长为一个关注"育人"的"美育教师"，韩老师走出了自己的一条路子。他的成长路径其实也是学校美育发展的一个思路的具体体现。

2019年11月，教师版《雷雨》在首都剧场连演三场，我推荐韩老师饰演鲁贵的角色。但其背后一系列排练，是相当艰苦的。当时他的孩子还非常小，经常看到韩老师带着孩子参与排练，很多时候都是顾不上孩子的。但他的收获也非常多，对刚来学校的韩老师来讲，这种方式其实也是帮助他尽快融入学校"大家庭"的一种方式，也让他感受到这所百年老校的文化积淀之厚重。当看到台下的闪光灯的时候,当看到"戏比天大"几个字的时候,我相信韩老师相对于没上过台的老师来讲,感受绝对不一样,相信他能感受到这其实也是美育的一种形式,对于他的美术教学也是大有裨益的。从讲台走上舞台,又从舞台回到讲台,其实也是让老师融入了文化、认同了美育,更加地珍惜这份职业,更加感受到艺术带给人心灵上的洗礼和净化。韩老师将这种收获再带入金帆书画院,带入画展,对于孩子来讲,他们的收获不仅仅是课堂上的,还有更多的东西。

一所学校的管理者不仅要有一双发现崇高的眼睛,也要建造一架传递崇高的桥梁;不仅要把一位位卓越的老师推向社会,更要把教师这个职业中的崇高向大众诠释。在平时的工作中,我也在主流媒体中推出了一些优秀教师,并让绝大多数老师的名字和照片出现在媒体报道中,让老师们都感到自己很重要。这起到了很好的激励作用。当社会认识并认可这些老师并投以敬佩的目光的时候,教育多了一分责任,也多了一份动力。

我非常尊重老师们成为自我发展的主人。我常对老师们讲:"未来已来,生逢其时,更要奋斗其时!"为了学校更好地发展,我会最大限度地调动老师们的潜能,通过各种方式,激励和鼓励老师们大胆尝试,在不断的尝试探索和反思中形成自己的认识和判断,进而逐步构建自己的思想。作为教师,他们也渴望得到信任,渴望最大限度地释放出生存价值。作为校长,我也应当不遗余力为老师们创造实践机会和条件,搭建更为广阔的发展平台。我曾多次在全体会上说过一句话："只要老师们想发展，学校就会提供一切平台。"这句话让老师们备受鼓舞，虽然这仅是一句话，但它的力量足够大，激励很多老师走出了自己的教育之路。他们之中走出了一批市区级骨干教师，走出了一批金帆团负责人，走出了一批项目负责人，走出了一批善于管理的中层干部，走出了一批经验丰富的年级组长、教研组长，走出了一批有想法、有干劲的青年教师。

第三节 发展教师是第一使命

刘墉在《攀上心中的巅峰》一书里说："你可以一辈子都不登山，但你心中一定要有座山。它使你总往高处爬，它使你总有个奋斗的方向，它使你任何一刻抬起头，都能看到自己的希望。"学校要发展，教师是关键。发展教师，也成为我的第一使命。要想让学校成为"品牌"，首先得有"品牌"教师，教师发展的最终结果必然推动学校的发展，拥有一批优秀的教师群体必然能够使学校走向卓越。

一所学校的精神高度依赖于教师精神的高度。这一点作为老师出身的我深有感受。作为校长，我要做的就是要团结、引导、带动每一位教师，培育名师。独木不成林，良好的学校生活氛围，需要众人的相互砥砺，每个人自我的积极、健全的教育意识与教师生命状态，乃是学校积极、健全发展的条件。在我看来，吸引、培育优秀教师，充分发挥教师的主观能动性，助力师生共赴生命的卓越，可谓是校长的天职。不管时代如何发展，教育走向何方，教育实践的中心始终是人，教育质量的关键是人的素质。为了发展教师，我们不遗余力。

主动给老师们提供发展的机会或采取行动以帮助学校老师发展，是我做好校长工作的必要素质，也是保证学校良性发展的基础。学校历史上就非常重视师资建设，早在育英学校时就不惜以重金聘请学问高深和有丰富教学经验的老师来任教。如今，伴随着课程建设的多元化，学校也引进了一批多元复合型教师。资源带成立后，我校实行大年级组制，打破校际界限，干部教师实行统筹安排，一些教师还在不同校区间"跑校上课"；通过教师轮岗，促进校区间教师文化融合，促进各校区同步均衡发展；探索学校项目负责人制，根据教师个人特色及专长，给予不同活动或项目负责的机会，搭建参与学校管理的平台，发挥个人特长。也希望更多的人能成为项目的负责人。语文老师"大郭"就是市级骨干孙老师的"得意门生"，他们是师徒共同成长的同事、伙伴。"大郭"说，自己原本学播音主持出身，毕业后曾在一家主打围棋教育的电视媒体做编导，同时也教围棋。后来，他发现自己的兴趣更偏重教育。于是，他开始计划考取教师资格证，想成为一名真正的老师。

我当初在学校面试他时，本建议他在德育处做学生活动工作，而他本人主动要求做语文老师，而且希望当班主任。学校同意了他的请求，于是郭老师成为学校唯一一位男班主任，还开设了围棋校本课。

这些年来，伴随着课程改革，学校引进了一批复合型人才进入教师队伍，例如在学校从事戏剧教育的陈老师就是学艺术管理出身，研究生阶段的专业是音乐教育。学校在引进她进行音乐教学的同时，也充实了戏剧教育的教师力量。她已担任过学校与中国儿艺合作的大型音乐剧《马兰花》的校方排练导演。像这样的青年教师在学校一批一批地成长起来了。

没有优秀的师资作为根基，学校就不可能获得长久的发展。马斯洛也说："从人的天性中可以看出，人类总是不断地寻求一个更加充实的自我，追求更加完美的自我实现。"[①] 因此，我非常重视培植满足老师们发展的土壤，通过各个层面为他们的发展提供机会，让教师获得职业成就感和发展的满足感。我们下大力气培训教师，学校开展校本培训，各级各类培训每学期能达到百余次，并与北师大、北京教育学院携手打造骨干教师培训及通识培训项目，就是为了提升教师的综合素养，整体优化教师队伍。重视年轻教师的引进，用项目驱动年轻教师成长，是学校多年坚持的工作。依托市级骨干教师、特色教师以及区教师研修中心的教研专家资源，在校内设立了6个名师工作室，不仅在日常教学中给予年轻教师指导，也搭建不同的平台，鼓励年轻教师参加校外培训、教学比赛、支教等，以不同方式锻炼自己的教学能力。

校本培训是教师发展与学校发展同频共振的有效渠道。资源带四校区一体化管理后，实行"三低一高"校区运行模

[①] 详见《马斯洛人本哲学》，亚伯拉罕·H.马斯洛（Abraham H. Maslow）著，成明编译。

式、大年级组制，统筹师资，把教师整体优化作为重要任务，因此我带领教学处搭建多种校本培训平台，促教师组团发展。

2019年，东城区教师培训工作会召开。我受邀在工作会上以"校本培训助力教师成长、教师为本让每个生命绽放"为题，分享了学校在校本培训方面的工作。来自东城区教委直属单位的领导及东城区各中小学、幼儿园主管教师培训的副校长、主任等参加会议。我从"为什么要做校本培训""校本培训要培训什么""怎么培训""效果怎么样""如何评价"等方面进行了分享。我从国家层面、区域层面以及学校层面抽丝剥茧、层层剖析，根据国家对教师的要求，结合学校自身情况，从教师队伍的学历、年龄、职称、骨干情况以及态度、积极性等方面做具体分析，根据实际需求，确定培训的思路、侧重点和整体模块，并从"扩宽培训空间、整体优化教师队伍""加强实践性校本培训""促进校本培训可持续发展"等方面交流了学校打造校本培训模式的实践与探索。我提出"教师第一"的理念，并阐释了背后对接的"学生第一"的理念，其最终目的是要为国家培养德、智、体、美、劳全面发展的社会主义建设者和接班人。还分享了学校校本培训工作"整体优化、教有特色"的目标，学校倡导的"师本、自主、开放、高效"的校本培训文化，以及学校在教师专业水平提升，青年教师、骨干教师、面向团队的队伍建设及师德师风建设等方面的系列举措。并以教师"1+N"培养模式以及实践性校本培训等思路，介绍了老师们如何借助课程体系构建、生本课堂研究、活动育人模式等方面的探索，在实践性校本培训的平台上提升自我，从而全面促进了学校的整体发展。

我带领老师打造了"生本、自主、开放、创造"的课堂文化，鼓励学生自主探究、小组合作、互动交流，创设以学生发展为本的自主、高效的课堂。在实践中生成了聚焦四个关注的课堂评价体系：关注问题意识与质疑、关注互动交流与辩论、关注课堂民主与和谐氛围、关注师生与生生的评价。这些都是校本培训的成果。老师们还对生本课堂实施策略进行积极的研究，将教学中的问题转化为科研课题来研究，如"合作、分享、互动式教学"的实践研究和"构建开放课堂、促进学生自主发展"的实践研究等课题。这类研究在市区立项的课题共计12个，老师们都是研究的主体，以研代培，在实践过程中不断提升专业素养和科研能力。课堂成为老师与学生互促互进、教学相长的校本培训平台。

课不打磨不经典，人不锻炼不成长。学校多措并举，以研带训、以训促研，助力提升教师整体专业水平。我们每学期开展教研百余次，包括学科联合教研、教师基本功大赛、"三笔字"培训、"育英杯"教学大赛，市级以上骨干教师工作室活动等；邀请专家进校指导、听课评课、举办讲座，开展市、区教研联合视导。"百位名师进灯小"活动，聘请专家及特级教师进校做讲座、上课、说课、座谈，成立特级教师工作室分站等。并与通州、湖北、云南等多地教师进行网络直播，同步教研；外出参加市、区及全国的教研活动、培训、教学大赛等。为老师们搭建各种平台，不断提升教师的整体专业水平。学校聚焦儿童研究、学科教育，打造了以"专家引领—校级教研—学科组教研—备课组教研—自主研究"为实施层级的五级联动教研体系，老师们在这里收获成长。专家引领开展特色主题培训，引领教师把握方向，掌握先进理念，如：开展百位名师进灯小活动，钱志亮、窦桂梅、吴正宪等知名专家、学者走进灯小，引领教师把握方向，掌握先进理念，促教师专业理论水平的提高。校级教研重点开展通识性培训，提高教师教育教学基本功，如：开展"育英杯"教学研讨周等活动，在实践中提升教师教学研究及实践水平。学科组教研重在夯实学科本质，提升教师学科素养，如提高教师关键能力，关注学生实际获得的"1+1"读写结合课例研讨活动；备课组教研重在课例改进实践，优化教师教学方法。

另外，我们关注不同层次教师的发展需求，发挥骨干教师的重要作用。学校为骨干教师成立工作室，进行骨干教师教学实践活动，使教师在发展自身的同时，辐射带动更多的老师共同成长；为骨干教师搭建市级、国家级交流平台，与来自全国多地的教师开展一对一教师跟岗及交流活动，做展示课、研究课，并在对口支援工作中发挥辐射作用，以研代培，与湖北郧阳、北京城市副中心通州的小学开展联合教研；还为他们引进了北京师范大学、北京教育学院等高端培训项目，努力把骨干教师培养成学术型教师。

青年教师是学校发展的生力军，因此要重视青年教师的发展。制订青年教师个人发展规划，通过开展"师带徒"、青年教师成长沙龙、35岁以下青年教师培训、五年以下教学大赛等，不断促进青年教师的成长与进步，夯实学校发展后劲。

于漪老师曾说:"一个教师真正的成长就在于他内心深处的觉醒。"一个人的心态改变了,整个世界也就改变了。作为一所大校,每年新入职的年轻老师有很多,如何促进年轻老师主动发展,知道如何发展,成为我重点考量的工作内容。每年新入职的老师,我都要与他们谈话,进行深入的交流,鼓励他们,为他们制订个人发展计划。小郑老师是我印象较为深刻的老师。入职后,我专门找她进行了面对面的深入交流,从后面她的个人发展来看,她确实没让我失望,甚至超出了我的预期。她英语不仅教得好,还深得学生的喜爱,并且还读了在职研究生,加入了学校教师戏剧社,演绎了经典剧目《雷雨》,成为既会演戏又能教学的全面发展型教师。后来她又将戏剧教育融入自己的英语教学。我走进她的课堂,经常看到郑老师将戏剧元素融入她的课堂,孩子们可喜欢了。透过孩子们的眼神,我知道戏剧教育带来的强大效应和丰硕成果,我提出的那句"走上舞台是为了更好地走向讲台"的理念又一次响起在耳边。我的内心充盈着感动,又回想起几年前和小郑老师交流的场景……她还曾作为教师代表在学校举办的师德活动中讲述了自己的教育故事:

2021年的"毕业季"对于我来说是人生中的一个里程碑,因为这些学生是我从大学毕业入职第一年接手一直带到了六年级毕业。六年的时光,我们互相见证了彼此的成长。如果我今天的教育教学受到了学生一点点认可的话,很大程度是因为我工作中遇到很多的恩师。

第七章 师者如光：以生命点亮生命

犹记得入职之初，滕校长曾跟我谈话，要我思考自己的教学特色，虽然当时懵懂，但一直将这个思考带到了每日的教学中。逐步地，我发现有自己教学特色的前提是学生对我的课堂感兴趣，因此我开始四处寻找发掘视频、游戏、学习单等教学资源。成为副班主任后，由于跟学生接触得更多，能更加准确地了解学生的兴趣点，我又开始把握机会带学生学唱时下的流行英文歌，这一举动抓住了不少爱上网但成绩一般的小朋友。他们认真学习歌词，以能准确唱好为荣，还主动发掘好听的英文歌分享给我，而我一有时间便在班级进行播放，无形中带动一些孩子爱上了英语。随着学生的年龄增大，思想逐步成人化，我开始在班级"推销"英语诗歌翻译。在我的引导下孩子们写出了白话版、唯美版、文言版的译文，大家互相分享，其乐无穷。

2019年，我加入教师戏剧社，感受到戏剧魅力后，便想将戏剧融入教学中。起初我是在某个教学单元中找可以与戏剧融合的点来发动孩子写英语剧本，演英语剧。接着我借助比赛等活动给孩子们搭建更高的展示平台，吸引孩子们精细创作，精心演出。我看到了孩子们的兴趣和进步也备受鼓舞，如今开始思考和实践如何让戏剧元素融入每节课的日常教学。就这样，根植学生，着眼教学的点滴，让我慢慢领会了滕校长的深意。我想：灵活的思维和敢于创新的精神是我们青年人鲜明的特色，教育教学上亦是如此。学校给我们搭建了展示自我的平台，我们要充分发挥主观能动性，把握机会，寻找自己的教学特色，努力做一个与众不同的好老师。

有人说管理一所学校有三大动力，第一是物质动力，比如给老师发工资、福利等；第二是精神动力，比如向老师灌输一些理念，对老师进行表扬；第三是信息动力，比如让老师去感受、去学习，这点对于管理好一所学校也很重要。

在我看来，一支优秀的教师队伍才是学校向前发展的关键力量，因此我们通过两大培养工程助力打造优秀教师队伍。一是学术型教师培养工程。为了打造优秀教师队伍，提升学校教育教学质量，提高学校办学品质，我与北京师范大学教育学部多次沟通与讨论，确定开展"学术型教师培养工程"项目。有十位老师参加了项目学习，以提高课堂教学与教学管理能力为重点，通过"2+X"（即2位理论导师+多位学员）培训模式，采用集中研修、课题研究、导师指导等多种形式，借助"教师发展共同体"模式，提升教师的教育素养、教学素养、管理素养、研究素养，打造出一支在全市乃至全国有影响力、有号召力的品牌教师和优秀教师队伍。二是青蓝工程。新教师是学校教师的新生力量，我带领每位新教师在自己制订个人发展规划的基础上，对新教师进行了课堂教学、说课、板书、团队建设等不同形式的培训活动。为了让每位新教师更好、更快地成长，我们为每位教师指定了师父，建立师徒工作制度，从师德到学科专业发展，进行全方位的指导和帮助。新教师在这样的环境中，很快便融入了学校的团队中。青年教师以"师带徒"的形式，结对组团，搭建学习、研究、交流的平台，通过"骨干、青年教师沙龙"展示促发展，形成一支业务过硬、思想过硬的骨干教师队伍和一支思想过硬、有一定专业素质的青年教师队伍。

如果一个老师没有接受到新的事物、新的理念、新的思想，发展的步伐必然不大，而通过一些发展平台的搭设，他们就能够吸取到别人的经验，然后内化为自己的东西，并将这些好的东西应用于教学，更好地服务于学生，助推其跨越式发展。

多种学习、交流平台与机会有效地促进了教师们的整体优化，跨校区轮岗交流举措带动了所有校区教师们的成长，让教师收获了职业幸福感。原在东高房小学任职的英语教师药老师就是典型的一例。她以前在东高房小学，教研氛围不浓，培训机会较少。资源带成立之后，每学期各校区教师进行学科联合教研共百余次，而对于原北池子和东高房小学的教师而言，同一学科的交流对象较之前大大增加了。同时，资源带更丰富的培训机会、专家资源也让教师们对自己提出了更高的要求。

以药老师为例。她先后去外地现场观摩了第八届全国英语大赛、北京市教材培训活动，并加入到资源带"教育家成长工程"项目培训中。在该项目中，教师们不按学科分组，所以作为英语教师的她，也可以了解语文、数学、科学等不同学科教师在教学中的优势。在实践中，各学科教师可以进行更多的联动整合。她先后被评为东城区优秀教师、东城区兼职教研员，微课作品也获得市级原创课程辅助资源一等奖。她激动地说："我工作十年了，在资源带这几年是成长最快的，也是收获最多的。"

作为一位喜欢研究多媒体并有着计算机、科学教育学历的教师，药老师感到资源带给了她更大的施展空间。2015年，作为英语教师，她承担了班主任的工作。在她的班级管理工作中，从班级文化设计、晨读到日常行为规范等方面处处渗透着英语特色——她创编了英语日常习惯儿歌，无论是简单的坐姿口令，还是上学、课上、课间、午饭、放学，每个时间段的规矩，学生都能用英语表达并自觉遵守。这样，英语班级文化逐渐形成，学生在表达方面变得更自信、大方。而学生的成长也激发了药老师更大的工作热情，她为低年级学生创设快乐、有趣的综合学习课堂，通过学科联动，培养学生的综合实践能力。

苏轼《和子由渑池怀旧》："往日崎岖还记否？路长人困蹇驴嘶。"每位老师的专业发展过程都殊为不易，每一次的成长，固然离不开自己的努力和反思，但同时也离不开团队的引领和支持。郭老师这样回忆自己在"转岗中成长"的经历：

> 2017年，我满怀着对教学的热爱和憧憬步入学校，担任三年级班主任和语文教师。这对于一直在数学教师岗位的我来说，确实是个不小的难题。紧张、压力，让我一时感觉有些无所适从。但我并没有过多地犹豫，没有教过语文，我假期提前备课，翻看优秀课例进行学习，认真备好每一节课。开学后，向有经验的老师们学习、

听课，并积极聆听区级研究课，努力学习。在组里老师们的帮助下，我还参与了"东兴杯"说课，并取得了满意的成绩。

班主任经验不足的我，从一位科任教师转变为班主任，事无巨细的工作使我深知班主任教师的辛苦。我一开始有很多不适应，因为要求提得不够细致，学生在执行时出现了各种问题，我积极向校区领导和组长请教，了解到班级必须有细致规则，每日生活必须有行为规范，因此我还开展了一节"规则班会"，使学生更加清楚地认识规则的重要性，同时树立了良好的班风，增加了班级凝聚力。正当我庆幸自己的努力没有白费，正当我感受着班主任的快乐与幸福时，学校又让我转岗，换校区，担任二年级数学老师和数学教研组长的工作。离开熟悉的校区，离开可爱的班级，我有些惆怅，也有些失落。但是，人生不能总一成不变，新困难、新挑战必然意味着新优势和新机遇。

来到东高房校区，开始我担心无法适应角色的转换，和新同事相处也将是难题。但是进入"房子"校区后，看到老师们如大姐姐般的笑脸、同事之间轻松愉悦的氛围、校区领导们关切的眼神，我便打消了顾虑，很快融入大家庭之中，并和大家相处得非常融洽。11月份，学校为我搭建了一个更大的平台——讲一节区级研究课。我一直也认为讲一节好课就是教师职业价值的体现，所以我必须抓住这个机会，展示自己。

虽然在岗位上我经历了很多调整，但一颗热爱学生、热爱工作的心始终不变，学校文化滋养了我，点亮了我。无论让我在哪个岗位，我都会尽职尽责，努力工作。

除了孩子们、家长们，我们的老师们在学校文化的浸润下，在新的教育改革浪潮中志愿参加东城区教育系统教师轮岗，用实际行动述说着他们的心中的"绽放"！

商老师：作为体育学科骨干教师，作为轮岗交流的一员，我感到无上的光荣。在"让每一个生命绽放光彩"办学理念指导下，走出了一条"以体育德，以体育人"的体育特色发展之路。我会将这一理念辐射到更多学校，将武术课程和武术的精髓带给更多的学生，强身健体，做健康生活者。

韩老师：作为数学学科骨干教师，我将秉承学校"生本、自主、开放、创造"的课程和课堂文化，继续研究"亮彩课堂"模式，并将其辐射到新的学校。在"双减"背景下，我将和老师们一起聚焦课堂，研究作业设计和评价，帮助更多的学生喜欢数学，善于探究与解决问题，在新的工作中展现大校风范，不负学校使命与殷殷期待。

王老师：作为一名版画专业教师，东城区和学校为我创建了"版画工作室"，我觉得很光荣，同时也感到了肩上的责任重大。除了做好金帆书画社的工作，我还要不遗余力地将"以美育心"的文化理念,带到新的学校,开展版画教学活动,带领更多师生在版画创作中传承和弘扬民族文化艺术。

赵老师:作为科学学科组长,我将以科技育科学精神指导自己的教学工作,在新的岗位上,发挥积极乐观向上的工作态度,虚心向轮岗学校的同仁们学习,加强交流,真正发挥引领作用,带着一份执着与热情全力以赴。

董老师:作为(戏曲、体育)骨干教师,参加轮岗交流活动,我感觉自己肩上的担子很重。首先要上好每一节体育课,帮助学生强身健体,磨炼意志。还要把学校京剧课程和京剧团的好的经验做法,辐射到兄弟学校,使更多的学生接触、了解、喜欢国粹京剧艺术。有机会的话,可以让兄弟学校的孩子们,一起参与我们的京剧专场演出等活动。

刘老师:我们将秉承"明德 致知 力行"的校训,秉承"敬业乐群 自强不息"的学校精神,用自己的为师垂范和实际行动,践行"不忘初心,牢记使命——办人民满意的教育"的职责。我将在新的岗位上努力学习,提高能力,与老师们团结协作,付出加倍的勤奋,创出实效和佳绩,回报学校的培养、领导的期许、同伴的支持,为提高教师队伍的活力,促进教育公平,提升教育质量,贡献出自己全部的智慧和力量!

王老师:在我主动报名轮岗交流并获得批准后,我一直在思考,要怎样做才能最大化地把学校"让每一个生命绽放光彩"的办学理念，把学校"唱歌 倡德 畅想"的金帆精神和我自身的优势发挥出来，促进区域学校音乐教育方面的提升呢？我想，首先是上好每一节音乐课，通过班级课程让我校的班级合唱文化得以传播。"班班有歌声 人人开口唱"是音乐普及教育的成果。能将这一成果辐射到兄弟学校是件有意义的事。二是要弘扬金帆合唱团的理念，保持不叫苦不怕累的精神，以乐观向上的态度、踏实肯干的精神，让更多的学生喜欢音乐，受到美育的熏陶。我将和兄弟学校的音乐老师一起，以音乐为本，以文化为源，课内外相结合，让美育之花处处开放。

我想，是他们，是每一位教育人，用自己的实践与收获，用行动发出了最有力、最具代表性的"教育声音"——生命绽放的声音。

进入新时代，人民群众对公平优质教育的需求日益增长，对教育均衡协调发展提出了更高的要求。教育高质量发展的所有成果，都以人的高质量发展为落脚点，归根结底是促进学生的持续成长，而学生的发展则有赖于高质量教师队伍的建设。实践表明，只有教师得到了充分的发展，教育的本质功能和育人本性才能得到充分显现，只有全面、优秀的人才能培养出更全面、更优秀的人。没有教师的发展，就没有教育的发展；没有教师专业化的发展，就没有教育高质量的发展；要实现教育高质量发展，就必须建设一支心中有爱、高素质的专业化、幸福感和归属感强的教师队伍，这是教育高质量发展的动力之源。

第四节 从"一个人"到"一群人"

除了教师队伍,学校还有一个非常关键的群体,那就是中层管理人员。建立一支扎实肯干、团结友爱的行政班子,是我做校长的重要任务。

在发展过程中,学校办学理念、愿景、目标的理解、落实,首先倚赖中层干部,同时中层干部又是参与学校管理的决策者,起着不可估量的连接和纽带作用。他们以上率下,是带动学校整体发展的中坚力量。中层干部的执行力、领导力、组织力、亲和力越来越成为中层干部需要具备的几个关键能力。德鲁克认为:"在整个决策过程中,最费时的不是决策本身,而是决策的推行。"中层干部所负责的领域有着"一群人",而中层干部是这一群人中的"一个人"。如何让这"一个人"带动"一群人"?如何使我的干部走向卓越?对此,我常陷入沉思。我并不希望我的干部仅仅是"中规中矩"的"传声筒",而是敢于创造性地执行和决策,走出属于自己的一条"中层之路"。

作为中层干部,他们有更多的机会接触老师们。我常让干部们处理好刚柔关系,但这不是不要制度,而是要在制度之下懂得人文关怀,尽可能设身处地地站在老师们的角度上考虑问题,付出真诚,用爱的行动关心每一位老师。这样才能调动一群人的工作积极性,而如果使用刚性的压制政策,只能让教师远离,百害而无一利。

根据学校发展和实际工作需要，在人才培养方面，我也在努力做好干部的任用和培养工作，灵活使用不同类型的人，积极采取行动，提拔真正有能力的教职工，使其发挥所长。比如，资源带刚刚成立时，有一位干部在教学上非常有见解，所以我努力将其培养成特级教师，并授予其学校部门管理的职务。

为什么呢？因为当时在资源带刚成立时，需要两样东西：

第一，资源带刚成立，合并了两所学校，老师们来自不同学校，要在一起工作，需要一种处理各种各样关系的能力，这点非常重要。上面提到的那位老师做事思虑周全、善于沟通，能够处理各种各样的关系，能够将老师们凝聚在一起，能够保证比较好的外部环境。资源带"一群人"走到一起，其实是为了奔赴一个共同愿景和目标，所谓学校中层管理就是为了解决"一群人"实现共同目标过程中出现的问题。团队中关键的"一个人"的价值就在于，她有不同于一般"成员"的基于成就目标的问题思考意识与问题解决能力。我相信她能做到。第二，她能够切实地贯彻我在教学上的想法，也能够认同我的一些思考和理念，并且不遗余力去执行。我将她提拔为我们学校的教学副校长，负责学校教学管理、课程建设和教师培训及科研工作。除了在教学上有独到的见解之外，她有着坚持的韧性、细致的累积、潜心的研究等特质。2017年，她被评为北京市特级教师。在学校"让每一个生命绽放光彩"办学理念的引导下，她不仅带着教学干部深入学科组、教研组，帮助教师不断提升教育教学水平，还勇于开拓新的教学方式，尝试将新媒体、新技术整合于教学中,助力每个学生全面发展、自主发展、个性发展。她主导申报的"构建开放课堂,促进学生自主发展的实践研究"课题被立项为北京市教育科学"十二五"规划课题。她乐于奉献、愿意为他人服务,承担了北京市小学数学教师专业发展网络培训、教育部网络社区及教育部教学点数字资源全覆盖项目等,为教师开展培训,发挥辐射作用。她撰写的论文获中国教育学会小学数学专业委员会第十二届年会一等奖,并且她荣获北京市优秀教师、东城区人民教师等荣誉称号。

除此之外,我采用了纵横管理制来培养干部。她除了负责教学,还主管一个年级。纵横管理制有助于提高其综合管理的能力,使其能够深入一线,带着大家一起干,更能使年级组工作得到更好的协调和沟通,使干部看待问题更加全面;能够培养中层的领导力和影响力,使其更加能综合考虑学校的发展,提高整体观念、大局意识以及解决问题的能力;可以培养更多的校区负责人或综合的管理者,使干部们更能担当大任。

在这个过程中,干部们不断修炼了引领力、执行力、组织力,也在这个实践过程中不断挑战自己、突破自己、成就自己。像她这样成长起来的干部在资源带还有很多。如今,资源带每个校区都有校区负责人,她们都能够独当一面,独立处理各自校区的所有问题。在我看来,用人的关键在于知晓并了解这个人的长处,用其所长,避其所短。得到信任和机会,他们自会大放异彩,逐步实现从"一个人"到"一群人"的成长。

第五节　让周安排会"说话"

如何构建高效团队？如何优化学校管理，提高学校管理的效率？

在我看来，第一是把握空间，第二是调控时间，第三是建立系统，即把握空间、调控时间、建立系统。从这三个维度来看，我们应该如何优化学校管理，提高管理的效能？

第一，把握空间是什么意思？就是教委任命你为这个学校的校长，这个学校就归你负责了。或者学校任命你为某个部门的主任，这个部门就归你负责了。或者你到某个分校去当执行校长，那么这个校区就归你负责了。那么，我们如何把握这个空间？

在学校日常管理中，干好了这几件事，这个学校就会运转得非常好。第一，我觉得最重要的是设置每周工作安排表。从我2002年在史家小学分校开始，20余年来，我每到一所学校，一定要做的就是周工作安排，即周一、周二、周三、周四、周五和周末该干什么，每天该干什么。有一次指导一所学校，我向某校长要学校的每周工作安排，他却诧异地问我那是什么东西。我说，把你们的每周工作安排表给我看看。没有。大家不要觉得有什么奇怪，他真的没有。我去过的很多学校都没有每周工作安排表。他们只有校历或者工作计划，就是一个学期的安排。但其实校历或工作计划，谁记得呢？必须要有每周工作安排，才能落实到实处，将教育教学工作落到实处。没有工作安排的学校，可以想象，它就是一团乱麻，需要整天找人、整天说事、整天开会。为什么？因为他没有思考，没有安排。每周工作安排如此重要，所以我把每周工作安排列为学校日常管理的首要工作。

我们学校的新闻宣传中心是一个从无到有逐渐发展起来的部门。老师们一开始不是很理解，认为一个学校做好教育教学就行了，要什么宣传。针对此，我先是亲自给老师们开会，2014年开了全校新闻宣传工作会，然后我找来一位一线教师做宣传项目负责人。这位老师一点管理经验都没有，而我只有一条要求：必须每学期都开通讯员例会，把例会开起来，老师们就逐渐知道是怎么回事了。这个老师还是犯难，于是我就跟她讲，把开例会的事写进周安排里试试。她当时很诧异，周安排还有这么神奇的功能？这里面有个管理心理学的效应。试试不要用嘴巴去通知，而是让周安排去通知，也就是让周安排去说话，看看是人说的话有效还是周安排说的有效。结果过了一个礼拜，这个老师欢天喜地找到我说，真管用！所有老师但凡没有特殊的事情，都去参与工作。布置工作三部曲：让大家知道是什么，为什么，怎么办。

学校的工作一定要经过认真周密的思考，这样才会非常有序有效有用。从学校规划到年度计划，到学期计划，再分解成月计划，周计划，让大家知道该干什么，搞得清清楚楚、明明白白。只有这样，工作才能落实到位，才能有效推进。

这样做好了这一步工作，整个学校就非常有序，按部就班，不赶工，不加班，也没有突击的任务。

领导者一定要对部门的工作进行预思考。所谓"预则立，不预则废"说的就是这个道理。其实也就是第一年复杂一点，后面就会越来越顺畅。一个简单的每周工作安排，其实蕴含了大量的管理学的东西。你要不断去优化、调整，让它更加的合理，更加的高效。那么这个工作应该由谁做？管理者。如果是一个学校就应该由校长去做好，各部门的主任也应该做好，做好自身的工作安排，部门工作安排不需要那么复杂，但应该要有安排，要让成员知道该干什么。

把握好学校空间机制去管理学校，我们就能够把宁静还给校园，不折腾。学校工作是有规律的，不能朝令夕改，更不能今天这样，明天这样，后天又说那样，临时抱佛脚，让老师无所适从，效率会低下。只有有效把控时间，做好安排，才能让老师潜心教书，静心育人。

第六节 宏观调控出效益

在干部的行政会上，我提到过"宏观调控出效益"。"宏观调控出效益"，在整个国家某个领域，大的地区也好，小单位也好，哪怕一个学校也好，都是非常重要的话题。这实际上就是说通过把握空间、调控时间、建立系统，你就能够办好学校的事。管好了学校的时间，管好了学校的人，学校就办好了，或者是比原来办得更好。

我们是如何做到校长或者一群管理人员的每个人都看起来轻松愉悦、工作有序？我们讲学校校长或者管理人员，其实

第七章 师者如光：以生命点亮生命

不是指校长一个人，而应该是指行政团队如何做到管理者轻松、老师群体顺畅，有顺和的身心，工作干得明明白白。如果你能做到这样，那么学校办起来效益自然就高。这也就是我说的"宏观调控出效益"。

要做到这一点，我觉得：第一，要转变心态，找准位置。我们从骨干教师里提拔领导干部，提拔了以后培训。从担任行政职务的那一天开始，我们既是老师，又是学校行政干部，是管理者，所以首先要转变心态，要找准位置。我们从承担行政工作之日起，做好老师的同时，更应该做好行政管理，要知道干什么，为什么这样干，怎么干，还要带领老师干。第二，心态转变了，明白了自己该做什么，就要把它做好，要学会管理。管理是一门科学。有人会说，我天天在学校里工作，还不会管学校吗？其实不太一样。我担任校长十几年，那个年代的校长确实没有什么培训，就是靠自己摸索着干。经过这十几年的摸爬滚打，我就有了感受。假如我们从担任校长的第一天起，跟的就是非常优秀的校长，结果确实会完全不同。

每一个被提拔到校长岗位的人都非常努力地工作，但为什么若干年以后有的成为优秀的校长，有的成为一般的校长，有的甚至就干不下去了？原因不在于他努不努力，而在于他会不会管理。这是很重要的一个原因。当然也有他个性的因素，但非常重要的一个原因是没有学会管理学校，或者说自己没摸到门路，也没有去学习，虽然很努力，但不一定成功。

怎么学习管理？首先我想是要用心去做事，只有用心去做事的人才能够做得好。"和尚撞钟"，每个人撞的都是钟，但每个人撞的钟并不一定都一样。二者道理是一样的。学校要做的事非常多，但究竟什么东西最重要？我觉得校长最应该做的事就是思考和引领。思考，就是经常思考怎么样把学校办好，想清楚了就引领老师们朝着设立的奋斗目标奋勇前进。这是最重要的。当然管理思考和引领是相辅相成的，学校管理工作是系统工程，而且是个动态的过程。如果说教育是一门哲学，那么学校管理绝对是一门科学，要求真正做到实事求是，要从学校中来到学校中去；同时它又是艺术，要不断地创新，永无止境。必须要努力去探索学校管理的科学化之路，形成一整套规范科学和高效的管理学校的方法。

我经常说的一句话，叫常学常做常新。每个星期都在创新，确实是这样。所以学校的中层干部（包括副校长）总说怎么都赶不上我的步伐。为什么他们会有这种感觉？其实是因为不断地创新。这个创新不是折腾，而是不断地调整，不断地微调整。例如，我们做疫情防控工作，防疫常态化之下，怎么写防疫日志？怎么能让台账更清晰更明确？所以要常学、常做、常新，永远在创新。

不断地学习与创新，才能为我们的管理、成长，以及学校的发展注入源头活水！

第七节 从"1"到"1+N"

未来已来。我们每个人置身于21世纪高速发展的今天，形成个人品牌无疑已成为一种职场优势。若想在21世纪立于不败之地，就应当建立个人品牌。作为教师而言，我们也应该有一种时代的紧迫感，需要具有不断的学习力和反思力，才能适应未来的教育教学。

教师如何树立自身的品牌呢？首先教师本人应该要有品牌意识，但绝不是为了炫耀去立品牌，而是对自己有更高的要求，努力追求卓越，做更好的自己，从自身业务、师德、格局、学识、创新等各个方面不遗余力地提升自己。另外，教师还要有一定的奉献精神，利用自身的智慧、勇气和境界，不为名、不为利，一心一意扑在教育事业上。这是教师建立品牌的一个基本要求。再者就是学识涵养，做学问是教师的工作本分，只有不断学习，夯实自身的知识结构，让这"一缸水"始终满着，才能随时给学生"一杯水"。在我看来，尤其是身处当今社会，教师只有不断创新，有创新的意识，才能让自己的教学始终跟上时代的步伐，才能满足于当今的学生的需求。

作为学校管理者，校长不仅要关注学校的发展，更要关注教师自身专业的发展。如果教师自身没有发展，就没有干劲，学校管理者应该始终站在老师们的角度上多去为老师们思考和着想，了解老师们，并发挥其特长和强项，促进教师多元发展，让每一个老师成为学校的品牌。在当今时代，我们更加倡导全面、均衡、平等的教育，若想在最大范围内满足每个孩子的需求，我们还需要很多的复合型教师。教师如果仅仅是某一学科的教学专家，已经不能够适应教育教学的需要。

经过一段时间的思考和沉淀，"1+N"教师培养模式在我的脑海中逐渐成形。因此，我提出了"1+N"教师培养模式，一种多元综合发展模式。"1"是指把自己的本职工作做好,"N"则是可以根据自己的特长开设校本课程、社团活动等。

我自己是一个台阶一个台阶地走上学校管理岗位的。我深深知道,管理岗位对人的要求是综合的、多元的,涉及校内、校外,如果对思想文化、教育政策、社会经济不了解,肯定办不好学校。因此,我也希望我的干部见识广阔、更有高度,综合多元发展。最好的人才是能"弹钢琴"的人才,他们通过好的管理"弹"出旋律来。

前文提到我们开设了传统文化课程,但师资是哪里来的呢?其实不少师资力量就产生于"1+N"培养模式。例如,京剧、篆刻、国画、书法、茶艺、武术、围棋、彩塑等,都是学校教师在"1+N"培养模式下开设的。以彩塑为例,这是传统民间艺术泥塑演变而来的,因为传统的泥不好处理,因此选用轻型黏土为材料,于是就有了彩塑课。我们教彩塑课的周老师,她的父亲是中国文艺家协会的一名泥塑艺术家,自创了一种泥塑叫作"北京微型泥塑"。周老师从小耳濡目染,也对泥塑很有兴趣、很有天赋,从事教师职业之后,就一直想着如何把泥塑艺术与美术相结合,把传统艺术教授给孩子们。正好学校提供了一个校本课程平台,让师生有了共同学习和弘扬传统艺术的机会。周老师还为人美社、人教社的全国美术教材录制了泥塑微课共 24 节。她与学生的彩塑作品图片,还被人美社北京版一年级美术教材中《多样的小饼干》一课使用。

"蓝脸的窦尔敦盗御马,红脸的关公战长沙……"花花绿绿的脸谱、咿咿呀呀的唱腔、混杂的湖广韵和北京音,国粹京剧对于我们学校的学生来说已不陌生。早在 2015 年，学校就将《京剧国粹艺术混合式课程》和《访观名胜　走近国粹》引入综合实践课程，由班主任老师和专业老师利用微课形式，为孩子们做京剧知识的普及。在我提出的"1+N"培养模式下，我鼓励本为"票友"的体育董老师跨界教起每周一次的京剧校本课程来，担任学校京剧校本课程工作及京剧团管理工作。董老师在学校开设京剧校本课程，还带着小票友们走进戏院，近距离感受国粹的魅力。

现如今，京剧教育已经融入学校课程的多个环节。2013 年 10 月，京剧社团正式成立，经过几年发展，目前社团已有近百名热爱京剧艺术的小团员。体育董老师在学校"1+N"培养模式之下，闪耀着他的光彩。现如今，他已是东城区小学戏曲学科教学带头人，近年来主持及参与国家级、区级京剧课程课题三项，所负责的京剧课程获北京市课程成果一等奖，所排演的京剧选场获北京市学生艺术节金奖，还被评为市级师德榜样、北京市优秀教师等荣誉称号。

喜爱围棋的语文郭老师，已经是业余五段的选手。之前，我鼓励他利用自己特长开设校本课程。于是，他向学校申请开设了围棋选修课。这让郭老师不仅能发挥自己的特长，而且能让更多学生学到一门新的校本课，同时打破了传统教学中按班级、按年级教学的方式，通过兴趣将"流动的班级"凝聚成备受师生欢迎的课程。除了校本课，郭老师带的班级也营造出了棋类文化氛围。看着学生在棋类世界中体验竞技趣味、乐于思考的样子，感受着班级和谐的气氛，郭老师很自豪。如今围棋不单单是学生喜欢的选修课,也是他管理班级的一个好方法。

郭老师是这么评价"1+N"培养模式的:

> 我深深受益于学校提出的"1+N"教师培养模式。"1+N"中的"1"是指自己的本职工作,意味着我要尽心把语文教学做好;"N"则是指可以根据自己的特长开设校本课程、社团活动等。
>
> 喜爱围棋的我已经是业余五段选手。以前,我在一家主打围棋教育的电视媒体做编导,也教过围棋,于是我向学校申请开设了围棋选修课。如此一来,我不再只是一名语文教师,也不再只面对我所带班级的学生。一时间,我对于教师只局限于一门课、一个班的"老"想法被打破了,我不仅能发挥自己的特长,而且能让更多学生学到一门新的校本课。
>
> 在我的教学方案里,最重要的是弈德的提高。围棋是咱们中国的传统艺术,能够让人懂礼。渐渐地,孩子们懂得了"观棋不语、落子无悔"的含义,明白了对局前双方要点头致意以示尊重,知道了在思考时不应玩弄棋子……他们越发平和、谦逊、彬彬有礼。我还发现一些学生把围棋中的智慧用到了生活中,比如,有的学生就用下棋时"三思而后行"的道理改掉了自己急躁的毛病。
>
> 没想到,我担任班主任的班级学生对围棋也产生了强烈的兴趣,常会问我关于围棋的知识,会跟我切磋围棋技艺。班上的一个女孩子,人品和学习都非常优秀,

就是魄力不足，做事往往瞻前顾后。我灵机一动，不如就在下棋的过程中帮她改变吧。我每天陪她单独训练20分钟，慢慢向她渗透面对大好棋局不可犹豫不决的思想。坚持两个月后，她的棋风逐渐凌厉，为人处事也果断起来。

短短一段时光，我带的班级营造出了棋类文化氛围。孩子们对弈切磋，争当小擂主，他们还集体向我申请要利用新年联欢会开展对抗赛，既要有小组PK，又要有一对一的对战。看着学生在棋类世界中体验竞技趣味、乐于思考的样子，感受着班级和谐的气氛，我深受启发：如今，围棋不单单是选修课的内容，也可以是我作为班主任管理班级的一个好方法。

其实，除了喜爱围棋，我还有着播音主持专业的功底，而且也是一名热爱运动的人。因为"1+N"平台的搭建，我的特长越来越多地发挥出来。在工作的两年多时间里，我并没有感觉因为"N"的加入而产生过多负担，反而促使我勇于承担更多的教育责任，让我与学生共同成长、共同收获！

静心思忖，"1+N"教师培养模式实施以来，看似增加了老师们的负担，而实际上是大大调动了老师们的主观能动性，也为老师们提供了多向发展的可能。学校也为教师的多元发展积极搭建各类平台，教师专业发展的自觉意识不断被唤醒，教师自主发展的内驱力被不断激发，使教师自觉地承担起自我成长的主要责任，变"要我发展"为"我要发展"。通过各类教研活动，老师们在引领、研讨、展示、反思中提升执教力，在实践中获得教学经验、提炼教学策略、实现一专多能。如今，老师们全员参与到选修课、社团课或综合实践课的建设中，一大批多元发展、综合发展的复合型教师人才如雨后春笋般在资源带涌现。

时代在发展，社会对人才的需求必然日益多元化。我们如何在当今时代立于不败之地？教师也应该有一种居安思危的意识，让自己向着多元化的方向发展，只有这样，才能适应时代的潮流和进步，才能最大限度地满足社会和教育的需求，才能在教育探索之路上越走越远。

第八节　灵魂安顿的设计和精神栖居的创生

想要发展学校，必须关注教师。资源带在注重"生本"理念的同时，也不能忘记教师——我认为关注学生的背后就是关注教师。我们充分发挥教师引领示范作用，带动、成就学生的发展，师生的共同发展又成就了学校的跨越式发展。

人类和其他物种最大的区别就在于，人既活在物质世界中，又活在自我编织的意识世界里。在学校这方净土，在面向人的这份职业，一个教师除了身体健康与心智健全之外，还需要第三个元素——"灵魂安顿的设计和精神栖居的创生"。我深思，作为一名管理者，一位校长，我何不创造机会和环境，也为老师们在学校创造一份诗和远方，让老师们在繁杂的工作之后，打造一处安放自我的生活场呢？我相信，拥有了"人和",也就拥有了一切。我一直为此做着努力。

我常常通过眼睛和心感受老师们的工作状态,这样就有新的发现,老师们从身体和心理上都是健康且正常的,但有时我能感受到在复杂且重要的工作环境之下,老师们其实并不那么快乐。在学校管理中,我最怕学校人文环境沉闷,缺乏生机和活力,每日重复性地在自己的那一亩三分地辛勤"劳作",送走一批批学生,不懈地、顽强地奋斗着。我希望能为老师们做一些事情,让老师们的生活多彩和快乐起来。为此,我做了如下努力:一是提出符合人性的管理理念。尊重老师的尊严,尊重老师的人格,只有先管好人,才能管好事儿,应该给予教师工作环境和心理空间上一定的"自由度",给予老师充分的尊重感。二是创建一个适应人性的工作环境。我非常注重人际沟通,跟老师们聊天儿,谈谈工作与生活,努力为老师们营造一种舒畅的心理环境,时刻保持与老师们的畅通无阻,注重倾听老师们的声音,并着力培养好与老师们之间的感情。三是营造激活人性的人文环境。我经常对师生笑脸相迎,因为在我心中,教师第一,以生为本,充分给予老师们宽松、民主的工作氛围。老师们在学校创设宽松愉悦的环境里,找到自己的价值所在。学校150周年校庆倒计时的活动中,学生眼中的"最美教师"评选成为亮点,他们或是教有特色,或是关爱学生,或是受学生喜欢……每一个优点都造就着最美的教师,绽放出光彩。还有学校成立的两大教师社团——教师篮球队和教师合唱团,让教师在娱乐休闲之中充实而快乐,无形中传承和弘扬着灯小的特色。在管理上,我会进行宽容激励,"金无足赤,人无完人"。我希望自己是一个大度的"大家长",我喜欢用其所长,避其所短,遇事不求全责备,给予人犯错的机会,当然这不等于渎职和放纵,而是给予老师们更多成长的空间。另外,我想方设法减轻老师们不必要的工作负担。我曾在行政会上对行政干部讲,要给老师们减少会议次数,能减则减,让老师们有充足的时间进行自我提升和自我管理。四是建造一个宜人的工作环境。在这种思想的引导下,我带领后勤中心的主任和老师们花大力气改善老师们的工作环境,关注到教师生活的每一处空间,就连厕所门,我们也请人专门绘制花花草草,让老师们看着赏心悦目,工作起来也舒心。我们教师的办公区,也会定期更换新型办公桌椅,并对办公室进行了专门的装修,老师们生活的场域变得宽敞又明亮。我们还为每一位老师定制了学校文化衫,请高端摄影师为每一位老师拍摄工作照,这些举动都得到了老师们强烈的支持和连连的称赞。五是开拓人性管理的可行路径。都说待遇留人、事业留人、情感留人,其中我最赞赏的是情感留人。感人之心,莫过于情。情感的力量一旦上来,它便是无形且最强大的,如果能让老师体会到"被爱",必然也能激发师者之爱,爱工作、爱学生,必然也会用爱做基石,用情感做原料,建立起守护孩童的爱之大厦。

古人云:"天下难事,必作于易;天下大事,必作于细。"更多时候,我希望自己能够静下来,能够为老师们做一些实事,通过关注细节,关注点滴,真正走进老师们的内心世界。记得前几年我在学校食堂吃饭,感觉食堂食物的品种较为单一,油脂偏高,且饮料含糖量也过高,这样下去,并不利于老师们的健康。因此我多次与餐饮公司联络，解决这个问题，切实提高教师用餐标准。无论是早餐还是午餐，一定先保证老师们吃好喝好，有一个好身体。除了每日早午的自助餐之外，食堂还为老师们提供饭后水果、无糖饮品等，每天都不重样。"双减"之后，老师们下班离校时间越来越晚，因此我们又为他们申请酸奶、面包等，保证老师们及时补充能量，保证课后服务的质量。

爱，让教师们产生了幸福感和归属感。

有专家做过统计，大部分人每天接触时间最长的，不是家人，而是同事。可见，同事关系融洽与否，很大程度上决定着这个人的幸福度。

教师是活生生的人而非工具，这就决定了学校的管理要以人为本，着眼点是人，这也是学校文化管理运作和实践的核心。学校管理，归根结底是对"人"的管理，作为校长的"人性化"管理，需要在日常管理中正确处理好约束与调动、服务与协调、使用与培养、求同与求异等方面的关系。人性化管理，是提升教师归属感的重要办法。当我还在史家小学分校工作的时候，就开始动脑想如何营造归属感，向老师们表达关注。当时学校有140多位老师，人数比较多，我就想了一个"笨"办法：在每位老师过生日的时候，给老师送生日蛋糕、写生日贺卡。贺卡上的祝词并不是随随便便写的，每一份贺卡我都会很用心，认认真真、饱含深情地写。人与人的交往，常常是将心比心，校长用心了，那么老师们也会对你相待以诚。年级组长、区级骨干班主任崔老师提到被一件小事所感动：

老师的心要是冷了，学校的工作就不好开展了，滕校长特别能暖老师们的心。记得我最感动的一件事，就是校长得知有位老师父亲过世后，当天就冒着雨夹雪的严寒天气，特意跑到另一个校区，跟那位老师聊了一个小时，还自己掏出500块钱补贴那位老师。当时那位老师就说：我特别感动，心里很暖和。当时我听说了这个事儿，滕校长在我心中的形象又高大了许多。

杨老师回忆第一次来到学校时的情景，说道：

我与学校结缘，源于第一次与校长的谈话。当时我来到这个学校，在校长室旁边的接待室等着，然后我就看到了一个书法字体——一个"爱"字，很朴素的装裱。回首我的教育生涯，长辈们给我灌输的都是这种爱，爱学校、爱老师、爱学生，爱已经进入我的血液里边，我就是想找寻这样的理念，这样一种教育情感。当时我就猜想，这位校长一定是心里有爱的。

归属感是指个人因认同自己所在的群体并感到自己也被群体认可和接纳而产生的一种隶属于这一群体、与这一群体休戚相关的感觉。人类史研究表明：约从250万年前直到6000多年前，人类社会一直以原始社会的形态存在，任何个人都必须依赖于整个集体或部落才能生存。因此，每个人内心深处都存在着强烈的归属感，归属感是每个人一种基本的心理需要。教师的归属感，是教师对自己所教育的孩子，对自己所在的学校，对自己所从事工作的一种血肉相连的感觉。

在归属感的驱动下，教师强烈渴望自己被其他教师、被上级、被自己所教育的儿童认同、接纳。在归属感的驱动下，教师才会爱岗敬业，才会把全身心的爱，投入到工作当中去，因而爆发出令人意想不到的伟力。

我非常注重团队建设，以此营造教师归属感，营造爱的大家庭氛围，让广大教师参与学校有意义的活动，比如开展五四青年节团队活动、教师节、三八节活动，还有教师篮球队、合唱队活动等。每学期期末，我们还召开学校团队工作总结会，全体教职工在会上共同分享教育感受、工作体会，把以生为本，让每一个生命绽放光彩的理念深植心中，并渗透在工作的点滴中。我向老师们抛出了三个思考：什么是团队？什么是团队精神？如何体现团队精神？"有团队理想、能同甘共苦、需要相互妥协、舍小家为大家……"老师们各抒己见，表达了自己的观点。随后，我带领老师们从"团队的概念、团队与群体的区别、团队精神的内涵、如何培养团队精神、如何处理个人与团队的关系"等方面进行学习，细致解答了三个提问，并亮出自己的观点：每一个人都需要团队，团队需要共同的目标、互补的技能、相互的责任和积极协调配合；高绩效的团队则需要高度的忠诚和信任、尊重、充满活力与热忱、不断进取。我希望老师们不断提高个人的团队意识，提高个人的做事能力，在工作岗位上不断进取，发挥最大的价值，共同促进学校的蓬勃发展。

通过一系列活动，老师们加强了彼此的沟通，逐渐达成共识：大家是工作上的伙伴、生活上的朋友，大家有共同奔赴的目标，有共同努力的方向，互帮互助已经变成一种工作的习惯。年轻老师做课，组里的老师围上去，一起出谋划策，精益求精；哪个老教师生病了，年轻老师会踊跃说"我来"；哪个老师心里不痛快了，一帮老师逗乐、开导，一会儿就烟消云散。人有所依，心有所属，情感凝结成的团队，让每个人都斗志昂扬，都信心满满，你帮我，我帮你，使得学校始终都呈现出一派热气腾腾、欣欣向荣的盛景。

一次次地想教师所想，换来了他们身心的愉悦，也换来了教职工对学校的信任和爱，让老师们找到一种"家"的感觉。一旦这种感觉出现，老师们工作的热情和能量也全都释放出来，自然达到"不待扬鞭自奋蹄"的境界，这也是我期待看到的景象。

第九节 "雷雨"之夜撑好伞

除了不断促进教师知识储备和能力建设外，我们也注重对教师工作心态进行调整，通过组织开展各种活动，丰富老师们的业余生活，营造健康向上的文化氛围。在学校，不只有学生的金帆话剧团，还有一支教师戏剧社——"力行"戏剧社，各学科老师都参与其中。它的名字"力行"就取于校训"致知力行"。

戏剧作为一种文化载体,承载着一个学校文化的深刻内涵,校园戏剧不仅仅是一场演出,更是一所学校文化底蕴体现的方式。学校组织,师生共同参与、相互感召,用深刻内涵的戏剧活动引领人、影响人,造就校园师生的浩然正气!

老师们为什么要从讲台走向舞台,又为什么要选择《雷雨》呢?这还得从学校与戏剧的渊源说起。1933年,曹禺先生用《雷雨》挥出"霹雳",愤然鞭挞于时代的长空。第二年,育英学校剧团将《雷雨》搬上东四社交堂的舞台,之后在学校百余年的历史中,戏剧伴随着学校的发展成为一种生生不息的力量源泉。

我们将教师戏剧社命名为"力行",一方面是希望通过老师的躬身实践、深入思考,潜移默化地影响学生,提高师生自身文化修养和审美鉴赏能力;另一方面,戏剧教育杂糅文学性、实践性特点,可以让戏剧成为促进教育教学的有力"帮手",激发教师更丰富的教学手段,改变单一的教学模式,使学生在角色扮演中体悟语言艺术,在情景教学中完成自身角色的演绎。比如,我们戏剧社的语文教师就将戏剧迁移到课堂上,从戏剧的视角,将课文作为文学、戏剧作品的切入点,使班级学生在亲身实践中体会思考课本知识,从而上升到戏剧艺术的高度。在语文课上开展的课本剧改编、体验、演出等活动,使语文教学"活"起来。发展戏剧不仅仅是以表演为目的,而且还注重通过戏剧这种途径,助力学生认识社会、思考人生、增强自身素质以及提高品德修养;再如,教师戏剧社的音乐老师还将课本、寓言、童话故事排演成音乐剧,在音乐的渲染中捕捉原剧作者所表达的情感。这些教学行为已经成为老师们的日常教学。这就是戏剧给予的创意与力量。这个力量让我们对教育本身又有了更高的感悟和理解。我们明确将之指向人格教育、精神教育，注重在综合修养、团队意识、合作能力等方面的培养，以求孩子们将来更好地立足于社会。

戏剧艺术是一种外在的表现形式，其内在的核心是塑造人，演戏的过程就是塑造人物的过程。老师从讲台到舞台，再回到讲台，就是自我重塑的过程。这个过程有利于自身发展，更有益于教师队伍建设。

2017年6月，学校与北京人艺戏剧博物馆签署了共建合作协议，双方约定，共同排演话剧《雷雨》——这部对学校来说意义非凡的里程碑式巨作。学校借用中国儿艺的场地，请北京人艺给我们指导。由于北京人艺对艺术的追求、对戏剧的敬畏、对作品的尊重，其导演的要求极为严苛，要求我们完全按照北京人艺的创作模式进行排练。首先是老师们学习剧本，不断将曹禺先生的戏剧构架植入脑海，形成固定模式。不分角色，所有老师一起排练，一段时间之后才安排角色，如果不行立刻就换。

11月，教师版《雷雨》在儿艺首演：四凤、繁漪、周冲、侍萍，人心各有所思。一袭长衫的周萍，其挣扎与纠结被语文老师刻画在眉心。玫红色的旗袍下身姿婀娜，眼神里却藏着三分倔强，艺术中心主任化作了繁漪。听着那声嘶力竭的哭喊，谁能不为四凤揪心？饰演四凤的90后的她是刚刚入职不久的小老师。金丝眼镜架在鼻梁，音乐老师俨然一副旧社会大老爷的做派。平时手握画笔的美术教师"变身"周公馆的管家鲁贵。天真帅气的小少爷周冲则由女老师"反串"……

从组建剧社到公演，前后一共半年的时间。老师们向教育前辈致敬，更要实现他们心中的教育理想：走下讲台，不是单纯地为了走上舞台，而是为了能更好地走下舞台而回归讲台，将戏剧的收获化作育人的思维带回校园。

舞台上，我成为领读者，通过娓娓道来的诉说，引领着每一场戏，每一个片段的演出。同时，作为校长，我也引领着学校戏剧社的老师们共同传承和发展学校戏剧教育，成为学校戏剧文化的引领者。

2019年，教师版《雷雨》复排，并打算在北京人艺首都剧场公演！这一次，我成立了"学区戏剧教育联盟"，不仅带领灯小的老师，还请社区工作者、学区内其他学校及单位的老师，还有学生家长，一起加入，打造戏剧教育"动力源"，为"戏剧东城"、为全民素养的提升做点事情。我们从幼儿园、小学、中学、教委及直属机关招募演员，加入到戏剧联盟。几年过去了，现在回想起来，当时的情景依旧历历在目，充满画面感。那些参加过演出的老师和工作人员真正体现了自我，实现了价值，先后走向领导岗位。

排练全部利用业余时间进行，紧张而严格。有位老师因为出国旅游请假，不能参加训练，此后再也没有出现在演出名单中。排练是十分辛苦的，周六、周日也不间断，平时要练到晚上九点多。很多老师的孩子就睡在排练厅的长椅上，可老师们还在练。他们为什么能够坚持下来？就为了上一下舞台吗？我觉得还有更多。随着学校发展，他们应该有一份力量，也是对学校的一种责任和爱。

一分耕耘一分收获！"咔嗒"，流苏台灯轻轻熄灭，这一场《雷雨》大幕落下。演出大获成功！话剧《雷雨》公演的那天晚上，散场时下起了毛毛细雨，真可谓天公作美，十分应景。

"戏剧艺术就像一颗种子，老师是播撒种子的劳动者，让戏剧艺术的种子在更多孩子心中生根发芽，未来必定长成大树，枝繁叶茂。"这是北京人民艺术剧院时任院长的任鸣对教师版《雷雨》的高度评价。

话剧《雷雨》公演，老师们演得很投入。若是从专业的角度讲，他们肯定无法与职业演员相比，但这是一种精神，是在学生面前作为师者的引领和形象。演出无疑是成功的，社会影响面极广，这是我始料未及的。

演出后，我记得其中一位演员跟我说："滕校长，我谢谢您，谢谢学校，我这一辈子值了。"他告诉我，他大学曾是戏剧专业，当时的同学们为了能在首都剧场看场话剧，哪怕坐火车、买黄牛票都要来"朝圣"。当话剧谢幕，观众们往外涌，他和同学们都是往场内挤，就想摸一摸北京人艺的舞台。同学们流传着这样的说法，即无论多大的名人，能在人艺演话剧才是毕生追求。因为我们学校，他的人生梦想实现了。

登上过舞台的人总有不一样的感觉。舞台的灯光渐渐暗去，老师们从戏剧中回归。经历过剧中人的一生，回归讲台，他们的情感，他们对教学、对艺术的体味又会如何传达给孩子？

我相信老师们因为戏剧，心灵得到涤荡，他们的情感世界更加丰富、更加敏锐、更加完善。有了审美情怀和超越的人生态度，生活氤氲着美与诗意。

作为美育的一种形式，戏剧已经在学校"扎根"。老师们不仅在舞台展现成果，更将戏剧带回校园，有的将戏剧中人物情感的分析迁移到对语文课文的分析中，有的把排戏时不怕苦不怕累的意志品质潜移默化地传递给了学生。

说起艺术教育，人们往往把它当作一种课程或单纯的知识传授。作为教师，我们带领孩子们重新认识眼前的世界——不仅有物质，还有无处不在的美；不仅要用眼睛去发现美，更要有由内而来的欣赏美的灵性。现实中，沉浸于微雨飘窗滴落、黄叶低空飞旋，又何尝不是一种生活的妙趣。

语文崔老师因为在《雷雨》中扮演鲁妈变得"敏感"起来：重音落在哪里？动作、神态如何配合？读课文，教孩子们写作，和孩子们对话，随时随地，一言一行，她试图捕捉更多的信息。"戏剧表演的魅力就在于能够让观众和表演者都直观地感受到主人公的情绪，这样的感同身受，有利于帮助孩子们深入理解文学作品，了解字里行间的故事，收获课本之外的知识和智慧。"孩子们学会了用眼神、表情外化人物的内心，他们理解得更多，琢磨得更多……

从"看不惯"周萍为人处世的态度，到走进他的心里、诠释他的生平，语文郭老师渐渐磨出了演技。然而，他最为得意的是能够带着戏剧的经验走进课堂。如今，他会指导学生用解读剧本的形式领会课文，去读一读、写一写，还要演一演，让孩子们领略文章的意蕴，体会人物的心境。

周朴园的扮演者是音乐王老师。他更是运用"剧本分析"的技巧来指导孩子。音乐与戏剧的完美结合,更好地激发了学生的艺术潜质。

今天,越来越多的学校认识到戏剧教育独特的价值,无论是对学生还是对教师均是如此。或许,对孩子而言,非刻意的、释放着艺术气息的教育方式,更能吸引他们的目光,潜移默化中让他们体察艺术与生活的妙趣,而由此对生活、对人生更加热爱;或许,作为教师,和孩子们重新认识、感受世界,更是一种提升。

在"力行"戏剧社成立之初,总有人问我:为什么老师也要排演戏剧?

戏剧是形式,育人是本源。老师从讲台走上舞台,最终目的是希望老师从舞台更好地回归讲台。这是一个蜕变与提升的过程!这提升了教师的艺术审美和整体修养,使课堂更具艺术性,教师可以将戏剧的元素融入学科教学、融入课堂,使孩子们的学习更加生动、有品质;这同时使更多的老师能积极参与到戏剧及艺术的教育教学活动中来,从而提高学生的艺术水准,提升学校美育水平,让教育更具有艺术性!我们以戏剧教育为切入点,因为"它"是立德树人的有效渠道之一,孩子们通过戏剧的学习,能学做人、学做事。老师排演话剧更深一层的含义是做教育。

参与本次演出的不仅有学校的老师,还有家长代表,学校还联合学区内的单位成立了"学区戏剧社团联盟"。我希望在搭建的更高、更广的资源平台上共同研究,使更多的人参与到戏剧教育中来，播撒戏剧的魅力，扩大戏剧教育的张力。把学校努力打造成"教育动力源"这样开放的载体，为提升全民的艺术修养做一点点事情，其最终目的是落实在学生的发展上，落实在全民素质的提升上。

每一个人、每一所学校都是社会的一分子，这些教育工作者和家长代表希望能够为区域发展做点儿事情。东城区提出"戏剧东城"的理念，而我们愿在儿童戏剧教育发展上做一点点探索性的尝试，努力营造良好的戏剧教育校内、校外文化氛围。希望更多的人支持戏剧教育，支持为推广戏剧教育而努力奔跑的人们。

"咔嗒"，流苏台灯轻轻熄灭，这一场《雷雨》大幕落下。一瞬间的记忆驻留在师生心间。而戏剧教育的帷幕，不会合拢，在那方舞台，老师和孩子们一同体验人生、认识世界，思美知情。

因为一部戏，学校的名字闪耀在每个人心中，因为一部戏，大家也爱上了这里。

第十节　在我心里就是"认定了"这里

在学校管理中，我也一直倡导"每个人都很重要"的理念。作为一所学校，它本就是一方净土，这里没有高低贵贱之分，人人生而平等，无论是保洁大姐还是中层干部，无论是一线教师还是食堂师傅，每个人都很重要，都在自己的岗位上发光发热，人人都能感到被尊重、被重视的温暖。在学校，我除了关注每一位师生的发展，传达室、学校食堂、保洁大姐们的宿舍都是我常去的地方，我会问问他们有何需求，有何困难。

老师们奔走相告："今天的伙食不错，快去！"要想管住人，先要管住胃，这和谈恋爱、居家过日子差不多。我督促食堂每天为老师提供可口的饭菜，营养搭配注意均衡。我吃饭比较晚，食堂大姐经常提醒我，就差我一个人了。

这一天，食堂大姐听说我要调走，特意来到我的办公室，她说："我很少见到您，我经常看着校长办公室的窗子，知道您在，心里就踏实。"食堂大姐的话很朴实，这深深触动了我，越是这种朴实，情感流露就越真挚。我也更加认识到，学校管理的对象就是活生生的人，每个人都是生动的、个性的、有血有肉有感情的，而我作为一名管理者，就是要发现每一个员工的潜能，激励每一个员工变得更好，照顾好每一个员工，让每一个员工都感受温暖。

教育作为一种生命点亮生命的活动，是一个需要激情和爱的场域。只有教师对教育有发自内心的热爱，才会有真正的教育；只有教师在教育生涯中自我实现的成就感、满足感和幸福感，才会有真正的教育。老师们在学校成长，在学校感受到了爱，因而也爱上了这里。就以音乐周老师的一篇感言作为本节的结尾吧。

"爱"上学校，在我心里就是"认定了"这里。

"认定了"这里的人。我转入学校三年了，但我感觉我已经来了十几年了。确实是这样的，我感觉我好像

第七章　师者如光：以生命点亮生命

一直在这里，因为同事都特别地有融入感。我来了之后，大家见面什么的都特别亲，就感觉特别温暖，然后不管有什么事都不是个事儿。虽然平时也很累很忙，自己和学校都在不断发展，但工作超级顺畅，有了这样的团队，我也没有后顾之忧。

"认定了"这里的孩子。当时我还是外校老师，带孩子参加合唱比赛的时候，也不认识咱们的音乐老师，但我就听到金帆合唱团的孩子们正在唱《一窝雀》这首歌，当时我惊呆了，因为咱们团与其他团的声音完全是不一样的，是自然的发声，是童声。许多学校都走成人学声乐的方法，但是咱们学校合唱团的声音为什么与众不同？因为它是童声的发声，是很自然的。最好的歌声，是唱歌像说话一样的，自然流露出来。我一下子就被这里的孩子们吸引了，我当时就在想，这是一所什么样的学校啊。

这里的孩子不一样，特别可"爱"。我总能在音乐课上与我的孩子们达成共鸣。比如，之前我所在的学校没有开设京剧课程，一至六年级音乐课的每一册书都有一个单元是京剧欣赏。每次音乐课讲到京剧欣赏的时候我就特别尴尬，因为孩子离京剧特别远，他们也不爱听，特别不喜欢，每次上那课我都特别头疼。然后，我有时候就教他们唱，孩子们能跟我唱，但是特别乏味。但这里的孩子不一样。我本来带着心理负担，找了好多资料，生怕课上不下去。结果六8班的小卢同学（他是京剧社团唱净角的）直接在讲台上给同学们唱了起来，每个孩子都在跟他学。这就是榜样带动的力量。他还分享他的学习过程，带了自制的PPT给同学们普及京剧知识，这样的欣赏课我觉得丰富得三节课都讲不完。小卢同学学了京剧后，整个人的气质都不一样，因为热爱京剧，他每天要练唱两个半小时。这样的现象只可能在灯小出现。

这里的孩子们特别有探索精神，特别可"爱"。每节音乐课，他们都那么热爱，每次上完音乐课，我得把他们"赶走"，因为他们围着我问这问那。学生创作歌词、乐谱，自编班歌，还根据音乐课内容自制音乐道具，比如做编钟、阮、琵琶、二胡……

我很喜欢现在的状态，我也变得更好了。在来这所学校之前，我感觉上课都不用备课，但是现在我的每一节课我都必须带着精心准备好的PPT，还有各班孩子们积累起来的资料。每节课都有补充和充实，所以我需要学习更多的东西，去让孩子在课堂上能够跟我产生共鸣。他们掌握了这些知识的那种获得感，让我很有成就感。

爱上这里，其实也是体现在理念的契合。我以前每天就像一个陀螺这样转的一个人，很少去了解学校的理念文化，但是来到这里后，我发现我特别认同滕校长提出的"生本、自主、开放、创造"的课堂文化。因为课堂开放，因为上课的时候敢放手让他们到台上去讲，他们回家才会去准备东西，才会自主，然后才能激发孩子

第七章 师者如光：以生命点亮生命

的创造力。课堂越来越活，我就觉得校长太伟大了，学校的课堂文化真是太好了。

爱上这里，也是源于对滕校长的崇拜。今年这学期滕校长当上了书记，当她给我们讲党课，从党的高度上去讲教育的时候，讲"双减"政策的时候，我觉得特别震撼。以前觉得听起来挺空的话，感觉校长说得特别真实，讲出来为什么，又特别让人容易了解政策，就有一种推动力，让人觉得这事有我的责任，需要由我们每一个党员教师或者由教师来推动这件事情。听滕校长的讲话前，我感觉国家政策那么高，那么远，她讲完之后政策落地了，实实在在落在我们每个身上了。

滕校长提到要心怀"国之大者"。教育是国之大者，这让我感觉到，不管现在的改革是什么样的，我们教师自己内心要坚定，"认定了"就走下去，不忘初心地往前走下去。

第八章 重塑"众教育"生态：家、校、社和合共育

做人要有信仰，做教育更是如此。我一直关注学校教学哲学的建构，这意味着在共同愿景之下，能够激发所有人朝着一个梦想前进，必然促进学校走向内涵式发展。

家庭是孩子的第一所学校，学校是孩子系统学习知识的主要场所，而社会则是一所综合性实践性大学校。家、校、社每一个环节都是孩子健康成长中的重要一环，缺一不可。这也告诉我们，教育绝不是凭一己之力，而是需要众人的合力。金文中，"众"字的字形看起来就像三个人站在一起的侧面，三个人上面是众人的眼睛。古文中重复三个相同的符号就有"多"的意思，所以重复三个"人"就产生了"众人"的意思。而眼睛是灵魂之窗，很多人站在一起，凝聚的目光可以产生令人畏惧的力量，所以"众"又有多、大之意。"众人拾柴火焰高"，因此，教育作为一个大的系统工程，更需要聚合全社会的力量，携手并进，相互扶持、和衷共济，包括家庭、社会、学校在内的所有教育主体全都参与进来，才能走得更快更

第八章 重塑"众教育"生态：家、校、社和合共育

远。"众教育"生态的主旨是"家校社和合共育"，其所蕴含的是为了每一个生命的发展，教育者全员、全程、全力融入学校教育生态的运行轨迹，并在此融入过程中，促进生命的成长，助力生命的绽放。这体现的也是学校文化定位"点亮行动"的一个方面：众行以致远，戮力同前行。

回溯历史的长河，有一些贤哲的思想其实就是"众教育"生态的源头，和合文化由来已久。现存的甲骨文和金文中有"和""合"二字，孔子以"和"作为人文精神的核心，曰："礼之用，和为贵。"《中庸》中也有一句十分精辟的话："中也者，天下之大本也；和也者，天下之达道也。致中和，天地位焉，万物育焉。""中"，是人人都有的本性；"和"，是大家遵循的原则，达到"中和"的境界，天地便各在其位，万物便生长繁育。习近平总书记在《文化育和谐》中说："我们的祖先曾创造了无与伦比的文化，而'和合'文化正是这其中的精髓之一。'和'指的是和谐、和平、中和等，'合'指的是汇合、融合、联合等。这种'贵和尚中、善解能容，厚德载物、和而不同'的宽容品格，是我们民族所追求的一种文化理念。"这给我们的教育很大的启发，因此我们主张通过重塑"众教育"生态，以学校为主力，联合家庭、社会及各方面的力量、教育资源，共同合力办教育。通过德育活动、校长讲座、家长会议、社会实践、家长开放日等活动，将学校、家长、社会、学生联结起来，共同奔赴立德树人的伟大使命，促进学生全面发展。

著名苏联教育家苏霍姆林斯基提出："只有学校教育而没有家庭教育，或只有家庭教育而没有学校教育，都不能完成培

养人这个极为细致、复杂的任务。最完备的教育是学校教育和家庭教育的结合。"

重塑"众教育"生态，其实就是集结三方之力，共同托起一个孩子。我赞同"家长是孩子的第一任教师""家庭是孩子的第一所学校""学校的使命是助力每一个孩子成长""教育是大家的事儿"等理念。每一个孩子都蕴藏着无限的能量，需要我们加以指引，使其做更好的自己。每一个家长都有可能是教育家，无不希望自己的孩子成才，都潜藏着巨大的教育智慧。在我们的合力之下，我们其实是在托起我们民族的未来。

第一节　家长要学会对孩子说"三句话"

有个智慧家长，他培养孩子的三句话是：

第一句："孩子，爸妈没本事，你要靠自己了。"——不包办，把责任还给孩子，让孩子拥有了责任心。

第二句："孩子，做事先做人，一定不能做伤害别人的事情。"——讲德行，告诉孩子做人的标准。

第三句："孩子，撒开手闯吧，实在不行，回家来还有口饭吃。"——无私的爱，无尽的爱！

而另一个家长的说法却截然不同：

第一句："宝贝，你好好学习就行了，其他的事情爸爸妈妈帮你搞定！"——这是剥夺了孩子负责任的权利，会培养出没有责任心的孩子。

第二句："宝贝，出去不能吃亏，别人打你一定要还手！"——基本的做人准则都没有教对,可能会培养出没有德行的孩子。

第三句:"我告诉你,你要是再不好好学习,长大没饭吃别来找我!"——这是有条件的爱。

学校和家庭有一个共同的目标:育人。父母对孩子的教育,是任何学校教育所无法替代的。家长是一种职业,家是培育孩子成长的土壤,教育的根是从家延伸出来的。"儿童只有在这样的条件下才能实现和谐的全面发展,就是两个教育者,即学校和家庭,不仅要有一致行动,要向儿童提出同样的要求,而且要志同道合,抱着一致的信念。"苏联教育家苏霍姆林斯基这一席话可谓道出了家校协同的真谛。

在学生入队仪式上,我曾对家长们说:今天您来参加孩子的入队仪式,当孩子们高声唱出少年先锋队队歌的时候,我相信很多家长脑海里都浮现了自己小时候入队时的画面,当您亲自为孩子戴上红领巾的时候,我相信很多家长也不禁湿润了眼眶,"昨天"是您入队,今天是您的孩子入队,您的生命以及价值观就是这样在孩子的身上延续下去。所以您一定要考量我们给孩子什么样的价值观念,这就是教育。

现在是家长陪伴着孩子成长,未来是孩子陪伴着家长,携着家长的手慢慢变老,孩子也会为人父母。家长今天播下什么种子,未来就会收获什么果实。

教育的根本任务是"立德树人"。作为一名教育者,我希望孩子成为有完善人格、独立能力的社会人。我们做教育不仅仅在于教给学生多少知识,让孩子考上好学校,更重要的是让孩子成为"自然的人、完整的人、社会的人",让他们真正拥有自主创造幸福生活的基本素质和能力。作为教育人,还有什么比培养和造就有益于社会和能创造自身幸福的"人"更有价值的呢?

家长若对孩子说:"你就好好学习,其他的什么都不要管。"甚至吃完饭后连帮助收拾碗筷都不让动手,这样能培养出来健全的人吗?如果我们培养的孩子心地善良,懂得孝敬父母,帮助他人,学习努力,成绩良好,善于与人沟通交流,有自己的爱好或特长,这样我们会很欣慰。

我经常给家长朋友们分享,培养健全的"人",要引导孩子交"六个朋友"。

第一个是与老师做朋友,把老师当作可以信任的朋友,对老师有礼貌,经常向老师请教知识,也让老师分享他们的快乐,排解他们的烦恼。

第二个是与同学成为朋友,让同学成为他们在学校一起学习、一起游戏、一起成长的好伙伴,让孩子们有集体意识,相互帮助,学会关爱。

第三个是与好习惯做朋友,小学阶段是孩子们习惯养成的重要时期,让孩子们学会做力所能及的事、懂得用文明用语、热情打招呼、养成良好的道德习惯等,都会让孩子们受益终身。

第四个是与学习用品做朋友,学会管理好自己的物品,爱惜自己的学习用品,做到不损坏、不浪费。

第五个是与运动做朋友,积极参加体育锻炼,在运动中锻炼自己的意志品质。

第六个是与阅读做朋友。读书可以开阔孩子的眼界，孩子们通过阅读积累的知识将成为他们日后学习的重要基础，知识学习就像滚雪球，丰富的知识能带来更多、更有效的学习。如果孩子能在小学时期和阅读做好朋友，就能成为阅读的终身受益者。

培养健全的"人"，家长要学会放下。

放下对孩子不切实际的过高要求，不要把家长的意愿强加给孩子，不要把孩子的爱好当作特长培养，学会倾听孩子的心声，要实事求是。

放下对孩子的过分关照和呵护。让孩子学会相对独立，自己的事情自己做。他们的成长过程就应该多经历，多实践，才能更扎实地学会解决问题的方法。

放下偏听偏信的习惯，遇事不要过于冲动，冲动的后果很严重，往往让我们后悔莫及。不学盲人摸象，孩子的话不可全信也不可不信，要学会倾听和分析，家长间的沟通未必就是事实，最好要找到当事人直接沟通，以免误会加深。

家长每天见到孩子，应该多问问孩子：今天你有没有帮助别人？你今天快乐吗？你今天自己解决了什么问题？有什么问题我们可以一起解决吗？

培养健全的"人"，家长要有耐心去等待。

当家长羡慕人家的孩子那么有思想、那么会规划、那么有创意的时候，你却忘了，在自家孩子还小的时候，你从未为他打开过一扇窗，让他看到这个世界的丰富；你也没有在他的内心种下过一粒种子，让他对未来产生过期待和憧憬；你也未曾在他迷惘懵懂的时候，给他一点指引，让他看得清要走的路……我们习惯了说"别人家的孩子"，而那个"别人家的孩子"永远是理想中的孩子。但是，又有哪个"别人家的孩子"，是天生就那么"好"呢？

每一种等待，都是一个漫长而曲折的过程。静下心来回想构成时间的万物，每一样事物都处在等待之中。春风，是冰河的等待；收获，是秋天的等待；阳光，是万物的等待；成长，是孩子的等待。有耐心，就有绽放。

教育家叶圣陶先生认为，教育就是培养习惯。对于小学生来说，培养良好习惯尤为重要。习惯培养包括三个方面：一是反应倾向，就是道德水准的反应。这也是个人的价值观。二是思维习惯，这是智力水准的反应。人们大多数时候会用强大的惯性思维来认知和适应周围的世界，并遵守社会的行为规则。这个层面如果形成了不好的刻板思维，就很难改变并突破。三是行为习惯，这是行为水准的反应，比如生活、学习、锻炼、交往等方面的习惯。换句话说，"习惯"不是单一的素质，反应倾向影响着学生的价值取向，思维习惯影响着学生的思维方式，行为习惯影响着学生的行为方式。高尚的道德、科学的思维、良好的行为，最终才能培养好的习惯，按叶圣陶先生说的，才能成为好的教育。

我在哪所学校都会十分注重学生行为习惯养成教育，要求学生在校要有良好的一日生活习惯，培养学生儒雅大方、谦逊坦诚、文明有礼的美好形象。同时，我们也针对不同的场合、地点对孩子进行礼仪教育。

比如入校,我们每天都有带班领导、值周老师和学生共同迎接学生入校,我们要求早晨到校师生之间要主动互致问候,也就是要问好。家长们在家里要注意观察:孩子回到家之后是否主动跟家长问好?有没有把在学校养成的好习惯带回家里?这不仅是懂礼貌,更有孝敬长辈的意义,未来学生进入社会,问好更是文明、友善、和谐的体现。

比如音乐会礼仪,我会一点一滴地教孩子们安静聆听,热烈鼓掌。我们教给学生在合唱音乐会中,从第一个登台的团员上场,孩子们就给予热烈的掌声,直到所有的合唱团员站定,掌声停止,安静聆听!在演出结束后报以热烈的掌声,直到最后一名合唱团团员谢幕走下台。

再如体育运动会,我们要求运动会后场地片纸不留。这些事情看似是行为习惯外显,其实就是思维定式,归根到底就是道德水准的反应。

我们要加强对孩子行为习惯的培养,首先是倾向,然后是思维,最后是行为。如果我们没有对孩子有好的倾向、思维的培养,怎么能要求孩子最后外显出来的行为是好的呢?更多的家长只针对外在的行为问题给孩子提要求,但如果孩子们不懂其中道理,是达不到教育效果的。学校与家长在学生习惯的培养上达成共识,也有助于为孩子的全面发展奠基。

我希望孩子们行为规范,具有绅士风度、淑女气质,我们倡导"以仁爱之心爱人",爱同学、爱老师、爱父母、关爱他人,还要爱班级、爱学校,从而扩展到爱世界、爱生命、爱自然。这样才能共创和谐，共享和谐。

学校的工作得到了许多家长的支持和帮助。有的家长成为学生上下学路上的志愿护导员，默默守护着孩子们上下学路上的安全；有的班级家委会成员积极为孩子们组织活动，并参与到班级建设中来；有的家长为学校"乘着诗歌的翅膀"活动助力，为孩子们读诗；有的家长和孩子同台朗诵诗词，成为孩子们的榜样；有的家长在合唱节、《马兰花》及各种演出中，承担志愿服务的任务。另外，我们在承担国务院新年团拜会和"一带一路"等重要演出任务期间，经常加班加点排练，但家长们毫无怨言服从大局，按时接送孩子参与排练，以实际行动支持着孩子们和学校。

在刘老师班上，有这样一个孩子：

> 在学习方面特别认真，成绩非常优秀，他无疑应该是天空中耀眼的星星，我喜欢在学习上永不言败、从不认输的他。然而，他却把"拼命占便宜，玩命不吃亏"作为他的座右铭。
>
> 上课，他大声地呵斥看了他一眼的同学："你凭什么看我一眼？"下课，他一个箭步冲到一个同学面前，叉着腰说："你上一个课间说我什么呢？给我个说法！"美术课上老师会给孩子们准备一些资料，每次都让他先挑一张，他挑完一会儿了，说不喜欢，想换一张，同学拒绝，他大发脾气，觉得同学和老师对他特别的不友好，没有关注他的感受。篮球比赛前，孩子们组成了临时篮

球队，布置首发阵容和替补队员，他急赤白脸地找篮球队长说："我为什么不是主力？"音乐老师安排音乐剧《王二小》演员，他不干了，厉声质疑老师说："为什么我不是王二小？"我让一个同学去办公室取东西，他竟然会大声地质问我："干吗让她去，为什么不让我去？"他就像一颗蒙了土的星星。

针对他的情况，刘老师用心分析，用爱引导，她是这样做的：

> 我认为这个孩子的教育不能光靠学校，必须得通过家长配合。
>
> 我把事情一五一十地对他妈妈讲了，又把准备好的开学以来在他身上发生的几件主要的事情讲给妈妈，说完问孩子，老师说的跟事实有出入吗？孩子说没有，我又问家长，您相信我说的都是他在学校的表现吗？妈妈说，相信老师所说的每一件事。孩子在家从来不这样，并表示她也不知道该怎么管孩子，请老师帮助。家长表示："老师，他这样肯定不行，我们会全力配合老师，关注孩子行为和情绪控制。"
>
> 改掉坏毛病说说容易，过程却极为艰辛。一个孩子没有被满足就会哭闹，这是他的本能。他不知道怎么得到，只知道哭闹也许就是他得到的办法，所以在针对他的教育中，我设定了几个步骤。

首先，要让他有规则公平的意识。我要让他认清他只是大众中的一个个体，个体必须服从集体。其实他那么聪明怎么不知道规则，只是长期养成了严于待人宽以律己的习惯。别人有一点不对，他会犀利地指出，但是对自己的言行，根本不想按照要求去做。我一再强调这个规则不是给你定的，是大家都要遵守的，你只是集体的一员，必须服从集体。

其次，当发现他做错的时候不能姑息。没有经历过拒绝的成长是脆弱的，他的人生中有太多的人去顺从他，让他觉得他是至高无上、不可撼动的唯一。拒绝他不合理的要求，明确告诉他，不可以！逐渐地，孩子那些不合理要求也少了一些。

再有，对他这样个性分明的孩子，还是要有一些方法的。我跟他秘密达成共识，当他情绪失控，管不住自己要发脾气的时候，我会用眼神阻止他，默默冲他摇头，或者用手势告诉他冷静再冷静。因为他在乎老师对他的评价，慢慢地也不想太丢脸，所以很多时候他会很快平静。这个方法试了几次，还挺好，后来他不管跟谁较劲，看见我进来就说没事了，冷静了。

就这样，一年下来，这个孩子真的取得了长足的进步。现在课间，他会跟同学心平气和地聊天，不再盛气凌人；课堂上，他仍然自信十足地回答问题，提出自己的不同见解，引得同学们一片掌声；他尊重老师，感恩老师的付出，多次跟我表示，他曾经让老师操了太多心，

第八章　重塑"众教育"生态：家、校、社和合共育

很抱歉！

我们的教育，不光是教育出学习成绩优异的学生，更要注重学生品行和情绪的发展。在我的教育生涯中，这真是一个特别好的正能量且比较成功的案例。见证孩子成长为儒雅少年的过程，见证亲手擦去浮土，使他们成为闪耀着光亮的那颗星！

第二节　守护"家门口的幸福"

教育是最大的民生福祉。让孩子上一所好学校是每一位家长最大的心愿，能让孩子在家门口享受到优质教育资源就是老百姓获得的最大幸福感。

2021年5月21日，中央全面深化改革委员会第十九次会议上，审议通过了《关于进一步减轻义务教育阶段学生作业负担和校外培训负担的意见》。7月24日，中共中央办公厅、国务院办公厅正式印发了"双减"意见。"双减"政策的推行，对我国基础教育将产生深远影响。在我的理解中，"双减"的最终目的就是要形成高质量教育体系，这个体系要多元参与，既要有学校的基本供给、课后供给，也要有家庭教育、调整治理后的培训机构供给等。核心就是供给侧结构的问题，是要形成协同育人共同体。落实到我们的学校，每一位班主任、学科教师身上，也有一个供给侧结构"双减"的最终目标，即不能光减课外机构，而是还要形成供给侧的整体提升。

在政治高度上，要认识到党和国家对此工作的高度重视，

要站在实现中华民族伟大复兴的战略高度，从政治高度来认识和对待。这是从体制机制入手的深化改革，要全面贯彻党的教育方针，落实立德树人根本任务，促进学生全面发展和健康成长。教育不仅承载着传播思想、传播真理、塑造灵魂的时代重任，更承载着服务中华民族伟大复兴的重要使命。

国家提出的"双减"工作的总体思路是坚持以习近平新时代中国特色社会主义思想为指导，着眼建设高质量教育体系，强化学校育人主体地位，深化校外培训机构治理，坚决制止侵害群众利益行为，有效缓解家长焦虑情绪，构建教育良好生态。

强化学校育人主体地位，就是要充分发挥学校主阵地作用，坚持应教尽教，着力提高教学质量、作业管理水平和课后服务水平，让学生学习更好回归校园，在校内"吃饱""吃好"，减少参加校外培训需求。

只有站在落实党的教育方针、培养未来合格接班人的高度看问题，才能更好地理解"双减"政策的重要意义，从而理解、认同、支持国家及地方教育管理部门出台的具体措施。

在这样的大形势背景下，作为学校、作为教师，我们的责任担当又是什么呢？

首先要提高认识，对党中央的决策要坚定、坚决进行落实。就像在疫情期间医生冲在前，国家边境或者对外出现问题时军队冲在前，"双减"政策落地的过程中，学校、教师也要义不容辞冲在前，勇挑重担。此外还要形成供给侧的整体提升，要构建高质量教育体系的目标。校外机构减下去了，作为

第八章 重塑"众教育"生态：家、校、社和合共育

学校、老师，我们就要给孩子提供更广阔的教育资源和环境，提供成长需要的关键要素。

构建高质量育人体系和实施路径，作为教育人，我认为就是"1231"，即一个宗旨、两个优化、三个突破、万事归一。一个宗旨："双减"是教育的重大变革，要构建符合国家教育方针、五育并举的育人体系，加强对人的尊重与关注。两个优化：优化课程体系，优化课堂结构及模式。三个突破：在作业管理、课后服务、家校社共育上有所突破。万事归一：归根到底教师是关键，教师队伍建设是"双减"政策巩固和深化的基础。

基于此，在"让每一个生命绽放光彩"的办学理念引领下，我带领干部为孩子们提供丰富的社团和"课后330"的课程，坚持自愿的原则，给予孩子和家庭选择的权利，为近90%的家庭解决了孩子放学后家中无人看管的燃眉之急。在学校提倡的"1+N"教师培养模式下，本校教师在课后服务活动的开展中发挥了很大的作用，课后的精品社团都由本校老师负责。资源带四校区共计开展艺术、体育、科技三大类63个社团，每周活动1—5次，其中艺术类的有合唱、戏剧、舞蹈、打击乐、中国鼓、相声、京剧、书法、绘画芭蕾、京胡等，体育类包括篮球、足球、武术、田径、围棋等，科技类包括机器人、无人机、3D打印、科技创新等。为满足不同层面孩子们的发展需求，学校在东城区提供的校外机构资源库中引进社会办学机构，开展一些兴趣小组课程，如，疯狂配音师、影视剧赏析、创意多米诺、国学经典、实操礼仪、绘画等。这些非本

校教师授课的小组和社团都配有本校教师做管理，以确保活动质量和效益，保障参与的学生能把在校时间很好地利用起来，让辖区内居民感受到了实实在在的改革"红利"。

学校课后服务充分发挥学校的主渠道作用，协同家庭、社会力量，调动家长委员会等资源优势，吸纳社会力量共同参与。时间上，学生放学时间为下午5:30，并实现工作日全覆盖。做好日常的管理、考勤，课程管理、课堂管理，我们要求学生选择的时间、时段相对固定。同时，学校不断完善校外人员入校身份核查和登记制度，定期召开会议并培训，在保证安全的基础上，使"课后330"的服务细化完善，责任到人，达到服务效果，并严格落实放学交接制度。认真推进、踏实做好课后服务工作，让改革成果成就每一个孩子，惠及百姓家庭。

为落实政策，我们从以年级为单位的作业设计到教学处的作业审批，再到班级、学校层面的作业公示，严格对学生作业进行统筹管理。我们从年级组层面进行整体调控，保障政策落实。以四年级为例，全组老师以学科组长和年级组长为核心，以学生为本，以月为单位，对全组人员进行统筹安排，精心设计服务内容。本着对全体学生负责的态度，全员参与课后服务，保证课后管理的质量。例如，语、数、英学科有提高班和提升班，每一节课都有精心准备的内容和教学设计。提升班均由各科的教研组长和年级组长亲自负责；提高班针对发展缓慢学生开设，每一位老师都是在组内研讨，共同确立辅导内容，保证每名学生在课后辅导时间段，一课一得，落实基础知识的夯实与巩固。对于纯托管、自主学习的孩子们，老师们也是轮流管理，保证安静有序的学习氛围，有引导，有教育，秩序井然。大部分孩子在此时间段都能完成书面作业。为此，多数老师每周至少有三次以上的课后管理任务，但他们毫无怨言。为提高全年级学生的整体数学水平，全组数学教师几乎每天都要留下，扎进教室，在家长同意的前提下，为有需求的学生补习功课，只讲奉献，不惜占用下班时间。

"双减"政策实行以来，不少家长不知如何助孩子一臂之力，顺利度过四年级这个关键的时期。老师们利用课余时间，坚持主动连线家长，了解民情民意，以便更有针对性地为学生服务。他们还利用课余时间精心制作美篇、拍摄短视频，呈现学生在校的学习生活情况，通过小型家长会与家长对话，减轻他们的焦虑，为他们提出合理化建议，让他们对孩子的教育更有抓手。

开展中小学生课后服务，是促进学生健康成长、帮助家长解决实际困难的重要举措，是进一步增强教育服务能力、使人民群众具有更多获得感和幸福感的民生工程。为满足学生课后在校需求，缓解学生家长实际困难，完善社会服务体系，学校认真贯彻落实中共中央办公厅、国务院办公厅《关于进一步减轻义务教育阶段学生作业负担和校外培训负担的意见》和北京市、东城区两级工作方案，以及《东城区关于加强义务教育中小学生课后服务的实施意见》，结合本校实际，以丰富校园生活，促进学生全面发展为指导，实施学校"光彩"课程，延伸学校"亮彩"课堂，在放学后规定时间内积极组织学生参加丰富多彩的课后服务活动。课后服务开展以来，得到了家长们的交口称赞。

三年级胜霖同学的妈妈深有感触地说：

"双减"以后，孩子的作业在学校就完成了，回家后便可以自主安排课余时间，有更多的时间可以用于阅读、画画、锻炼身体，养成自主学习的好习惯。周末的空闲时间，我们带着孩子整理房间，教他物品如何摆放，卫生怎样打扫，让他掌握生活必备的劳动技能，养成自我管理的好习惯。天气好的时候，我们带孩子去公园跑跑，呼吸下新鲜空气。天气不好的时候，我们可以参观博物馆，增长知识，开拓眼界，感受中国悠久的历史文化。感谢学校老师们的付出，借助"双减"政策的东风，我们帮助孩子养成了良好的学习习惯和自我管理能力，孩子必将走得更高、更远。与此同时，数学提高班和人工智能校本课也同样让孩子受益匪浅。除了前面提到过的孩子自己一直有想学更多数学知识的愿望外，之前因为周末几乎都被课外班占据，我还不得不停掉了他最喜爱的人工智能课外班——那一刻，头回当妈的我，体会到了原来"理想照进现实"这么早就已经会对应在小孩子身上了，内心真是五味杂陈……所以，能在学校达成他这两个方向上的心愿，无论孩子还是家长，不仅有发自内心的喜悦和感恩，更多是对未来的信心与憧憬。"双减"之路走到现在，那些最初的无措和茫然越来越少，

第八章 重塑"众教育"生态：家、校、社和合共育

取而代之的是——举重若轻。在母亲的角色里，我慢慢开始找到和享受这样的感觉。由衷感谢学校和老师们用加倍的付出引领我们做更好的父母，教导孩子成就更好的自己与未来。

一年级天佑同学的妈妈说：

作为家长，真的很感谢学校给孩子们安排了精彩的课后服务课程，更感谢老师们的热情以及对待工作的认真负责。双减政策下课后服务的诞生，让孩子们有了更多的时间来进行体育锻炼并发展自己的兴趣爱好。与应试教育不同的是，丰富多彩的兴趣班让孩子们慢慢地走向德智体美劳全面发展的道路，孩子们的生活变得快乐而充实，家长们也不再过分焦虑。对于双职工家庭，延时的课后服务大大地缓解了在接送孩子时间问题上的紧迫，这是给家长们最大的减负。其次，课后服务囊括了孩子们所需的德智体美劳各方面的课程，家长们不用再花费额外的时间与金钱给孩子们报课外的培训了。课后服务课程让我意识到，孩子的很多兴趣爱好是要慢慢发掘的。在这期间，我看到了孩子的变化。英语课时，孩子会说：这些我都会读。我告诉他"胜不骄，败不馁"，慢慢地，他摒弃了会就不用再学的思想，已经能做到在家也能认真地指读韵文。数独课时，他能够主动做题，并讲出他的思考过程。舞蹈课时，孩子曾哭着和我说学

不会，坚持不下来，我告诉他"不要轻言放弃"，现在他已经知道了做任何事都不可以半途而废。孩子的点滴进步，家长看在眼里，感激在心里。课后服务办得如此成功，离不开学校的用心与老师的付出。希望孩子们能够珍惜当下，每一天都有新的收获。

四年级泠然同学参加学校的课后托管服务后，家长给出了这样的评价：

在学校没有开设这项服务的时候，孩子放学后的接送和安排一直是让我们很头疼的一个问题。当时孩子参加了金帆合唱小苗团，没有合唱的时候只能把孩子放在校外的托管机构里，对孩子在托管机构的状态我们心里也不踏实。特别是疫情发生之后，我们就更不放心把孩子送到校外机构去了。学校开设的课后服务，及时地解决了我们的困难。现在孩子已升入了金帆合唱团，每周有三天都可以在合唱团唱歌到五点半。学校社团的老师非常敬业和专业，他们把孩子们从完全没有合唱基础，手把手地教到现在具备舞台演出的能力。孩子在音乐素养方面的提升也非常显著。在课后没有合唱的两天里，孩子在学校老师的带领下度过回家前的时间，我们家长觉得特别放心。起初以为学校仅是提供一个类似校外机构那样的监管服务，没想到的是，学校给孩子们安排了丰富多样的课后活动课程。孩子又自主选择参加了注意力集中课、英语提升课，让这段课后的时间过得更充实、更有收获。作为家长，我非常赞成和支持学校的课后托管服务，也感谢学校为孩子开设的课后课程，更感谢老师的坚守职责和辛苦付出！课后服务不仅帮助我们解决了孩子放学后的时间管理问题，而且也促进了孩子的视野开拓和全面发展。

在"双减"背景下，建立健全家庭、学校、社会协同育人机制，促进家校社共育升级尤为重要。学校要构建教育体系，提供源源不断的智力支持；家庭要掌握科学理念，使学生栖身在幸福向上的环境中；社会要提供学生发展的广阔空间，激发他们对远方的向往。各方综合发力，使学生被爱环绕，身体健康、灵魂自由，向着更加平衡、更加和谐、更加有序的样态发展，成就自己幸福的人生。

第三节　这是"全村人"的事儿

学校不仅仅是老师和学生的学校，也是整个社会的学校。西谚有云，举全村的力量养育一个孩子。这就是说，养育一个孩子，并不仅仅是家庭的事情，而且是"全村人"的事情。

打造"家门口的好学校"，获得家长的青睐、学生的全面发展，还需"化外助内、借力社会"的思路，因此我倡导"打开校门办教育""把社会搬进学校"的理念，以"生活即教育、社会即学校、教学做合一"等理念为引领，开展教育教学实践。我们通过建立学习与生活的有机联系，使学生在亲身体验、在实践中获得知识，得到发展。

在我看来，办学绝不能仅仅依靠学校自身力量，而应该借助各种社会资源，共同办好学校。特别是在北京市基础教育改革加速推进的形势下，学校在开放办学上显得更为迫切。无论是学生走出校园参加社会实践，还是将社会上的资源引入学校，利用好这些资源，对学校而言都是莫大的好事。

学校地处北京核心区，周边有中国儿童艺术剧院、北京人民艺术剧院、中国美术馆、商务印书馆、北大红楼等丰富的文化教育资源。在我看来，"邻居"就是最好的课程资源。

我们与商务印书馆合作，结合中国共产党建党百年的契机，开启"百年灯小与百年商务印书馆合作系列工程"，开展"商务印书馆出版史与阅读"课程，包括"革命传统与历史使命""中国现代出版从这里开始""辞典的力量"等课程，开展实地参观、图书印制装订体验等综实课，举行读书沙龙、读书论坛、亲子阅读等活动，营造书香氛围。

我们与中国美术馆合作，开设观展体验课、"美在耕耘展览"实践课等。师生积极投身社区美术体验课、公益画展，在生动的美术社会大课堂中全面提升美育实践能力。

我们与中国儿童艺术剧院合作，大力开发戏剧实践课程，开设戏剧表演、形体舞蹈、英文戏剧、剧本赏析、即兴表演等五大类戏剧课程，定期举办年级戏剧节，学生通过化身小编剧、小导演、小剧务、logo设计师、海报设计师等将语文、音乐、美术、科学等多学科联动，实现"班班有剧社、人人都参与"。大型音乐剧《马兰花》五年五度公演,成为学校的经典剧目;学生演绎的原创剧《爱的烦恼》《小红军》《我与新冠病毒的对话》等十余个作品,聚焦社会热点问题,彰显时代担当,在社会真舞台中传递核心价值观。学校被授予北京市金帆话剧团称号,戏剧教育在全国产生了广泛的影响力。

我们与北京人民艺术剧院合作,开设走近北京人艺、戏剧博物馆等课程。教师版《雷雨》在首都剧场公演。我们还携手周边单位及学校成立"戏剧教育联盟"。师生还携手开展慰问社区及武警官兵等社会实践活动,充分发挥了戏剧的育人功能。

在课程建设方面,我们也有与中国儿艺、北京人艺联合推出的戏剧表演、台词、形体、英语戏剧等一系列特色课程,还有国际交流类的短期修学课程,充分调动社会资源为学生量身打造丰富多元、开阔视野的全新课程,让孩子们在快乐成长中感受知识的魅力。

秉承"生活即教育"的理念,我们在综合实践课中"打开课堂边界",将学生在生活中的问题转化为学习的实践主题并进行研究学习,使课堂变得更加真实。比如,我们开展了《关于外卖的分析和研究》《我家的小绿化》《新能源汽车》等小课题研究。这些都是学生们在实际生活中特别感兴趣的话题,他们通过提出问题,将话题转化成研究的小课题,并以小组为单位开展研究性学习。在课题研究的过程中,学生们明确目标、研究方法,小组分工实践研讨并交流分享等。这些真实的生活都变成了学生们的课堂学习。

在学科边界上，我们也尽力打开。学校秉承"教学做合一"理念，注重发挥多学科融合育人的作用，不断提高学生综合运用知识解决实际问题的能力，鼓励学生在综合实践课程中提升实践能力、服务精神和社会责任感。如学校自2019年起就在各年级开设冬奥主题式综合实践课程，邀请奥运冠军进校开展讲座，开展特色升旗仪式、冬奥知识竞赛、冰雪嘉年华等实践，使学生浸润其中；通过语文、英语、数学、美术、科学等多学科联动，设计创意奖牌、奥运吉祥物，绘制统计图等普及冬奥知识和文化。多学科联动已经成为我校综合实践课程的一种特质，被广泛使用在综实课中。学生在多学科联动的冬奥实践课程浸润下，多次荣获东城区冬奥知识竞赛冠、亚军，并在北京市中小学冬奥知识竞赛中荣获第三名的好成绩。

我们还与周边的中学合作，为六年级学生打造"人生规划课程"，培养小学生的生涯规划意识。打开校门，是一种渠道，真正的目的是为了学生能够有长足的发展和进步。2015年4月开始，我们为六年级学生开展了人生规划系列课程，使孩子们走进初中、高中、大学等，第一次切身体验未来的学习生活，迈出了实现人生长远目标的第一步。比如，我们走进北大，孩子们先后参观游览了图书馆、李大钊先生像、钟亭、未名湖、蔡元培先生像、北京大学塞克勒考古与艺术博物馆。

其中有一个很有趣的变化。我们启动人生规划课程的时候，一开始是借用周边资源。走进一六六中和二十五中这些周边的学校，其实还是挺难的。春夏之际，中学面临中、高考，本身就很忙，却还要腾出半天时间接待我们的小学生，实属不易。我们走进二中、五中分校、东直门中学、二十五中、一六六中学，多数是老师带着参观。后来随着一届届优秀的学生毕业，到了中学各个都出类拔萃，开始有中学的校长主动联系我，邀请我们的学生到中学参观、听讲座。2016年，东直门中学邀请我们的学生到校体验校本课程，还派了六位老师进校讲解主要学科体验课。2018年，身边的兄弟学校一六六中学也"坐不住"了，十几个老师主动送课进学校，为同学们带来中学数学、语文、英语、健康、STEAM、ELSS等课程。广渠门中学还请我们的往届毕业生、初一的学长学姐为孩子们介绍初中生活，五中分校的德育副校长为孩子们做小初衔接的讲座。很多我们的毕业生升入中学后，老师一听是灯小的孩子，都觉得非常好。灯小的人生规划课程成为了品牌，也成为了孩子们走好人生之路的桥梁。

从一开始的"面露难色"到后来见到我就说"到我们学校来看看"，我从中学校长得到的反馈，让我真心为我们的孩子们自豪！

第四节 "疫考"难关，"爱心"加倍

众所周知，自2019年起，新冠疫情先后持续了三年之久。突如其来的新冠疫情深刻地改变了全球政治、经济和人们的生活。在严峻的疫情防控形势下，作为塑造人类灵魂工程师的人民教师，其使命在身，责任重大。

在大疫面前，延期开学这么长时间，我们从来没有遇到

过。在这个"大考"面前，我们应该怎么办？学校的定位是：生活即教育，防控疫情就是一场"人生大课"。家校携手，这场"仗"我们一定能打赢。

记得疫情初期，我在防疫日记中写下对师生的期许：

> 1月29日，星期三，多云。今天看到了学校曲艺团师生共同创作的快板《灯小师生共抗疫情》，心中有一股暖流涌动着。孩子们和老师们通过这次疫情真正懂得了"生活即教育，社会即课堂"。师生还自发地创作防疫歌曲、改编童谣、制作小报来宣传防疫知识，致敬战疫英雄。学习与成长真实发生着，通过疫情希望孩子们能够明白，生活不会总是阳光普照，困难和挑战也会与我们相伴左右。只要逆流而上，终能战胜困难，拥抱美好！希望每一名孩子都能够在这特殊的生活教育课中自主成长，有所收获！

防控疫情期间，校园成为疫情防控的真实一线。学校从1月24日（大年三十）就开始将工作分为寒假期间、延期开学期间、开学前筹备及开学后工作4个阶段，并从1月26日（大年初二）开始研究各个阶段的方案。2月份顺利过渡到延期开学期间后，我们从3月2日开始结合最新的卫生防疫相关要求，进行几轮研讨，筹备开学前相关工作。在高三确定4月27日返校后，我们结合初、高三开学的相关要求，又进行了多次研讨，细化方案。我们对学生校园一日生活、教学计划调整整合、物资设备筹备等多个方案进行了几轮研讨，光根据不同阶段的防疫要求调整作息、错峰上下课等就调整了 7 次，排课表就排了 4 次。很多干部在校干活到深夜 11 点才能离校，包括开学前家长信、开学第一课、师生入校前健康卡、入校体温监测、增加露天洗手池、隔离室的设置、晨午检、疫情突发应急预案及演练等方面，不断一一细化、修改、变更。

从 3 月 3 日开始至 4 月 27 日，我督促后勤陆续完成对学校 52 个普通教室、47 个专业教室及公共区域共百余个空间的清洁、消毒，逐个擦拭后将桌椅码放整齐并封闭管理。6 月 1 日开学前，我们还将进行一次全面的消杀。我们对各校区 20 个饮水机进行滤芯更换和水质检测，在 5 月 17 日又取水样进行了第二轮水质检测，保障师生饮用水安全。根据学生身高，调配人手，逐个班级完成调整桌椅共 1797 套。期间，我们分发学生教材 1797 套，送至各校区、各班教室，做好开学前准备；随后 4 月初根据线上学科教学的要求，又从各班教室取回、分类打包、邮寄教材 1634 套，保障线上教学顺利开展。这其中的工作量很大，师生教材拿到手里的背后其实是很多人大量的工作。

在疫情防控初期，各地防控物资告急，防护用品特别不好准备。为保障在校值班教师、工人师傅的安全，我校多方联络、协调备齐了口罩、手套、测温枪、手消毒液、喷雾器、消毒纸巾、泡腾消毒片、酒精棉片等，防控常态化的各项设施设备及物资已经基本准备停当。为了保障老师们上下班路途的防控安全，我校还为老师们每人购置了便携的手消毒液。从一开始要求购置测温门，到后来改用额温枪，中间经历了很多轮的反复调整，光咨询厂家就有很多辛酸泪。当时根据区教委的文件精神，学校多方咨询、联络厂家，跟教委装备部争取配备测温门，还设计测温棚、测温路线等。中学开学时还是这个要求，各校都配备了测温门，我校也是按中学复课的要求准备。5月20日教委视频会上，有关部门突然宣布不给小学提供测温门，都改用额温枪，这留给学校的准备时间很短。幸亏我校之前通过多种渠道，分6批凑够了83个额温枪，后续教委还会再配备10个，这才保障了开学校门口及各班的测温工作能顺利开展。

同时自4月19日开始，根据北京市复工复产的要求，学校地下体育馆正式开工，前期，我带着干部们也做了大量的准备工作，包括场馆设计、消防许可、开工证、渣土消纳等，并与周边中学、街道办事处多方沟通。4月28日，学校召开了施工方、代建方、监理方、房管所在内的五方会议，有力推进了体育馆工程。同时考虑到开学，在不占用操场、不占用消防通道、不扬尘、尽量减少噪声，以及减少对教育教学影响的情况下，我们做了多方协调和安排。大量的工作就不细数了，当时复工复产北京的响应机制还是一级，仅是让所有工人按防疫要求进入工地这一件事就挺难、挺险的。为了保障开学前各项准备工作，5月19日全体二线老师就上班了，做好校园防疫消杀、后勤保障、物资采买等各种开学前准备工作。

5月22日下午，学校行政班子、二线教师及六年级组长和部分学科教师提前开展了学生一日生活分段、评估式全流程演练,及时总结、调整和细化一日生活流程各项防疫要求,做好准备。

这期间,学校迎来了两次北京市教委领导的督查和调研,四次区级教委领导督导,学校"延期开学"工作方案、学生居家学习生活指导管理、课程资源等体现了学校特色,受到市、区教委领导的充分肯定。在整个过程中,老师们的抗疫故事有很多很多,都彰显了脚踏实地、兢兢业业、任劳任怨的工作作风,扎实的专业素养和深厚的文化修养。有这样一支有境界、有能力、敢担当的教师队伍,我深受感动,深感自豪。大家团结合作,其利断金。

延期开学,成长不停歇,学生的德智体美劳全面发展不停歇,我们五育并举,做好居家学习指导。我带领全体教职员工立即行动,非常认真、一板一眼进行数据统计、师生人员管理、学生居家生活指导、录制微课、防疫知识宣传等各项工作,其中,仅数据统计这项工作,班主任们就很辛苦,因为他们要每日负责统计各班学生各项数据;二线人员则由行政运行中心一直在统计、联络,所有二线人员及保安、保洁工人师傅等劳务派遣人员也要进行各项数据上报,跟班主任是一样的。所有为学校服务的送餐人员、物业、保洁、保安人员共计66人,大部分师傅都是在外地,联系起来挺不容易,非常不好统计,另外还会有辞职的和新加入的师傅,需要重新统计制表,很辛苦。

其间,我们通过学校微信公众号共发布146条信息,向师生家长发布宣传防疫知识、学生居家学习生活建议及指导、致敬英雄、师生作品等信息，展示老师的部分工作，居家学习生活的情况，坚持"五育并举"做了大量的工作。学校还于寒假中、延期开学初期、延期开学二阶段、线上教学开启这四个时间节点，向师生家长发出了四封信。有很多老师还利用微信群、邮箱、视频平台等方式，通过班会、致家长的一封信、线上小组互助等方式，发挥立德树人的作用，做好学生、家长的心理辅导、居家学习生活指导等。学校也要求各位行政干部多关心、慰问老师，在五一劳动节前将学校的心意连同慰问信、慰问品送达每位老师，传递温暖、坚定信心，团结携手共渡难关。

到了原定开学的日子——2月17日，学校的课程资源包正式上线，包括七大板块，分为基础性课程和活动类课程，涵盖各学科、卫生健康、心理及班队会等内容。至3月13日，延期开学第一阶段，老师们共录制并发布了401节微课，还组织召开主题校会、班会共211节。3月17日延期开学第二阶段正式开启，学校继续完善课程资源包，构建了十大板块53门课程的课程群，老师们共录制发布微课399节，召开主题校会、班会共208节。我代表学校在东城区小学2020年春季学期延期开学工作会上交流经验。老师们以高度负责的态度，克服各种困难，圆满完成延期开学阶段任务，特别不容易。4月13日进入线上学科教学阶段，老师们结合北京市"空中课堂"，开展答疑解惑、录制微课、召开班会保持班级稳定，有序实施教育、教学计划，共录制235节微课，还有老师参与了"空中课堂"的录制，以及区级教研活动的经验分享等。进入

"线上学科教学"阶段，所有任课老师按照学校教学计划，开展线上教学，包括语、数、英、道法等科目，而语、数、英、道法的老师们任务尤其重。他们每天要提前收看空中课堂，课后同步做好指导、电子作业批改，向教委汇总指导情况，非常辛苦！但老师们任劳任怨，勇担重任，出色完成了任务。学校金帆合唱团、金帆话剧团、金帆书画院、京剧社、篮球队等社团也仍在坚持训练，开展线上的社团活动。老师们带领孩子们继续坚持开展网络音乐会、运动会、书画展、读书节、学雷锋日、三八节等特色活动，充分发挥活动育人的作用。

除此之外，老师们虽然在家办公，但大部分老师都参与到班级的学生管理中，每天通过网络、电话等与家长和学生保持联系。班主任们除了承担必需的居家学习指导任务，还肩负起了上报数据、关心班上"小神兽"及家人健康状况，并督促家长上报各类表格的任务，展现了高度的责任感。

我们来看看体育李老师在新冠疫情期间写下的《用爱助学生热爱锻炼》：

> 我既是一名体育教师，也是一位副班主任。我与班主任商量，相互合作，达成共识，通过互联网与家长、学生每周进行沟通，了解学生在家中的近况。在沟通的过程中，我明显感觉到家长们的焦虑，学生们的不安，这时我就会耐心地在电话一端给学生们进行心理辅导，和家长们联系为学生们安排适合在家中、小范围进行的体育锻炼活动。我也会为学生们录制一些锻炼的小视频，

让学生们和我一起比赛,在班级群里进行接龙,比比谁最棒,希望用体育活动为学生们消除在家中的不安与恐慌。在通信联系过程中,就有了我与小安共同进步与成长的小故事。小安同学从一年级我教她体育课以来,就是一个比较自闭、不自信、不太爱言语的小女孩。她性格很内向,平时我也会因为孩子的不自信、不爱运动常和家长进行沟通与联系,在疫情居家学习的日子里,我经常通过微信、电话等方式与孩子和家长进行沟通,用言语的鼓励、视频的互动激励孩子去进行体育锻炼,通过疫情这段时间的联系,孩子妈妈告诉我,孩子每天都特别期待与我的联系,也会不由自主地在家按照我的要求进行体育锻炼。渐渐地,孩子妈妈告诉我,她看到了孩子脸上久违的笑容,孩子还积极要求妈妈录居家锻炼的视频给我看。对于性格内向的小安同学来说,这真的非常不易。正巧这个时候,北京市中小学生居家体育锻炼手册活动也在如火如荼地进行,我就把我与小安同学的故事告诉了教研员李老师,希望借此展示平台给孩子树立信心,让孩子可以更加阳光、自信地学习生活。没想到在李老师和樊老师的努力下,我们小安同学的视频入选了。当我把这个消息告诉孩子和孩子妈妈的时候,小安的妈妈给我回复"孩子得知消息已经笑成一朵花"。我真是从心底为小安高兴,也深刻认识到"教师"这个职业是心灵塑造的最佳工程师,我也默默地用我的爱来呵护我的学生们慢慢开始热爱体育锻炼。

从 4 月 13 日开始，我们进入了线上居家学习的第二阶段，需要教师全程录制新课，开始线上教学工作。我作为党员教师，积极承担起低年级同学 42 节体育课的录制工作，虽然家住大兴，距离学校较远，但是为了每周和孩子们在视频见面的约定，我无怨无悔，奔波在学校与家的路上。虽然疫情是可怕的，但是育人路上多一些宽容，就少一些心灵的隔阂；多一份包容，就多一份理解；多一份信任，就多一份友爱；我们要用爱帮助学生热爱锻炼身体，要用心为学生设计多姿多彩的教学内容，更要给学生一份宽容，一片晴天。我们在教学中要采用多种多样的教学方法与手段，营造宽松的教学氛围，激发学生的学习兴趣，让学生在体育课上健康快乐地成长。

艰难时刻，我给家长写了四封信。

2020 年 3 月，疫情仍旧肆虐，这时东高房校区的紫丁香已发出新芽儿，礼士校区的玉兰已打了花骨朵儿，北池子校区的海棠树也已冒出了嫩叶儿，灯市口校区花坛里的月季攒着股劲儿努力地舒展着枝芽儿。前往学校值守的路上，看到迎春花都开了，春天真的来了！在这个万物萌生的春季，我们也要与大自然一样，无论遇到什么困难，仍然要顽强而安静地生长！

望着温暖阳光下静谧的校园，我想起了朱自清先生的《春》："春天像刚落地的娃娃，从头到脚都是新的，它生长着。"人们都在努力追赶着春天的脚步，奋斗在各自的"岗

位"上。我情不自禁,写下了给家长的一封信:

尊敬的家长朋友们:这段时间你们辛苦了!"小神兽"们还要延续假期待在家里,但你们中的大多数可能已经响应国家号召,开始复工了。还有很多家长一直就坚守在抗击疫情一线,没有更多时间陪在孩子身边。不用焦虑,孩子们渐渐地会自主规划时间了,会渐渐地利用学校的课程资源包进行学习了,会安排好居家学习和生活了,我们要相信他们一定能行!家长朋友们,还记得在孩子们入学时,我在与家长交流的培训课上说,孩子从出生到长大,就是一个逐渐离开父母的保护,独立、自立的过程。在这个特殊时期,希望家长们从"陪伴者"转变身份成为"培育者",做孩子们成长的"合伙人",少一些控制,学会放手,"少即是多"。引导孩子结合实际情况自我规划学习内容,制订并遵守共同认可的规则,以便您能更好地指导和引领孩子,做言传身教的榜样。要尊重他们,别吝啬您对孩子的鼓励。抽时间多做些亲子活动,营造积极的家庭氛围。生活即教育,父母的"以身作则"是送给孩子最好的礼物。在这个特殊时期,孩子的自律和家庭教育很重要!家庭是第一所学校,家长是第一任老师,也是终生的老师。正确的价值观,积极的行为、情绪能让孩子受益一生。不用羡慕"别人家的孩子",您一定能成为别人羡慕的家长的!

孩子们、老师们、家长们,雾尽风暖,桃花将灿。

同气连枝，共盼春来。一切都是最好的安排，面对这场危机，让我们彼此更加珍惜，彼此更加惦念牵挂！因为有了你们，我就有了许多放不下。让我们把彼此的牵肠挂肚化为爱与信心来共渡难关，愿我们每个人都能化"危"为"机"，在这场危机中有所得。愿每个人都借此磨炼意志品格、收获健康身心，从而受益终生！

在2020年疫情期间，类似的信我一共写了四封，为家长们加油，为孩子们鼓劲。

令人暖心的是，在此期间我还收到了一位家长的回信，内容如下：

滕校长及灯市口小学的老师们：

你们好！我是二年级1班的一名学生家长，在这特殊的日子里，我们收到了您写给孩子们的第二封信。如第一封信一样，我第一时间逐字逐句地读给了孩子听。您不仅从老师的角度要求孩子们做好自我管理，更从朋友的角度语重心长地告诉孩子们要学会与好习惯交朋友，全面提升自身素养。不知怎么的，当我读到最后"现在的校园是那么的安静，它正期待着你们回归时带来的欢声笑语、勃勃生机！我和老师们等着你们……"我泪目了。孩子的姥姥姥爷现在都在武汉，经历过漫长的担忧、紧张和焦虑的我们，可能更能感受到这份来自校园的惦念与关心。

"延期开学"期间,学校开启了一个全新的学习模式,我想先给老师们一个大大的赞!从微课的设计、讲解到反馈,我看到了老师们是在用心、用情、用爱践行着为人师表的承诺。因为工作关系,我们家只能晚上给孩子观看微视频,而这成为孩子每天的一大乐事,我也因为好奇而和她一起观看,最后成了亲子共看模式。跟您谈几点我的感受:

1. 紧扣抗疫主题,内容精心设计。开学延期,学校给学生提供了微视频学习资料,出乎我意料的是,学习内容不是简单讲授学科知识,而是紧紧围绕抗击疫情展开,心理辅导、卫生防护、体育锻炼样样都有。最让我印象深刻的是音乐课。音乐老师提供抗疫歌曲《你有多美》的赏析,看到那么多医务工作者冒着生命危险在治病救人,看到歌曲里孩子曾经无数次去过的繁华的楚河汉街变得空荡荡,我们都沉默了……妈妈,我想哭……孩子每天都让我给她放一遍这首歌,谢谢音乐老师让我们听到这令人感同身受的歌曲。

2. 老师亲自上阵,彰显实力担当。每一节微课都是孩子熟悉的任课老师来讲解,老师们将授课内容剪辑、加工、重新编排,比起直接提供一节网上现有的网课来说,可以说十分费时费力。但听到老师们熟悉的声音,孩子感到激动、亲切,兴奋不已,每次开始上课都会骄傲地给我介绍一遍老师的名字。学习的形式也是多种多样,既有写字、阅读,也有小故事、歌曲,还提醒孩子要关心国家大事，积极参与到家务劳动中来。之前家长开放日听课次数有限，我们这次也第一次知道了科学老师姓骆、卫生老师姓杨……也有机会亲耳听到各科老师授课的内容和方法，孩子每节课都听得津津有味，有的还要求回放再来一遍。

3. 保持密切联系，关注孩子健康。从疫情开始之初，班主任刘老师就每天组织家长报平安，外出返京逐一联系填表，现在每天睁眼就报平安已经成为一种习惯，似乎我们和学校从来没分开过。延期开学后，语文刘老师、数学高老师分别建立了学科展示微信群，通过每天的小练习、学生作业展示、老师点评，让孩子和老师、同学们的距离更近了。上周，我还接到英语翟老师的问候电话。刚刚，我又收到了班主任刘老师的微信，嘱咐孩子不要出门。真的很感激我们这些认真负责的老师！

三天前，咱班在微信群召开了一次特殊的主题班会"疫情之下，谁在逆行"。我清楚地记得疫情之初，当我临时取消带孩子回武汉的行程时，孩子看我的眼神中满是慌乱。而今天，我在她写的班会感受上看到："世界上没有从天而降的英雄，只有挺身而出的普通人。我长大了也要做一个对社会有用的人！"就像您信里说的，我们也期盼着，待到春暖花开时，孩子们回到那个欢声笑语、生机勃勃的校园，和老师、同学们一起拥抱灿烂的阳光！

再次感谢您及老师们辛苦的付出，期待我们早日相见！

在居家学习期间，为了丰富学生的体育活动，培养学生终身运动习惯，提高学生体质健康水平，我们还于2022年5月19、20日举办了"运动之花，云端绽放"趣味运动会。全校学生相约云端，一展风采。

为确保云端运动会顺利开展，学校高度重视，分别从教学、德育两层会议进行部署，校区、年级组认真召开筹备会议，反复研究制订方案。体育组的老师们通过很多次研讨，制订适合不同年龄，适合居家运动方式的运动项目，同时融入亲子运动，让孩子们与家长一起感受运动带来的快乐。

比赛前，体育老师利用体育课带领孩子们反复练习比赛项目，班主任老师积极配合，组织学生居家练习视频打卡，家长也自动担当起陪练的角色。经过初赛的角逐，最终300余人进入决赛，在线上以直播的方式进行了一场激烈的比赛，用自己的付出与努力为个人、为家庭、为班级荣誉而努力拼搏。六个年级结合年龄特点分别进行了"你锻炼本领，我陪你长大"、"小手拉大手，一起来运动"、"我是不倒翁"、"乾坤大挪移"、"跪跳起"、一分钟仰卧起坐、一分钟单手快速抓小球、平板支撑共计8个比赛项目。下面我们来看看各年级的精彩画面。

六年级的珈萱：

听到学校要组织线上运动会比赛,我欣喜若狂,没想到即便在居家学习期间也可以参加线上运动会,既让我感到激动,也让我感受到了学校对我们满满的爱。在收到通知后,我抓紧练习,争取在线上运动会中拿到一个好成绩。这次的运动会不仅让我锻炼了身体,更增进了亲子关系,感谢学校给我们准备这么丰富多彩的活动。

五年级的一涵:

居家学习,还能在云端上开展运动会,我特别惊喜。通过昨天的预赛,我顺利进入了决赛,感到非常骄傲和荣幸!特别感谢学校老师的精心策划和准备,促使我有了每天练习的积极性,既可以达到锻炼身体的目的,又可以为班级增光添彩。也感谢我的妈妈,是她每天辅助我完成仰卧起坐练习。今天比赛激烈紧张,我拼尽全力,发挥了自己的最好水平,无论结果如何,我努力了,不留遗憾!这次活动,让我们隔着屏幕感受到了学校满满的关心和爱!

四年级的绍桐:

居家学习已经有一段时间了。在紧张的学习生活中,体育老师每天都会带领我们在线奔跑。5月19日,四年级举办了别开生面的云端运动会,虽然是云端运动会,但赛场热度不亚于现场运动会。我参加的是抓小球比赛，这个比赛要求手、眼、脑的相互协调与配合。这一周时间我会在下课休息的时间练练，我觉得它不仅能缓解上课压力，还能让我的专注力得到提高。从屏幕上看老师们目不转睛地给同学们数数后，拿着纸巾擦眼睛，他们一定是眼睛太累了，生怕给同学们错数或是漏数。谢谢老师们为我们的默默付出，谢谢你们给予我们的鼓励。在这个特殊时期，我更爱我的老师，更爱我们的学校。

疫情肆虐期间，教育工作者尤为不易，幸好爱让我们凝聚在了一起，让"疫考难关，爱心加倍"。从开始的慌乱到后来的从容，从"摸着石头过河"到技术支持的教学"新常态"，从家校界限模糊、家校分治到合力共育，我们逐渐蹚出了一条新路。在"后疫情"时代，一定会生成更多基于现实的反思和探索，继而创生出更多更有效的适合国情的发展性策略，它们必将汇成巨大而良性的常态化动能，推动基础教育改革不断走向深入。

第五节　以身为"灯小家长"为荣

习近平总书记指出，办好教育事业，家庭、学校、政府、社会都有责任。办学理念的践行，少不了家长的参与和知情。每个孩子都是家长的心头肉，家长把他们送到学校接受教育，必然渴望深入了解学校的教育理念、教育教学、教师教学水平、课程建设、发展方向，孩子的成长环境、生活状况、学习表现等诸多方面，这样他们才会放心地把自己的孩子交给学校、交给老师。让家长进入、参与学校教育，也是学校工作的重要组成部分。

2015年5月30日，学校首次联合家长会召开，1800名家长走进各校区，走进孩子所在的班级，与各班的老师们交流教育理念，分享家校智慧，让短短两个小时的家长会变成有效的沟通平台。家长会上，家长们首先通过视频观看我的讲话，跟着我一起对资源带近一年来一体化管理下的学校整体工作以及教育、教学工作进行回顾。随后由各班班主任及科任老师与家长们做细致的交流。为了让家长会更有意义，老师们针对各班特点提前设计，让班班有特色。此次家长会让家长们体验了一把资源带课堂上的"生本理念"。老师和家长们一起聚焦孩子的教育思想和方法，"怎样培养孩子的综合素质""如何养成良好的阅读习惯""如何管理时间"……一个个主题被抛出来。家长们展开了热烈的讨论，之后再派代表分享交流。家长们积极主动、毫无保留地介绍经验、分享感悟，成为家长会的"主人"，让"生本理念"从孩子的课堂挪进了"家长的课堂"。

此次家长会更展现了资源带学生的成长与绽放。一年级的班级里，"小小书法家"作品评比正如火如荼地开展着，班级里的黑板上整整齐齐贴着每位学生的写字作品，每张田字格纸上，都是一位小同学一年来写得最好的20个字，家长们则拿着30个小贴画，真诚地投出自己的一票。在各班的门口，一个个小小签到员用热情与微笑迎接着家长的到来，展现了资源带学生大方、大气的风范。在各个校区，学生们的作品也随处可见，如板报上的自主日成果，自己设计的"温馨小吧"、垃圾盒等。这些点滴都让家长们感受到每一位学生的绽放。这次家长会前，还有老师采用提前发送调查问卷的形式，进行数据统计，以便在家长会上针对家长的共同关注点进行交流。仅一年级的英语学科就发送了360份问卷。数学教师还通过视频展示了学生在生本课堂上自己当小老师的风采。老师们所做的努力，让家长们看到了他们对学生的用心和关爱。此次家长会，更得到了家长们的高度重视与积极配合，各校区家长有秩序地入校、离校，两个多小时的活动期间，家长们一直精神饱满，积极参与，也体现了资源带家校携手，共创"和·合"之家的文化氛围。各班还为积极参与教育发展的家长授予了"热心服务好家长"奖状。我不由地心生感叹，家长朋友们才是我们教育的同盟军啊！

在我看来，家长参与进来，从一定程度上讲，最终受益的是学生。和家长达成共识，及时沟通，共商对策，形成合力，更有助于孩子的成长，也能在与家长的沟通中，得到家长们更多的理解和支持。学校声誉及社会评价，很大程度上依赖的也是家长，所以我们也积极地鼓励并邀请家长参与学校的各种工作，通过各种方式让家长了解学校的工作。学校希望能够与家庭密切沟通与配合，共同关注学生的成长。

第八章 重塑"众教育"生态：家、校、社和合共育

为了发挥家庭教育与学校教育相联合产生的"1+1＞2"的育人效果，我们非常重视家校合作。为增强家校沟通，实现家校共育，我们成立了家长委员会，定期举办家长会、家长开放日，开展亲子活动、"家长课堂"活动、家长志愿者活动等。每年的毕业典礼更是盛情邀请所有毕业生的家长参加，让家长们亲手完成与学校"交接"的过程，见证孩子们六年来的成长。每年的运动会也会邀请资源带全体家长参加，在入场式环节还会让部分家长参与走方阵。他们手中挥舞的旗帜承载着学校、家庭、社会共同助力孩子成长的美好愿景。在竞赛环节，我们还会设置亲子比赛，在比赛中孩子和父母齐上阵，体现了家校协同、共同助力学生发展的态度。我们使更多关心学校发展、热情为学校献计献策的家长参与到学校的发展中来，达成教育共识，发挥家校教育的强大合力，助力孩子的健康快乐成长！

在家校合作的过程中，家长志愿者的身影遍布学校的大小活动：走进课堂，化身"课外老师"；参与亲子运动会，化身"运动健儿"；登上合唱台，与师生唱响心中之歌；走上话剧舞台，与老师共同成为孩子们的"引路人"……为此，学校还设立家长学校、家委会、家长开放日等，借助官网、微信公众号、邮箱等方式与家长朋友共同关注学生成长，希望与家长携手，为孩子们创设平台，让每一个孩子在资源带大家庭里健康、快乐地成长、绽放。

我们加强家校联系，每年还在全校各个年级多次举办家长开放日活动，让家长更多地走进学校，了解孩子在学校的表

现，体验孩子们的成长历程，感受我校的办学理念。伴着琅琅的读书声，家长们走进教室，走进孩子们生动活泼的课堂，参与孩子们在灯小的日常生活和学习。每一次家长开放日活动，我们会设计不同的有意义的活动主题，敞开学校大门，架起家校心桥。比如剪雪花、观月相、四季真奇妙——一年级家长开放日；大朋友与小学生的欢乐课堂——二年级家长开放日；铭记历史，振兴中华——三年级家长开放日；用国粹架起家校之间的桥——四年级家长开放日；展示、沟通、理解、合作——五年级家长开放日；家校合作，共谋发展——六年级家长开放日；等等。

为了使家长更好地了解学校办学理念和育人特色，帮助一年级孩子平稳度过幼小衔接阶段，为新学期做好准备，学校开学初都会开展学年新生家长培训活动。培训活动分为我讲"家长第一课"以及校区负责人、班主任老师等与家长进行学生行为习惯培养、开学前准备、防控要求等方面的交流与沟通。我会从学校基本情况、办学理念、学校近期发展、家校合作、需说明的问题这五大方面与家长朋友们沟通，使家长初步了解学校在"让每一个生命绽放光彩"的办学理念体系下的一体化运行机制、学校的"点亮行动"文化定位，以及静心教书、潜心育人的教师团队。我还会重点交流学校如何注重五育并举，突出德育实效、构建"光彩"课程体系、注重"以体育德"、深化"以美育心"、培育劳动意识及创新精神等，在丰富的教育教学活动中提升学生综合素养，培养"让生命闪光，为中华添彩"的灯小少年。我还向家长们抛出"培养什么样的

第八章 重塑"众教育"生态：家、校、社和合共育

人"的思考，分享我对于习惯培养、自主管理等方面的观点，强调家庭教育的重要性，更给新生家长们提出许多幼小衔接的建议。期待学校与家长共同形成"五育合力"，引领、陪伴孩子度过充实的小学六年时光！

经过这样亲密的沟通和交流，新一年级的家长代表表示通过入学登记工作及学校几轮的电话联络，更加信任学校，很有归属感，很放心、很安心。家长也表达了未来六年将主动与学校沟通，充分与学校配合，支持学校的教育教学活动，做好孩子的后援团，和学校一起，共同为孩子撑起一片成长的蔚蓝天空。

一年级子熙家长：

作为一年级新生的家长，我听了这两天的新生家长会，感触颇多。我不仅对学校的基础情况有了一个初步的了解，更重要的是理解了学校的办学理念、教育方向，让我们家长更清晰地认识到教育的本质、形态，注重孩子的多样性和长期发展，而非仅仅关注学习。看到在校长、老师的努力下，构建出了一个如此丰富、多元的平台，让孩子们能够健康、茁壮地成长，成为有用之才，我非常感动。只有老师具有以教育为事业的初心和坚守才能如此为之付出，感谢老师们，孩子交给你们，我们很放心！

一年级恩遇家长：

爱上学校——让每一个生命绽放光彩

> 这两天全家认真学习了校长、老师们的分享,深深地被学校公平公正、独立自主、建立孩子完善丰富人格的教育理念吸引。通过老师们精心、细致的准备,耐心、认真的讲解,我们对孩子开启未来学校生活做好了学习、生活、思想等方面的准备。我们会和学校各位老师积极配合,把孩子培养成优秀的人,长大为国家做贡献!谢谢老师们!

一年级梓翔家长:

> 开完这两天的家长会,我感受颇深,了解到学校的教育特色,也感受到老师和校长对孩子们的关心与照顾。学校给孩子们搭建了很多的平台,让孩子们可以展示自己,绽放属于他们的光彩。我觉得孩子可以上这样一所学校很幸运,也希望孩子可以践行学校的办学理念,绽放出属于自己的光彩。

事实证明,这种与家长的"互通有无"着实有效。学校越敞开大门,家长越了解学校,也就越来越爱上学校,对于老师的工作,也能充满感激和理解,最后都很支持老师的工作。我经常听到家长们说"以身为灯小家长为荣"的温馨话语。在这场参与中,我想爱是灵魂,是底色,是核心,促使每一次灵魂相聚都充盈着信任的力量,都闪耀着绽放的光芒,都散发着自由的气息,都是幸福的模样……

结语　爱就一个字，承诺一辈子

第一节　心里是学生，眼里是人生

我是东城学子，从小学到中学再到师范，是东城教育培养了我，我对这片热土有着深深的情感，在我身上也留下了东城教育的基因。从求学到现在，我见证了东城教育翻天覆地的变化，为之感到骄傲，更愿全身心地投入到振兴东城教育的事业上。我从事教育工作30余年，在六所学校任职，做校长18年，交流轮岗三所学校和一个教育资源带，见证了教工委、教委为中青年干部搭设的交流轮岗的保障机制的实施。我从一名普通老师成长为数学特级教师、正高级教师、特级校长，无论是在普通校、规模较大校，还是改革的龙头校，都愿意带动我的老师、带领我的团队，改革创新、锐意进取。

以爱育心，以爱育人，教育好学生、培养好老师、发展好学校，一直是我发自心底的朴素想法及人生追求。

回想2013年，当我还在史家小学分校担任校长，正在考虑筹备校庆时，接到教委通知，得知自己即将调任灯市口小学校长。我心中既有对史家小学分校的不舍，同时也有对未来工作的些许担忧。

灯市口小学建校后受新思潮引领,早在20世纪二三十年代学校就有丰富多彩的选修课、社团、研究会,也是迄今为止北京最早实施现代学制的小学。我被这所历史悠久的学校所深深吸引。作为后辈,我顿感若在此处做不好接班工作,就对不起这所学校的前辈和先辈,对不起这所有着150多年历史的学校。所以我心底暗示自己一定要好好干,以实际行动回应领导们关于"听到灯市口小学声音"的热切期盼。

胡元倓[①]先生有一段名言:"养成中等社会,实立国之本图,惟其事稳而难为。公倡革命,乃流血之举;我为此事,则磨血之人也。"胡先生将育人事业称为"磨血事业",从中不难得到启示:教育,作为一项育人的事业,也是面对人的事业,急于求成、揠苗助长都不合规律,而应像磨血一般,磨掉功利之心,磨掉浮华表面,把自己的精力、心血,像磨墨一般,一点一点地用心磨,磨出"九死其犹未悔"的坚毅,磨出"春蚕到死丝方尽"的不悔,磨出"化作春泥更护花"的博爱。凭着这种"磨血精神",学校的办学必然芬芳四溢、桃李满园。

"功崇惟志,业广惟勤。"[②]在灯市口小学的这几年,我和老师们始终牢记党和政府的嘱托,以办好老百姓身边的优质学校为目标,在传承百年老校文化的基础上,在学区制改革举

---

① 字子靖(1872—1940),中国近代著名教育家,创办明德学堂(明德中学前身),曾任湖南大学校长。
② 出自《尚书·周书·周官》。

措中，借助优质教育资源带，让学校成为办学模式的先行探索者和"排头兵"。我带领伙伴们抓住改革机遇，坚持立德树人；推动文化立校，提出"让每一个生命绽放光彩"的办学理念；创建四校区共同发展的一体化运行方式；深化课程和课堂改革；挖掘学校特色及各校区特色办学主旨，全面发展素质教育；倡导教师"1+N"培养模式，为其提供广阔的发展空间，让"爱"铸就师生的成长绽放。在实践中，我以"尊重每一个孩子"为原则，带领老师们打造"生本、自主、开放、创造"的课程和课堂文化，"三帆"齐聚，向社会交出了跨越式发展的"成绩单"，用这样的"爱"来丰润涵养每一名学生，使其全面、自主、个性地发展。

熟悉我的老师们会评价我是想到什么就要马上去做的"实干家"。对于我校来讲，它承载着两千多个家庭，承载着培养未来建设者和接班人的重要使命。在新时期学校的发展问题上，我常常夜不能寐，身心俱疲，每一个早晨醒来睁开眼，心念的是学校的发展、师生的发展等；每一个夜晚，我都在思考中入睡。一旦脑海中有了一些想法，考虑到这个想法能够带动学校的前进和发展，能够让孩子们在我这个想法中得到锻炼和成长，能够让我的老师们有所获、有所感，我会在第一时间让这些想法变成现实。我不会允许拖延、困难、疑惑、阻力成为我的绊脚石，阻碍我的雷厉风行。我的办公室从来都是"人满为患"，一个干部出去了，接着一位老师又进来了，有时候几乎没有喝水的时间，一直都在沟通，在解决问题，在商讨对策，在做评估，在做着促成想法变成现实的一切努力。我早上7点前会准时出现在办公室,有时候早饭顾不上吃,办公室人员就已来汇报工作。我会到各班看看孩子们的早读,会出现在操场,看孩子们做操,看孩子们做操的动作是否标准,紧接着,我会查看各个专业教室,看有无安全等方面的问题。这时我才回到办公室,吃上两口饭,而早饭已经凉透。此时,又有干部来汇报活动方案,又有人来谈联合学校搞活动事宜,他们刚走出去,办公室的人员又送来一摞文件。10点的时候,某地的教育局来访,十几个人在会议室,我又接着介绍学校教学改革情况。12点,送走客人,我又出现在教室,陪餐,向孩子了解饭菜是否可口。像这样的安排是日常,是"家常便饭",是工作的缩影。这种从早忙到晚的节奏对于我来说已经变成习惯。有时候,比起在办公室坐着听汇报,我更愿意拿出时间走近学生,找老师谈谈心,和干部谈谈事。

每当我的一个想法变成现实的时候,每当看到孩子们因我的一个想法在舞台绽放的时候,每当看到家长朋友露出欣慰笑容的时候,我所有的"心思"与努力在此刻是那么的值得!

一晃在灯市口小学工作九年了,我从对灯小懵懵懂懂,到产生爱的情愫,到现在深深爱上这里,我在这里遇到了爱,感受了爱,拥抱了爱,践行了爱。

我还有一套独特的"积极忘记理论":不愉快的事,不放在心上,慢慢地就忘记了。同时,我常常怀有一颗感恩之心,感谢平台、感谢时代、感谢学生、感谢家长,因为这些促成了教师成长的空间,给了教师成长最好的养料。

感恩这些年各级政府和相关部门、社会各界给予学校的关爱、支持与帮助，让灯市口小学能拥有资金改善桌椅、校舍，建设美术馆、博物馆。优质资源带让孩子们走出校门、走进中国儿艺、走出国门，让我们的教职工从教好教学大纲到办好校本课、选修课、社团，再到带动周边校老师一起表演《雷雨》。因为感恩历史、感恩现在，所以我们能够不断向前、不断创新。

忆往昔峥嵘岁月稠。这几年，有成长中的波澜和困惑，更有发展中的创造与辉煌；这几年，有风雨同舟的奋斗历程，也有一片赤心的并肩作战；这几年，有荡人心腑的绽放时刻，亦有相亲相爱的珍贵瞬间。艰难方显勇毅，磨砺始得玉成。教育理想国的构筑，千般之景的绘就，需要一个个教育人用热血、智慧和汗水奋斗。

第二节 "杰"字下面四点也可以是水

我的名字中有一"杰"字，"杰"字下面是四点底。从文字学的角度分析，这其实是由"火"字演变而成。在很多人眼中，我很少有如女子般柔弱的一面，他们大多评价我无坚不摧、勇敢坚毅，觉得我人如此名。其实我也有如水的一面，无论是面对我的学生，还是我的老师，抑或是我的家人。所以，"杰"字下面也可以是水。我也要求自己"以水为师"，用一生去修炼。

水无定形，随境而适。水无处不在，而又千变万化，能够给我们很多看待万事万物的启发。大道至简，万变不离其宗。古人讲"智者乐水，仁者乐山"，其实仁者也是乐水的，皆具包容性。水惠及万物，水孕育一切生物，这何尝不是一种至仁大爱。反观我们的办学，何尝不需要水的精神？

记得2005年9月的一天，教委领导找我谈话，自此我走上了校长岗位。做一线教师和做校长是两个不同的岗位，在我做校长的这些年，越发感到社会对校长素养的期望值越来越高。到2009年1月，我当时已经当了三年多的校长，刚刚初步建立起体系、建立起自信，又接到教委领导调我去史家小学分校的消息。开始我有些小情绪，但做着做着，我慢慢弥补弱点，在发现新的风景的同时，逐渐成长。后来我总结，其实每到一个新的岗位，都是一个成长的过程。当时的史家小学分校由三个学校合并而来，各个学校之间的认同感也不强。我还是按老办法，先抓管理的规范性，然后抓特色挖掘和文化构建，最后是教学和课堂。我逐渐认识到文化的重要作用，也逐渐感悟到，只有文化才是学校成功的法宝。在史家小学分校担任校长期间，我逐渐开始了文化创建之路。

我当校长还有最大的一个特点，就是不断自问、不断反思。我会经常从自身的条件、学校的师资队伍的现状、学校外部环境的变化等因素思考并把握学校处在什么发展时期。不仅仅是教育，所有事物都可以运用这个原理。

例如，眼前发生了一件事情，可能会出现很多可能性，让人有很多想法。我会冷静思考，不断追问自己六个问题，当问到第六层的时候一般就能找到解决问题的方法。但是大部分人就问一个问题，刚到表层问题就结束了，不再追问深层的问题。如果不再反复地追问就无法解决后面的问题，也就无法找到这个问题的症结。有的时候也会出现表面症结，不是实质问题，而学校只是解决表面问题就是白解决，一定要直追问题的根本。

孔子说："君子有九思：视思明，听思聪，色思温，貌思恭，言思忠，事思敬，疑思问，忿思难，见得思义。"① "九思"是孔子对君子如何修炼的精辟诠释，如果将其迁移到反思上，在我看来"九思"是我们走向深度思考的基础。通过这种不断自省反思，我们就能够不断提升自身的创新能力，而后调动各种积极因素，在自己的职业生涯中努力推动学校走向新的发展之境。比如，我们学校每次举行活动之后，都有一个不同层面的反思的程序，总结活动开展过程中的问题，为下次活动的开展积累经验。

我初当校长时，头痛医头，脚痛医脚，忙得像个陀螺，效果却不佳。经过多年历练与总结后，当我调任灯市口小学校长时，即便眼前困难重重、问题繁杂，我在探索"是什么—为什么—怎么办"的过程中，也总能努力悟出解决办法。在灯市口小学工作期间，我要求自己弄清楚：上位理念是什么？原则是什么？与之相配的方法是什么？机制是什么？许多事情也在弄清楚这个思路的过程中得以有效解决，以前认为枯燥、读不明白的话，现在却发现很有用，这真是神奇的一件事。

那么，校长究竟该修炼哪些技能、素养？在报刊、培训

---

① 出自《论语·季氏》。

学习中，我们经常看到类似的描述，即校长应该具有"先进前沿的教育思想，炽热如火的教育情怀，澎湃不已的创业激情，持久如一的学习习惯，卓越非凡的管理能力，开放多元的办学视野，深度挖潜的研究能力，专业水准的写作能力"。校长应该是"高瞻远瞩的战略家、运筹帷幄的管理家、纵横捭阖的社会活动家、满腹经纶的学者……"人们从哲学、社会学、人类学、经济学、心理学、教育学等多学科中寻找理论依据，使自己心目中的校长形象尽可能完美。梅贻琦倡导"为政不在多言，顾力行何如耳"。校长作为一所学校的引领者，除了通过"道德的行为"，还要通过"行为的道德"去引领或者影响学校的每一个人。

在这样的期望下，校长应具备的素养也相对高、大、全了：思想政治素养、科学研究素养、现代管理素养、教育哲学素养、信息素养、思维素养、人文素养、审美素养，此外还有身心素养……这样分析下来，我们竟然不好判断校长的核心素养是什么了。

在我看来，校长对学校的管理，其实是人对人的管理。后面的"人"指的是师生，对师生的管理包括方式、方法、目标、途径等。而前面的这个"人"，则是校长的自我管理。除去参加培训及相关部门的监督检查外，更多的要靠自觉。这个问题不能说没有探讨过，但关注度不够，而这一点又对校长领导水平的高低起着重要作用。

因此，我认为校长的自觉、自我管理或者说自我修炼应该是校长管理的核心素养之一。

校长的自我修炼包括很多方面，比如修炼心态、修炼正气、修炼付出、修炼耐心、修炼权威、修炼能力等。从我的经验看，在众多的修炼内容中，最核心的应该是修炼心态。校长在工作中最难的是认识自己，最难管理的是自己的心态，而身心状态又是做好一切工作的基础。

修心态，可以从"修定力"和"修无我"两方面入手。

其一是修定力。知止而后有定，定而后能静。校长工作繁杂，每天生活在动的环境中，是非常消耗自己的精气神的。我想每个校长在百忙中都会渴望有一刻清闲、一丝宁静。修定力，就要尝试动身不动心。不论遇到多少事情，该办事办事，该沟通沟通，心要不被外在因素干扰，情绪要不为外物所动，固守本性。缺少定力，就会在名利、人事纠纷中心性迷乱，跟着情绪走，就会出现急、恼、气的情况，既伤别人，也伤自己。

在这方面，我的入手做法是常微笑，给自己一个微笑，也给他人一个微笑。这并不容易，所以我一直在修炼。微笑是人与人之间最直接的表达，是传达感情最直接的方式。一个自然的表情，能给人生活的力量、学习的信心和心灵的慰藉。重要的是在微笑中，校长要能察觉自己的内心是不是和脸上的微笑同样愉悦美好；遇事的时候，是不是升起了妄心、妄念。察之，觉之；觉之，除之。定力增加了，校长的预见力、决断力、协调能力、管理能力等会有所增强。时间长了，智慧便显现出来。定力不是一日之功，校长应该将它作为一生的修为目标。

在交流中，有些教育管理者向我"吐槽"：每天事务性工作太多，千头万绪，不知道怎样面对。我说：越到此时，越要修自己的定力。工作多了，就要学会放权，赋能给同事，让管理由"自己的事情"变成"大家的事情"，众人拾柴火焰高，大家共同努力，成效一定是远超个人的。这种团队自驱力一经形成，每个人都会自觉行动起来，形成不竭的动力，并带动和影响更多的人。要做到这一点，就更需要校长本人信任人、尊重人、理解人，归根结底是识人、爱人。

其二是修无我。校长是学校的引领者，在教师群体中容易执着于我，如果不警醒，就会和校长的角色认同：我是校长，我是一把手，我说了算，我最棒，听我的，我说一不二……其实一旦有了我执，傲慢心升起来，会让别人不舒服，对自己的身心也有损害。执着于我，是不成熟的表现。老子说："上善若水，水善利万物而不争，处众人之所恶，故几于道。"校长在工作中应学会收起自己的锐气和才干，学习水的品性，通达而广济天下，奉献而不图回报。心地柔软，并不是不做大事。天下至柔，驰骋至坚。

在这方面，我入手的做法是敞开心。让心敞开，接纳包容每一个人：对老师友好和善，平等交流；跟孩子说话，蹲下来。在我们学校，每个人都是高贵的、有价值的，没有高低贵贱之分；在我心里，每个人都有尊严，都需要被尊重，人与人没有分别。心里敞亮了，就感觉每个老师都美丽，每个孩子都可爱；心里敞亮了，就会怀平常之心，做平常之事，为大家服务好。

不论是修定力还是修无我，都是在修自己。我为本书取名"爱上学校"。其实爱上学校的本质，何尝不是爱上自己呢！只有了解了自己，认识了自己，才能真正地爱自己。毋宁说，学校提供了一个好平台，通过这个平台，每个人才能更好地认识自己、爱上自己、发现自己。

校长管理的核心素养不是先天遗传，而是后天教育习得的。校长管理的核心素养不是各门学科知识的总和，而是支撑校长形象的心智修炼和精神支柱。校长管理有必要借助古人的智慧，用传统文化的思想涵养自己，儒家的中和、道家的谦退，都会使我们在忙碌中变换一种视角看人生。校长管理应该遵循盈亏之律，不攀缘、不强求、不妄为。人的休养生息，学校的图存振兴，需要顺应自然规律，与时偕行。

第三节　终于找到了

一所好学校应该是什么样子？我的教育理想国是何种景象？这些问题时常引起我不断的追问，追问之中包含很多对教育的期待。我们每个人都有很长时间的学校生涯，几乎人生四分之一的时光都是在学校度过，从小学到中学再到大学，我们的学校教育究竟给了孩子什么，又为孩子留下了什么？当我们回想往事，能让孩子们莞尔一笑的片段或者记忆多不多？我们的教育理念、我们的教育、我们的课程、我们的课堂、我们的活动、我们的老师、我们的环境在跟孩子们交汇的那一刻，究竟能产生多少化学反应和心灵的碰撞？

我当校长，最想做的事情就是办好一所学校，办一所北京市乃至全国都叫得响的学校。这么多年来，我和我的同事们一步一个脚印，用心血、汗水、智慧，努力构筑着我们心中的教育理想国。

黑发积霜织日夜，粉笔无言写春秋。杏坛时光如流水，往事不回头。随着一批批学生进校、离校，不知不觉间，我也已经过了孔子说的"知天命"的年纪，然而我仍然喜欢那句"年轻真好"。

我刚刚步入教师岗位时，因为年轻、没经验，给很多家长的直观印象就是年轻教师不如老教师阅历丰富。他们把孩子交到我手上，或多或少有顾虑、不放心，甚至有的家长会提出"凭什么我的孩子是你这样的年轻老师教"的质疑。面对质疑，我除了做好自己的工作，证明自己的实力，别无他选。记得当时有位学生家长是书法家，我就请他帮我题字"年轻真好"，并且挂在办公室最明显的位置。年轻时因为没经验，可能与家长沟通的过程确实有些坎坷，但后来我逐渐领悟出，只要付出真心地对孩子好，感同身受地与家长交流，就一定会赢得家长的信任。

任何人都无法不老，但也可以保持年轻。跟孩子们在一起，看到他们在成长，就是我保持年轻的秘诀。

当我初到灯小，听闻金帆合唱团可能无法继续扬帆时，当我得知《雷雨》与学校有着千丝万缕的联系时，危机与强烈的"求生欲"让我告诉自己不能认输，更要加把劲扬"帆"启航，要让教职工在"雷雨"之夜把伞撑好，引导学生们找到属于自己的"马兰花"。

记得有一年的开学典礼上,我对孩子们说了这样一席话:"老师希望你们做一颗播撒爱的种子。如果说梦想是一株蒲公英,那么爱就如包容它的蓝天、大地;如果说梦想是绽放的花朵,那么爱就是滋润它的养料。爱会让梦想绽放得更加灿烂!同学们,我知道你们每个人心中都有自己的梦想,在向着梦想前进的路上,就少不了爱的陪伴。多一分同学间的友爱,在你的成长道路上结识更多真挚的朋友,你会快乐;多一分对师长的敬爱,你从他们的阅历上收获丰富的知识,你会快乐;多一分对弱者的关爱,你从帮助别人的过程中获得肯定,你会快乐;多一分对世界的博爱,在你不断前行的过程中开阔视野,增长见闻,你会快乐!"

做了半辈子教育,目睹了几十年教育变迁,我有时会发自内心地感慨:现在的孩子们真幸福。

有一次参加活动,在活动开始之前,主持人问大家:"你们的梦想是什么样子?"我的脑海中闪现的是红黄蓝三色的灯小校徽,它代表着老育英的理想——得天下英才而教育之。红黄蓝三色是灯小"绽放"理念的底色——赤诚而热烈的红色、清澈宁静的蓝色和明媚温暖的黄色,代表着对每一个孩子寄予的希望——希望孩子们热情奔放、充满活力,胸怀宽广、心思纯然,阳光乐观、积极向上。

教育如同种花、种草,它助力生命的成长,而真正的教育就是"让每一个生命绽放光彩",让每一个师生都能最大限度地发掘生命的潜能,开出最美丽的花朵。不一定每朵花都是艳丽的牡丹，也可以是槐花，淡淡的，幽幽的，只要尽情绽放，做自己就是最好的。教育不是培养多少个大家、人才，更多的是让每个人各得其所。办学永远没有终点，而是一个可持续发展的事情。我驻足凝思，我校的学生自我管理、自我塑造的能力已经突显，自主发展的意识也不断增强，正朝着全面、综合发展不断前行；老师们的内驱力也已经调动起来，学校的社会影响力以及美誉度也在不断提高，校园环境氤氲着浓浓书香，自由舒适；每一节课堂呈现温润儒雅、彬彬有礼的气息。我的老师们都自觉地把职业当事业，以工作为人生价值的实现过程，师师之间、生生之间、师生之间都能够平等对话，在学校里的每一个生命都能够自由、幸福、有尊严地生活着，每一个生命都能找到自己存在的价值和方向……每当看到这样的景象，每当看到家长脸上的笑容，我不自觉地感受到了教育的力量，感受到了教育的美好，感受到了奋斗的快乐，也引发我对未来教育更多的思考。或许我们的教育还存在有待完善的地方，但我喜欢这种状态，这激发我永怀对教育理想的不断追求，这让我爱上这种永远都在持续发展的状态，行走在教育的人生路上。我也坚信我们未来的学校更美好，我们未来的课程更卓越，我们未来的课堂更育人。在探寻教育之路的同时，我似乎找到了更好的自己，我也愈加爱上这个状态的自己，朝着心中的理想再次迈进。

百年芳菲，弦歌不辍。灯小就如同一棵百年的参天大树，它扎根泥土，守望家园，承载着一代又一代人的梦想，培育了一代又一代的学子。百年岁月沧桑留下的不只是时间缝隙中的回忆和空间的一隅流连，更是那一脉相传的厚重文化与精神。

这一路走来，我知道我不是一个人在奋斗，我代表着千千万万投身教育事业，在平凡的岗位上努力奋斗、超越自我的教育工作者。我们不断追寻着心中的教育理想国，怀抱着一颗教育初心，就像"愿历尽千帆，归来仍少年"的抱朴如初，不断付诸努力和奋斗，心中有光、脚下有路，一路奔跑，感受着生命绽放的力量，静待孩子们花开的那一天！

第四节　学校使命的再思考

我曾读过崔卫平教授的一句话："你所站立的那个地方，正是你的中国；你怎么样，中国便怎么样；你是什么，中国便是什么；你有光明，中国便不黑暗。"或许我们每个人力量微弱，不足以改变社会，但总要极力发光，以生命点亮生命，这样我们就可以改变人，影响我们身边的人，让世界因为我们的存在变得美好。著名的柏拉图研究专家陈康先生概括《理想国》中国家概念的特点为："国家的基础在个人，个人的基础在心灵；因此国家以心灵为基础，内心的状况乃是国家的超政治基础。"写到此处，这引发了我对学校使命的再思考。

"内卷、戾气、浮躁、焦虑、急功近利……"在这样一个焦虑的时代，我们好像都无所适从了。而我们的归宿又在哪里呢？我们的教育能做些什么呢？我们要培养什么样的人呢？

在工业化和商业化占主导地位的今天，学校不可能独善其身。无论外部环境如何变化，教育的主旨不会改变，那就是激发每一个个体对真善美的追求，个人好了，我们的国家也就好了。

"让每一个生命绽放光彩"是我提出的办学理念。为何提出这个理念？我也是希望我们的教育能够将关注生命放在首位，让我们的教育充满生命情怀，激励孩子的心灵，温润孩子的人性。

在我们追寻的教育理想国中，总要坚持关注人的立场，高扬生命的情怀，我们必然也将迎来一个充满爱的正能量的新时代。孩子的生命与我们的生命联系在一起，师生之间、学校和家庭之间结成同呼吸、共命运的生命体，必然也影响着整个人类同呼吸、共命运的生命体！

有人说教育正在迎来一个前所未有的变革时代，正在步入一个比拼情怀的时代。学校使命，不仅是对教育改革的回应，更重要的是它对教育情怀的呼唤。都说我们培养的是祖国未来的建设者和接班人，对于教育而言，对于我们的学校而言，最高的境界则是对于生命灵魂的唤醒和感召。我们培养的应该是有家国担当的、明亮阳光的生命个体。从一定程度上说，无论社会如何复杂，世界如何变化，作为教育者，我们有必要守护好教育这片净土，守护好我们做教育的良知，守护好教育的使命感和终极关怀。我们未来的建设者和接班人，必须是立于广袤而雄浑的天地间大写的"人"！教育者守护好了，教育就好了，教育好了，孩子就好了，孩子好了，未来的世界也就好了。

我们无限相信教育的力量，相信教育带给我们的光，必然会照亮整个世界。

第五节　人生价值在于被需要

我已经是知天命的年龄。到了这个阶段，我感觉这个世界在自己面前豁然开朗了；随着年龄增长，我也深深感到自己服务社会的时间开始缩短，这促使我认真地思考生存的价值。

"现在，学校已经变成我生命中很重要的一部分。"学生在校的学习、生活，老师遇到的挑战，学校亟待解决的问题和未来的发展规划，我对这些的关心程度甚至超过了对家人的关心程度。同时，亲情也是我深深的牵挂。有一年的感恩节那天，我给当时在世的母亲发了一条短信，感谢母亲赐予自己生命，"这个生命对别人是有用处的"。我觉得人生的价值就是被需要，就是帮助别人。我可以帮助很多老师、学生，使他们的生命变得更加美好，这对于我来说是一件很幸福的事。

在我平时的做事中，我力求对得起每一个人，也喜欢尽己所能帮助别人。我唯一想的就是能让老师们安心工作，好好为了学校的发展而努力，而没有其他任何想法。对于学生，我想方设法为孩子们搭设一切可以让他们发展的平台。可是，这一世，我亏欠父母和家人。记得母亲病重期间，我忙于学校的活动和会议，未能在病床前尽孝。虽然母亲去世已几年，但夜深人静之时，我还会时常想起母亲生前的种种情景，想着想着泪水常常打湿了枕巾。即使是现在，我都听不得"母亲"二字，最怕遇到"母亲节"，因为这对于我来说是没有母亲的母亲节。

但，我对母亲的爱和母亲对我的爱支撑我走到现在。我把对母亲的爱延续到别人身上，尽己所能，去帮助更多的人。

现如今，我已经在教育之路上行走了30余年，再次读到北宋词人苏轼的"九死南荒吾不恨，兹游奇绝冠平生"，也有了新的理解和感悟。常有人问我，你累不累，有没有想过放弃的时候。这么多年，若说不辛苦，是假的。在某种程度上，可以说是"心力交瘁"，在面对事情比较复杂的时候，也可以说是"呕心沥血"。在学校活动开展遇到难题、某些想法无法实现的时候，可以说是"身心俱疲"。这个时候我也会产生"打退堂鼓"的想法。

但是，总有一种强大的精神原动力在不断推动我前进，让我奋不顾身，让我义无反顾，让我不惧挑战。那个原动力其实就是一个字："爱"！这么多年，我没有离开过教育这方沃土，那是因为我爱上了这里，爱上了这种一直持续向前走的状态。我找到了自己，也更加认识了自己，一次次的挑战、一次次的困惑、一次次成功的喜悦，让我的内在驱动力被点燃，也让我逐渐爱上了自己。在人生这个大舞台，我努力演绎最好状态的自己。我只想为孩子们做得更多一些。

人生的价值在于被需要。每当孩子们在学校搭设的舞台尽情绽放的时候，每当老师们在学校搭建的平台上不断成长进步的时候，每当听到家长们对学校工作满意而连连称赞的时候，我的内心升起一个声音：被需要的感觉真好！

结语　爱就一个字，承诺一辈子

我们每个人的时间都是有限的，因为生命的长度是有限的，而在这有限的时间里面我们真正能够做有价值事情的时间不过是20—50岁这个阶段。这不是每个人的绝对时间量，但肯定是大多数人的时间量。这30余年的时间也不是所有人都能够有效利用起来，能够创造多少价值，所以每个人都要时刻提醒自己时不我待，不要在毫无意义的事情上浪费时间，而应不断聚焦在有价值的事情上。这就是为什么成功人士花大价钱找专业人办专业的事，有些事情不是他不能做，而是要节约时间去做他认为有价值的事情。

每个人都有属于自己的高光时刻，不要违背属于自己的成长周期去做事情，这样会给自己带来不必要的烦恼，也会阻碍成功，所以一定要珍惜自己的大好年华！

因此，只要学校还需要我，如果能够，我还将继续……

"草草杯盘供笑语，昏昏灯火话平生。"行文至此，本书也接近尾声，然而此刻我的内心却更加兴奋与激荡，幸福感和自豪感沛然于心。这么多年昧旦晨兴的播种，这么多年风雨兼程的守护，多少次挫折，多少次彷徨，多少次不足为外人道的艰辛。"道阻且长，行则将至；行而不辍，未来可期。"在爱的浇灌之下，蓓蕾总要开花，生命总会绽放，我们为之努力的，也正是我们在过程中所收获的幸福！

日月其迈，砥砺深耕，履践致远。滚滚的时光之轮如同指尖的细沙，定格在这回眸的一笑间。"雄关漫道真如铁，而今迈步从头越。"立足2022，放眼2035，我将展开自己职业生涯又一段新的奋斗历程。我将继续不忘初心，牢记使命，追寻心中的教育理想国,用爱,让每一个生命绽放光彩!

至此,我想用萧伯纳《人与超人》的一个段落作为本书的结尾:

> 人生真正的乐趣在于作为一个能者能够做自己发自内心要成就的事,而非出于一时冲动抑或是一己私利或对寡情世界的委屈抱怨。我认为,我的生命属于整个社会,只要我活着,我很荣幸尽我所能去为社会做贡献。我想在有限的生命中耗尽自己,我活得越长也就越努力地工作。我在生活中自我陶醉。人生对我来说并不是一缕"短促的烛光",而是暂时握在我手中的一根闪耀的火炬,我希望在把它交给子孙后代以前,我要尽己所能让它燃烧得更加炽热。

后　记

深夜无风新雨歇，万家灯火，气霭佳瑞。虽适逢夏夜，但北京这一场急雨，倒是把温度降了下来。我照例沏了杯茶，翻看着这本几经删改的书稿，抚卷沉思，心情久久不能平静。

刚开始的时候，总想写点东西，但提起笔时却又不知从何写起。后来，我写着写着，笔就停不下来了，太多让人熟悉的画面、太多让人感动的瞬间、太多让人暖心的人儿跑到我的脑海，纷至沓来。怀着一份敬畏之心和感恩之情，我利用一切可利用的时间敲下这一行行字，其实更多的是梳理总结，更多的是回味反思，更多的是展望向前。在写书的这段岁月里，在回忆那些激励人心的画面中，我的心不断地被如歌如泣的故事打动和感染着……某种程度上说，这本书是我个人成长的缩影，更是学校及老师们成长的缩影。此刻，我只想向所有的生命致敬！

学校能有今天的成绩，总结起来其实就一个字，那就是"爱"！这也基于深扎内心的感恩之情，感谢充满仁爱之心的教育同仁们，感谢充满大爱之爱的各级领导，感谢充满纯真之爱的孩子们，感谢充满理解与支持之爱的家长朋友们。在此，我要感谢所有参与、支持、关心学校改革和发展的人们，这本书也是写给你们的！

回想这么多年走过来的路，梳理一次次教育改革洪流前的抉择和坚守，探根究源，我豁然有悟：很多次其实都是源于一些小的事件或者是脑海中突然闪现的想法，通过一步步的设想，践行，开拓，延展，深化，落实，反思，最后都变成了落地的教育实践和行为。这些实践让学校得以空前发展，让学生得以不断成长，让教师也能一树百获。在我看来，这卓有意义。每当"让每一个生命绽放光彩"办学理念熠熠生辉的时候，这也不断引发了我更多深度的思考，开启对未来学校教育更多的遐想。

当校长这么多年以来，我的心、我的所有思绪、我的所有感情、我的爱都深深扎根于学校这片沃土，朝着我心目中的理想国不断探索与躬身践行。在我看来，好学校一定是一个充满爱、充满人文关怀之地；一定是一个教与学严谨、散发诗性之地；一定是一个校园环境高雅、艺术审美品位独特之地；一定是一个激活积极向上的生命状态之地；一定是一个有着共同信仰和光辉理想之地；一定是在儿童成长时期，能够给每一个生命以美好事物的激励与幽微体验，由此奠定并成为每一个生命不断回望、深沉迷恋的精神家园。这样的学校能让每一个孩童通过爱上学校，爱上自己，爱上社会。

王阳明说："心即理也，天下又有心外之事、心外之理乎？"世间万般，都蕴藏于人的内心。人生本就是一场自我修炼的过程，爱就是最好的修炼。在这场动人心魄的人生修炼中，我也慢慢地找到了最好的自己、认识了自己，对于人生的意义也有了更为深刻的理解。每天清晨，我们都会看到一种让我们熟悉不过的场景：路上行色匆匆的，很多都是学生和家长；接下来就是整整一天课程，每节课40分钟，课间10分钟，紧接着又是下一节课，周而复始；9月，新一年级入学，7月，一群毕业生离开，寒来暑往，晨昏交替。这便是我们作为教师最为熟悉的学校生活。在与他们接触的最平常普通的每一天当中，我们在他们生命当中给予了温暖。在此过程中，我们又让自己的生命变得多么的有价值和丰厚起来，看似付出，实则得到。做教育也罢，做人也罢，其实最后做的、活出的是哲学问题。人生就是一个悟道的过程，这样你付出后就会觉得很开心，而不是觉得很痛苦。付出的同时，我们的生命还可以点亮那么多稚嫩纯洁的生命，是多么的伟大！

人之一世，最美莫过于相逢，跨越山海，赴一场自由与温情之约。我愿意在我有生之年，继续向着教育殿堂最美处漫溯，让教育之"灯"、心灵之"灯"永远闪亮，再积蓄力量，不断向着理想、向着人世间，释放这份光和热，温润更多的生命和灵魂。

> 寄蜉蝣于天地，渺沧海之一粟。
> 哀吾生之须臾，羡长江之无穷。

我问蜉蝣:"朝生暮死可有遗憾?"

蜉蝣答我:"生于黎明,仰望太阳;生于暗夜,共伴星月。无憾!"

滕亚杰
壬寅夏月写于北京